U0536123

编委会

顾　问：张　荣　张宗益
主　编：林东伟
副主编：徐进功　高和荣
编　委：（以姓氏笔画为序）
　　　　王智兰　李　军　张　伟
　　　　杨建中　杨机像　郑　莉
　　　　施高翔　赵晓慧　曾坤瑜

献礼第四十个教师节

南强师者
光荣从教四十年

主编 ◎ 林东伟

厦门大学出版社　国家一级出版社
XIAMEN UNIVERSITY PRESS　全国百佳图书出版单位

图书在版编目（CIP）数据

南强师者：光荣从教四十年 / 林东伟主编.
厦门：厦门大学出版社，2024.8. -- ISBN 978-7-5615-9470-4

Ⅰ.K825.46
中国国家版本馆 CIP 数据核字第 2024GC2510 号

责任编辑　刘　璐
美术编辑　张雨秋
技术编辑　朱　楷

出版发行　厦门大学出版社
社　　址　厦门市软件园二期望海路 39 号
邮政编码　361008
总　　机　0592-2181111　0592-2181406(传真)
营销中心　0592-2184458　0592-2181365
网　　址　http://www.xmupress.com
邮　　箱　xmup@xmupress.com
印　　刷　厦门集大印刷有限公司

开本　720 mm×1 000 mm　1/16
印张　21.75
插页　2
字数　290 千字
版次　2024 年 8 月第 1 版
印次　2024 年 8 月第 1 次印刷
定价　99.00 元

本书如有印装质量问题请直接寄承印厂调换

厦门大学出版社
微信二维码

厦门大学出版社
微博二维码

序

厦门大学 | 党委书记　张　荣
　　　　 | 校　　长　张宗益

强国必先强教，强教必先强师。党的十八大以来，以习近平同志为核心的党中央高度重视教师队伍建设，始终把加强教师队伍建设作为建设教育强国最重要的基础性工程来抓。习近平总书记就加强教师队伍建设多次做出重要指示、批示，对广大教师提出"四有好老师"、"四个引路人"、"四个相统一"、争做"大先生"、弘扬"教育家精神"等殷切期望。在党的二十大统筹教育强国、科技强国、人才强国战略部署后的第一个教师节前夕，习近平总书记致信出席全国优秀教师代表座谈会的各位老师，精辟概括了中国特有的教育家精神，即心有大我、至诚报国的理想信念，言为士则、行为世范的道德情操，启智润心、因材施教的育人智慧，勤学笃行、求是创新的躬耕态度，乐教爱生、甘于奉献的仁爱之心，胸怀天下、以文化人的弘道追求，立意深远、内容丰富，赋予新时代人民教师以崇高使命，为加强教师队伍建设指明了奋进方向、提供了根本遵循、注入了磅礴动力。

厦门大学创校之初，校主陈嘉庚便提出"独是师资一项，最为无上第一要切"的教师队伍建设理念，海纳百川，广揽英才，海内外知名教授学者群贤毕至，来到厦大执鞭授业，为"南方之强"的厦门大学构建一流师资队伍，为厦门大学"与世界各大学相颉颃"奠定坚实基础。一百多年来，厦大始终与党和国家同向同行，坚持社会主义办学方向，坚持以一流党建引领一流大学建设，以一流体系支撑一流大学发展，以一流生态涵育一流大学文化，以一流能力展现一流大学作为，筑大楼之基、涵大师之德、育大爱之才，建人才高地，在不断发展壮大中打造了一支与世界一流大学建设相适应的高质量的教师队伍。一百多年来，厦门大学大力弘扬嘉庚精神，形成"爱国、革命、自强、科学"的优良校风，坚持以立德树人为根本任务，以为党育人、为国育才为根本目标，以服务中华民族伟大复兴为重要使命，薪火相传了优良教风学风，铸就了大爱无疆、育人为先、爱生如子、宽严相济、兼容并蓄、潜心治学、精益求精的师德师风，尊师重教、爱生爱学蔚然成风，光荣传统激励着一代代厦大人在教育强国道路上披荆斩棘，踔厉奋发。面向新征程，厦门大学深入贯彻落实习近平总书记重要贺信精神，传承嘉庚精神，主动聚焦和服务于中国式现代化建设，全面提升服务区域发展和国家战略能力，引导师生厚植爱国情怀，心系"国之大者"，把论文写在祖国大地上，在服务和融入新发展格局上展现新作为。

今年是新中国成立七十五周年，是陈嘉庚先生诞辰一百五十周年，也是新中国设立教师节四十周年。为加强优秀教师宣传，传承优良师德师风，弘扬教育家精神，结合庆祝第四十个教师节，厦门大学推出"光荣从教四十年"系列报道，集中宣传学校一批改革开放以来从教四十年以上优秀教师的先进事迹。他们当中既有两院院士、学科开创者，也有为学、为事、为人的"大先生"，亦有教学名师、科研名师、业界专家，还有教育世家、学生"最喜爱的老师"、黄大年式教师团队骨干成员，等等，他们不忘初心使命，潜心教书育人，矢志终身探索，乐于得其所哉，将个人"小我"融入国家"大我"，献给了伟大祖国的教育事业，用自己的教学科研与人才培养行动诠释了新时代教育家精神。

"不忘本来才能开辟未来，善于传承才能更好创新"，为发扬光荣传统，传承优良师德师风，学校特将"光荣从教四十年"系列报道汇编成书，展示一群从教四十年以上的厦大教师心怀祖国人民、致力教学科研、潜心教书育人、严管厚爱学生的感人故事，呈现厦大教师的教育家精神。勉励广大教师牢记总书记嘱托，不忘育人初心，从老一辈教师身上学习汲取精神力量，弘扬嘉庚爱国精神，担当教书育人使命，做到教书不忘育人根本，言行不忘为人师表，研究不忘经时济世，学术不忘求真务实。激励广大教师"躬耕未来"，以德育人，以德育德，践行教育家精神，争做学生"四有好老师"，当好学生"引路人"，努力成为塑造学生品格、品行、品位的"大先生"，培养更多堪当民族复兴重任的时代新人，在荣耀与责任中书写教书育人事业新的篇章，无愧于人民教师的光荣称号。

青青子衿，悠悠我心。谨以此书献礼第四十个教师节，传承给厦门大学的年轻教师和广大青年学生，希望年轻教师以他们为榜样，把对科学不懈追求的精神和对学生浓浓的"大爱"传递下去，热心从教、乐于从教；希望莘莘学子感念师恩，学习高尚师德，掌握强国本领，把爱国之情、报国之志化作报国之行，为中国式现代化建设、为中华民族伟大复兴贡献力量。

目录

黄鸣奋：被大海迷住的拾贝者 …………………… 001

梁益兴：拳拳赤子心，浓浓数学情 ……………… 008

唐崇惕：永不停歇的"科研候鸟" ………………… 016

田昭武：坚持科学创新，做"大"人生价值 ……… 023

杨国桢：杏坛芳华育桃李，天风海涛映丹心 …… 032

陈荣岚：教书育人初心不改，传播汉语桃李芬芳 … 041

王侯聪：稻田守望者，青春引路人 ……………… 047

卢昌义：四秩春秋铸华章，红树林畔育英才 …… 055

魏传义：正天地为画，以人民为亲 ……………… 064

连淑能：外语教育的燃灯引路人 ………………… 071

陈朝:"永不退休"的"发光者" ……………… 079

陈安:"耄耋一兵"
　　——中国特色国际经济法学的开拓者与奠基人 …… 086

张亦春:亦师亦友,春雨春风 ……………… 093

黄本立:一生只为国所需 ……………… 101

林鹿:矢志探索"生物质",不懈启润"少年心" ……… 109

洪华生:蓝色梦想的先行者和引路人 ……………… 115

郑学檬:岁月染青丝,粉笔描寿眉 ……………… 123

何德馨:教学相长强体魄,拼搏创新育人才 ……… 130

朱水涌:新中国的同龄人 ……………… 136

陈孔立:台湾研究领域的"南派泰斗" ……………… 143

齐树洁：学子们的"送书先生" …………………… 150

林郁如：传道授业，作育外语英才 …………………… 157

张馨：朴实无华，永葆师者本色 …………………… 166

戴一峰：一生求索，且行且歌 …………………… 173

张晓坤：生物医药的传承与创新 …………………… 180

洪成得：传道授业终不悔，学海航开理论潮 …………………… 188

许振祖：沧海浩瀚，青山不老 …………………… 193

苏劲：矢志不渝的囊萤守望者 …………………… 200

彭栋梁：做中国材料事业的"锻造者" …………………… 207

黄仁：筚路蓝缕启山林，丹墨仁心献嘉庚 …………………… 214

苏新春：坚守语言研究初心，开拓教材语言新境 …………………… 220

翁君奕：鹭岸育英满芬芳，商道启新绘华章……………………226

陈培爱："培养中国的广告之爱，好一位有爱的先生"………234

卢琳璋：身牵两校，心系一"生"……………………………241

林金枝：书生意气，挥斥方遒……………………………………248

陈文沛：栉风沐雨守初心，勇担使命绘蓝图…………………255

邓晓华：一"语"天然万古新………………………………………262

高令印：志存高远越鲁闽，学通古今探真知…………………270

曲晓辉：为师亦为范

——中国会计国际化进程的参与者和推动者…………278

庄美辉：美德育人，辉耀桃李……………………………………286

陈炳辉：坚定笃行的"学者"与"师者"……………………293

陈炳三：躬耕不辍的厦大历史"守护者"、"研究员"

　　与"传承人" 299

王彦晖：潜心岐黄术，南强中医人 306

黄美纯：新中国首批半导体物理专业骨干 314

朱月昌：广寒清辉，传道其昌 321

陈福郎：守正创新的出版人 330

黄鸣奋：

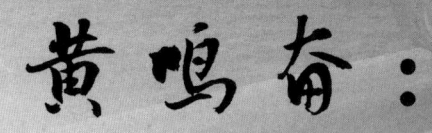

被大海迷住的拾贝者

人物名片：

黄鸣奋，厦门大学电影学院教授，戏剧与影视学专业博导。历任厦门大学中文系主任、中国语言文学研究所所长、人文学院副院长、海外教育学院院长等职。现为国家社科基金艺术学重大项目"比较视野下中国科幻电影工业与美学研究"首席专家。从事文艺心理学、网络文学、文化产业、新媒体艺术理论、科幻电影等研究。先后主持国家社科基金课题8项、省部级课题12项，独立获得全国高校人文社科优秀成果奖3项、福建省社科优秀成果奖13项。出版个人专著33部、教材2种，发表论文400余篇，合计1000多万字。主编丛书6套、文集4种。

20世纪60年代初，从茶乡安溪来到海滨城市厦门，还是个小学生的黄鸣奋一下子就被大海给迷住了。几十年来，他在无边无际的知识海洋中翱翔，跨界艺术科技，探索中西文化，就像一个被大海迷住的拾贝者，总为接触新事物、发现新联系、萌生新灵感而兴奋不已，乐此不疲。

■ 近视眼成就的"跨界达人" ■

曾是中文系的古典文论专家，在电影学院却以研究科幻电影为主。这位人文学者身上洋溢着的科学家气质，还与他的近视眼有些渊源。

黄鸣奋的父亲是乡村中学的语文老师，家住学校图书馆近旁。小时候，周边都是年纪比他大得多的中学生，根本玩闹不起来。因此，黄鸣奋有了一个不同于其他小男孩的童年，那里没有弹弓、铁环、玻璃珠，却有安静地在煤油灯下翻书萌生的快乐。

书本令他对文学产生了浓厚的兴趣，煤油灯却让他的眼睛成了高度近视。

来厦门之后，黄鸣奋配上了厚如玻璃瓶底的眼镜，体育活动也因此受限。读初中时，出于青春期少年的争强好胜，也怀着为国争光的美好憧憬，他很想当运动员。只是因为身体条件的限制，这个梦想似乎遥不可及。此时，恰巧厦门国防体育俱乐部到双十中学招收业余无线电报务员，学员只要通过考核，便有望获得少年级运动员乃至运动健将的资格。黄鸣奋认为这是实现梦想的好机会。

跟普通的田径项目不同，国防体育俱乐部的训练是围绕无线电通信进行的。此时的黄鸣奋，每周都有几个小时与电报声为伴。他开始明白科技对于人生与世界的意义，懂得无线电刹那之间将信息传遍世界的原理，这个少年的心中自然而然地埋下了科学的种子。

1977年高考时，黄鸣奋因高度近视不能报考理工医农，与心仪的物理专业失之交臂。他转而报考了当时颇为热门的厦门大学中文系，毕业后留校执教。自此，这位曾打着手电筒在被窝里看《海底两万里》和《神秘岛》的资深科幻迷，便在工作岗位上开始了文艺与科技的跨界之旅。

1993年，黄鸣奋到荷兰莱顿大学做客座研究，希望找到"英语世界中国古典文学传播"的一手资料。正苦恼于现有资料不够完整之时，一位来自上海的中国留学生向他推荐了互联网。那位留学生在电脑上输入一系列复杂的命令，果真调阅到了美国国会图书馆和哈佛大学图书馆的藏书目录。看着这位友人的操作，黄鸣奋少年时代的无线电情结兀的一下复活了，心里只有一个感觉——神了！他预感计算机和互联网会给人类社会带来翻天覆地的变化，因而开始在这块"新大陆"上寻找自己进取的方向。

于是他成为最早运用互联网技术系统研究中国古典文学在英语世界传播的学者，进而撰写了国内第一部《电脑艺术学》、第一部《西方数码艺术理论史》，还有《超文本诗学》、《网络媒体与艺术发展》、《数码艺术学》、《数码艺术潜学科群研究》、"科幻电影创意研究系列"

黄鸣奋参加学术会议

等"跨界"著作。这些成果多次获得教育部人文社会科学研究成果奖等国家级、省部级奖励，可谓沟通科艺，融贯古今，会通中外，体大精深。

人们不止一次好奇地询问："你为什么离开自己熟悉并心仪的苏东坡、离开研究多年的古典文论，讲起数码艺术、科幻电影来？"

其实这位"跨界达人"从未离开过文学，更没有离开过中国传统文化，他始终坚守着一个人文学者的初心。"就像文学是人学那般，数码艺术、科幻电影也是人学。它们致力于探索人性在高科技时代的呈现，让理想光辉投射到现实中。科技与艺术相结合，方能共创未来。"

日新我常新

和同事一起指导学生开发三维科幻动画，引导 AI（人工智能）根据中国古典诗歌创作科幻电影剧本……这位白发苍苍的学者在谈到近期尝试的新事物时，依旧像多年前那个喜欢无线电的少年那般心潮澎湃、眉飞色舞。

"日新我常新"，他从未停止过对艺术创新、学术创新的追求。

早逝母亲留下的遗愿是让黄鸣奋当医生。虽然因高度近视无法报考医科，但从研究生阶段起，他就开始尝试将古代文论与心理学研究相结合，又敏锐地将心理学与传播研究联系在一起，1987年便将《论苏轼的文艺心理观》付梓。

20世纪90年代以来，儿时关于科技的灵动梦想与对现代传媒走向的敏锐捕捉，使黄鸣奋的学术研究越发贴近瞬息万变的时代潮流以及一日千里的媒体发展，聚焦于数字艺术理论、互联网艺术产业等全新领域。

当上述研究对象的前沿性由于信息科技的普及而逐渐淡化之后，黄鸣奋根据所在戏剧与影视学学科建设的需要，将目光转向充满想象力的科幻电影。此时，他已经年逾花甲。

一直在探索，一直在创新。是什么让他如永动机般不停运转？除了葆有对新事物的好奇心之外，黄鸣奋说，国家各个发展阶段中对创新的不同需求及大力支持，是他不断拓展研究方向的源泉。

改革开放扩展了他的思维，让他萌生了学科交叉创新的设想；公派留学的宝贵机会，让他见识到国外计算机领域的发展；国家对科艺融合的提倡，中国电影发展规划中对科幻电影的强调，让他的研究转向变得水到渠成。

在顺应时代大潮的历程中，人文学者拥抱科技成为历史的必然。新事物、新联系的诞生，也让新灵感的迸发不再是无米之炊。

如今，基于互联网和计算机的新媒体艺术研究已然成为显学，黄鸣奋又着重研究LBS（基于移动位置服务）媒介、后人类、AI等新技术、新观念对艺术的影响。

2021年，黄鸣奋申报的国家社科基金艺术学重大项目"比较视野下中国科幻电影工业与美学研究"获批，这让他得以比较系统地钻研世界电影史，思考电影如何与工业化接轨等问题，将求新与务实有机

黄鸣奋与学生在金鸡百花奖展区

结合起来。

他说，他还想继续为构建中国电影学派做一些努力，让具有强大诠释力的中国古典文论融入电影艺术研究。

"日新我常新"，黄鸣奋至今依然走在追求艺术创新、学术创新的道路上。他的人生字典里没有卓越，只有向卓越不断努力的过程。

■ "同乐乐"才是最大的快乐 ■

"赛博格"是科幻语境中常见的电子人。因为心脏被植入四个支架等缘故，黄鸣奋自嘲是某种形式的"赛博格"。

在学生眼中，他似乎真有"赛博格"异能的一面：既像超级计算机那般处理复杂的学术问题，为学林提供洞见；又像万能的导航系统那样，为学生的学术、生活之旅提供指导。

而在黄鸣奋看来，能发挥其潜能，与学界同仁同乐，与学生同乐，是自己的追求。

学术之于他的快乐，从他将个人的微信公众号命名为"厦门游于艺"就可见一斑。"游"，首先是遨游，而后乐在其中。

学者做学问，一般会深耕某个领域，但黄鸣奋却是"另类"。他研究的科幻电影、数码艺术，是信息技术、文艺理论、媒介文化、创意产业的汇聚点，是名副其实的"新文科"。遨游于多个学科的黄鸣奋，有更多的机会跟业界专家、学界同仁、青年才俊切磋交流，"和大家有共同话题，享受'有朋自远方来'的快乐，真的很好"。

教学的快乐，则来自"每个学生都是不同的"。他的课堂上，有来自不同专业、不同背景的学生。从汉语言文学到艺术学、计算机科学、新闻传播学，从电视媒体人、行政管理人员、药剂师到服装设计师，他们的知识构成和个人经历存在相当显著的差异。黄鸣奋始终觉得"兴趣是最好的老师"，相信人尽其才的重要性。他欢迎学生加入自己的团队，为学生提供建议和机会，且从不强迫他们研究老师的课题，而是让他们研究自己感兴趣的领域。

通过课上、课下的频繁交流，黄鸣奋因材施教，引导学生发现自己的长处，扩展自身的兴趣。于是，药剂师研究了残障人与文学艺术的关系，服装设计师探索了交互电视在中国的发展……

每一个学生都乐在其中，黄鸣奋也乐见其成。他甚至还以厦大学生科幻共同体为主角，创作并出版了一部长篇小说。

"人生像泉水，从叮咚作响到汇入大海，大海就是泉水的归宿。个人的生命虽然有限，但若是自己所做的工作在人类发展过程中有价值，那就如同汇入大海一样。"黄鸣奋这样形容"同乐乐"。

它不是突然获得某种灵感的狂喜，而是平淡如潺潺流水般的快乐。这种快乐流淌在日复一日、年复一年的学术科研、教书育人当中，支撑着年逾古稀的他继续和学友们一起探索新世界、迎接新挑战。

黄鸣奋与学生交流

"虽然我做的工作是有限的，但后继者们一定会做得更好！"黄鸣奋始终秉持与学友们"同乐乐"的初心，热诚而真切地相信未来、热爱生命。

（文／戴佩琪、许哲敏；图／受访者）

梁益兴：

拳拳赤子心，浓浓数学情

人物名片：

梁益兴，中共党员，1940年出生，浙江温州人，1963年毕业于厦门大学数学系，并留校任教，历任厦大数学系助教、讲师、副教授、教授。主要科研领域是微分几何和拓扑学，先后主持和参与福建省自然科学基金项目和国家自然科学基金项目。1993—1995年任厦大数学系副主任，1996年1月至2001年6月任系主任。在担任数学系主任期间，致力于学科建设和师资队伍建设，申请获批"基础数学"博士点和"应用数学""计算数学"硕士点，成立"华都－伦峯数学基金"，并兼任该基金的秘书长，等等。2000年光荣退休后，担任学院关工委副主任和特邀党建组织员，继续关心和支持人才培养、学科建设等工作。

"18岁以前在老家，18岁以后在厦大。"今年已84岁高龄的梁益兴教授回忆起自己的过往经历，坦言"简单"二字足以概括。但提及在厦大的学习与从教经历时，内向的他却能侃侃而谈，不时发出爽朗的笑声。在了解了他的故事后，你会发现，"简单"二字中饱含勤奋与投入、感恩与责任、无私与纯粹。梁益兴说自己是被时代所选择，殊不知是他个人的品格与数十年如一日的实践促成了他与时代的双向成就。

遇见厦大，结缘数学

中学时，梁益兴家里经济条件比较困难，本想早参加工作，以减轻家中负担，但他班主任的一句"你要有一颗红心，两种准备，勇敢地站出来让国家挑选"改变了他的想法。他参加了高考，并最终被厦门大学数学系录取。

1958年的厦门并不平静，"八二三"炮战刚刚结束，梁益兴与结伴的同学在断断续续的炮声中走进了这所"前线大学"。

入学后，梁益兴首先感受到的就是来自国家与厦大的关爱。除了从温州老家到厦门的路费补贴外，当时学校还有包含伙食费与生活费的助学金，能够覆盖在校的基本生活开销，这对生活一向节俭朴素的梁益兴来说，显得弥足珍贵。"这一切都是国家、人民给我的，我要深深牢记，要融进自己的血液里。"从那时起，他就明白这一份助学金中蕴含的希望与责任。

"党和国家培养了我，我不能将此视为理所当然"，怀着这样的想法，梁益兴更加刻苦好学，决心以优异的成绩来报效祖国、报答党。五年的学习生活很简单也很充实，宿舍与教室两点一线，他心无旁骛，埋头在数学的世界里怡然自得。

转眼毕业将至，与梁益兴同专业方向的一共有六位同学，相应地有六个岗位，其中有三个在浙江，两个在安徽，还有一个是留校。系里向他们征询分配意向，梁益兴毫不犹豫地在志愿表上写下了"服从组织分配"。最终系里决定将他留在厦大工作，梁益兴几十年的从教之路也由此开始。

▍教书育人，为师之道 ▍

从学生到教师身份的转变并没有给梁益兴的生活带来太大改变，他仍然是从宿舍到教室，也依旧是兢兢业业、认真负责。

当时方德植教授是数学系学科带头人，年轻教师在科研上都会向其请教。方教授治学严谨，对身边亲近的人尤为严格。梁益兴在本科阶段打下了扎实的学术基础，毕业后也坚持不断学习、查阅文献、钻研论文，第二年他就完成了一篇小论文。方教授却对他说，不要急于发表，做学问一定要严谨，写出来的论文要反复斟酌思考，多次演算推敲，不断提升改进。梁益兴听进去了，在论文初稿的基础上继续打磨，多次在讨论班上试讲，一年后在《厦门大学学报》上发表。

1997年，方德植教授（左）在家中与梁益兴合影

正是在数学系严谨求实、精益求精的学术风气影响下，在方德

植教授"耐得住寂寞,要有把冷板凳坐热的决心"的教导下,梁益兴养成了严谨的科研习惯,这也为他日后的教书育人奠定了底色。

建系以来数学系就有个传统,并一直传承至今,那就是非常重视本科教学,将培养学生坚实的数学基础视为将来从事数学研究的一个重要条件。其中一个细节就是当时系里要求助教须认真评阅学生作业,总结共性问题,及时讲解并剖析原因。有一次,课程布置的作业难度较大,而第二天一早就要上习题课,梁益兴从傍晚开始批改,一边批改对错,一边总结共性问题,同时思考如何更好地让学生理解并掌握这些知识点。批阅完毕,天色大亮,他一看时间,已是早上7点。第一节课7点30分就要开始,梁益兴顾不上吃早饭,带着刚刚批阅完毕的作业直奔教室。一堂课下来,他完全不觉得疲倦,看到大家对问题恍然大悟的那一刻,他自觉酣畅淋漓,完全忘记了通宵的倦意。投入,是他对学生最大的真诚。

1990年,梁益兴(第一排左四)参加全国高等院校高等几何教学学术交流会

1971年，数学系设立"计算技术与自动控制"专业，梁益兴被安排参与新专业的创建。梁益兴的主攻方向是几何，属基础数学，为了更好地将理论与实践相结合，梁益兴响应号召先后到青州造纸厂、厦门卷烟厂参加工业自动控制实践。而后他协助张鸣镛老师开设"自动控制原理"课程，还编写了"自动控制原理"讲义。

1978年，厦门大学恢复为教育部部属全国重点大学。数学系全面加强数学基础理论课的教学，梁益兴从"控制理论"专业回到了"基础数学"专业，长期承担数学系大一基础课"解析几何"的教学工作。在教学中，梁益兴不遵从教条，他根据自己对解析几何本质精粹的理解、领悟与对解析几何方法强大力量的认识、掌握，编写了"解析几何"讲义，并在课堂中娓娓道来，引导学生提升逻辑思维能力，形成对专业的整体认知。该课程曾获评"厦门大学优秀主干课程"。面对学习比较吃力的学生，梁益兴会牺牲自己的休息时间，在课外耐心辅导，争取不让一人落下。

2001年，厦门大学数学系校友回校探望梁益兴（右二）

■ 不计名利，勇挑重担 ■

厦大数学系积极响应"向科学进军"的国家号召，科学研究成果不断涌现，在20世纪50年代曾有过一段辉煌的历史。1956年6月，《光明日报》头版刊发厦大数学系开展研究工作的专题报道，陈景润也正是在这种浓厚的学术氛围中完成了自己的前期科研成果。

然而到了90年代，数学系的发展逐渐陷入停滞，仿佛走进了一个发展周期的低谷，师资力量较为薄弱，博士学位授权点也迟迟未能获批。面对如此情况，当时的数学系急需一位带领大家走出困境的引路人。

1996年，数学系行政班子换届，学校决定任命梁益兴为系主任。梁益兴起初担心自己能力不够，内心有些惶恐，但一想到受数学系培养多年，并一直在这里工作，对数学系感情深厚，他下定决心要把系主任干好，全身心地投入学科发展当中。在他的带领下，数学系提出"走出低谷，再创辉煌"的奋斗目标，凝聚共识，同心协力，千方百计引进人才，不断加强学科建设。

2000年，数学系主任梁益兴（中）与副主任林亚南（左）、董槐林（右）合影

人才是发展的基础。为了加强数学系的人才引进工作，梁益兴手书邀请函，诚邀各类杰出人才来数学系工作，并为他们解决回国来校的各项手续等问题，真正地用诚意打动人心。直至今天，还有不少教师能回忆起当时身为系主任的梁益兴亲自去机场接机的场景。

虽然寄出的邀请函许多都被婉言拒绝或石沉大海，甚至有些几近成功最后却功亏一篑，但是梁益兴毫不气馁，依旧饱含诚意地为数学系广纳贤才。梁益兴还积极联络校友，成立了"华都－伦峯数学基金"，为青年教师外出进修和引进人才启动科研提供资金支持。

持之以恒，终有回报。这一时期的招贤纳士确实为数学系后来的发展打下了坚实的人才基础，特别是青年人才的加盟，提升了数学系的学科实力，使其在图论、微分方程、代数学、数学建模等领域都有了新的增长点。也正是在这一时期，中国科学院林群院士被聘任为厦门大学数学研究所所长，北京大学姜伯驹院士、四川大学刘应明院士被聘任为数学系兼职教授，吉林大学校长伍卓群教授等被邀请前来访问讲学。一时间，数学系人才济济，成果迭出。

1997年11月，林祖赓校长为姜伯驹院士颁发兼职教授聘书，
右一为时任数学系主任梁益兴

厦大数学系早在1961年就由方德植教授开始招收硕士研究生，

在1981年成为全国首批硕士学位授予单位。然而，直至1996年，博士点仍未获批，这已经成了制约数学系发展的一大问题。

为早日获得博士授权点，梁益兴屡次拿着数学系的发展成果与申请材料在全国各地奔波，让更多的高校、研究院所了解厦大数学系的最新发展成就。"有困难就克服"，正是带着这种信念，他花费大量精力投入博士点的申请工作中。随着人才引进效果的凸显以及学术交流的日益增加，1998年6月，厦门大学"基础数学"专业终于获得博士学位授予权，实现了厦大数学人多年的夙愿，这也标志着厦门大学数学学科开始逐渐走出低谷，并为之后的快速发展奠定了基础。

梁益兴总说自己是被时代推着走的人，是"简单"的，是"幸运"的。

不计名利，因而简单；心怀感恩，所以幸运。

这是梁益兴留给厦大后来人的宝贵精神财富。

（文／于波、高辉荣、程素芬；图／受访者）

唐崇惕：
永不停歇的"科研候鸟"

人物名片：

唐崇惕，1929年生于福州，1954年毕业于厦门大学生物学系，1963年到厦大生物系（现生命科学学院）任教，历任讲师、副教授（1981年）、博士生导师（1985年）、教授（1986年），1991年当选中国科学院院士，是我国著名的寄生动物学家。曾任中国寄生虫学会副理事长、中国动物学会理事、国家教委第一届科学技术委员会委员、国家教委科技委生物学科组成员。1978—2003年获各类科技奖13项，其中：国家科学大会科学奖1项；国家自然科学奖三等奖2项、四等奖1项；部、省级一等奖2项，二等奖5项，三等奖2项。1986年获国家级有突出贡献的中青年专家称号，1987年获福建省五一劳动奖章和省三八红旗手称号，1995年获全国教育系统劳动模范称号、全国三八红旗手称号，2001年获全国师德先进个人称号，2014年获厦门大学南强杰出贡献奖。

不忘初心，守卫人民健康

新中国成立前后，以血吸虫病为代表的地方病猖獗一时，后来，经过努力，控制住了血吸虫病的大面积传播。这里面，有着寄生虫学家唐仲璋、唐崇惕父女的贡献。

唐崇惕出生于一个中医世家，家里至今仍收藏着祖祖辈辈流传下来的中医典籍。她的曾祖父留下家训："孩子要努力读书，如果没有才能，就没有办法站立在这竞争激烈的世界。"这句祖训铸就了唐家刻苦求学的精神。

唐崇惕的父亲唐仲璋是我国著名生物学家、寄生虫学家，1980年当选中国科学院院士。父亲的成长经历和艰苦创业开创寄生虫学研究的故事，深深印在唐崇惕幼小的心灵里。在烽火连天、艰难困苦的抗战岁月，纵使家徒四壁，一家人饱受疾苦，她的父亲仍攻坚克难，潜心于血吸虫病的研究。唐崇惕早在大学时代，就随父亲深

1979年，唐崇惕（中）在新疆伊犁察布查尔牧场给维吾尔族孩子们看当地传播牛羊东毕血吸虫病的媒介螺类

唐崇惕：永不停歇的『科研候鸟』

人血吸虫病、丝虫病病区做了大量调查研究和防治工作。父亲为国家的需要、为使命的凌云壮志，深刻地影响了唐崇惕，她时刻铭记父亲的殷切期盼和谆谆教诲，时刻怀揣着一颗报效祖国的心。流行病区往往卫生条件差，人们的生活条件贫苦，而横亘在这些虫害疾病前面的，还有拮据的实验条件和排查疑难问题时的种种困难。面对这些困难时，唐崇惕没有被吓倒，而是迎难而上。当时，唐崇惕经常下乡。有时候，一方祠堂的戏台，摆上简陋的显微镜，就成了她的"实验室"。

西方国家邀请唐崇惕前往工作，对她开出先进的实验条件和优厚的生活待遇，她不为所动，而是作出和父亲一样的选择——坚守在厦门大学从事教学和科研。"科学是没有国界的，但科学家是有国界的。"唐崇惕如是说。

唐崇惕每谈起做科研，口中都不离"为国人健康作奉献"这句话，这也是她在崎岖的科研道路上坚持不懈的最大动力。唐崇惕说："当时的中国的确笼罩在寄生虫病的阴霾里，我们做科研如果不为人类健康着想，那就失去意义了！"

■ 永不懈怠，致力科研创新 ■

从20世纪70年代开始，唐崇惕从事多种重要人畜（兽）共患寄生虫病的研究，长期奔走在我国内蒙古和新疆等少数民族自治区，福建、青海、山西、山东、湖南等省广大农村，进行调查和研究。

受父亲的言传身教，唐崇惕不仅学习到严谨求实的科研方法，更继承了不怕艰苦的科研作风。在早期艰苦条件下，她不辞劳苦，带着简陋的显微镜、解剖器材，靠两条腿踏遍寄生虫病流行的穷乡僻壤，一年中有半年都在四处奔波。从东海之滨、江南水乡到大兴安岭南北麓、内蒙古大草原，从青海高原到天山牧场和伊犁河畔，从山西黄土高原到山东黄河之滨都留下了她的身影，她被门下的研究生亲切地称为"科研候鸟"。每一项重大课题，都少不了成千上万的标本采集和样品解剖，她常常不辞辛苦，不避感染风险，亲自动手，亲自打理。为了研究人为什么容易感染一些寄生虫病，她以蚂蚁作为中间宿主，让寄生虫寄生在蚂蚁身上。蚂蚁难以人工饲养，而且容易将身上的寄生虫感染到人身上，她就自制玻璃房，亲自饲养蚂蚁。

唐崇惕在厦门大学实验室（2001年）

物质条件慢慢改善了，但唐崇惕依旧保持着简朴的习惯，她的实验室里还一直摆着父亲留下来的旧书桌和橱柜。衣不求华、食不厌疏、生活俭朴的她，却毫不吝啬在科研上的心力。尽管在寄生虫的整体生物学和生态学上已有很高的造诣，唐崇惕仍锐意进取，"创新"二字，是唐崇惕科研的准绳，她的科研思想紧跟着时代的步伐和国家的号召。

1991年唐崇惕当选中科院院士。父女同为院士，这在中国科学史上也是一段佳话，而唐崇惕也一直以父亲为榜样，勇攀科研的高峰、填补科研的空白。父女二人勠力同心，走遍祖国大江南北，下乡调研，治病救人，解决了一个又一个寄生虫学方面的疑难问题。

有一段时间，绦虫病在福州广泛传播，甚至连食谱简单的八个月大的孩子也未能幸免。这种绦虫病的中间寄主让她的研究团队百思不得其解。然而，就在那个时候，父亲因被医生误诊为结核病，无法再下乡调研当地病患。她接过父亲的接力棒，通过严密的走访、调查、推导和论证，最终猜测绦虫病的中间宿主正是无处不在的蚂蚁。在和父亲共同研究绦虫病时，她经常废寝忘食，扎根在实验室里解剖和观察。当在预想的传播媒介里发现寄生虫时，更是拿着培养皿，兴奋地小跑回家，报告父亲。正在吃饭的父亲一听闻，就立马放下筷子，二人又回到实验室继续研究。

唐仲璋与唐崇惕

"人生岁月有限，你做一个学科，就要做最重要的、未解决的问题。"直到现在，唐崇惕还牢记着父亲的人生格言，并奋力践行。年岁虽高，但她并没有放松科研的步伐，仍致力于研究血吸虫的生物控制。她发现，虽然胰脏吸虫和双腔吸虫的中间宿主都是陆地螺，但在对成百上千的陆地螺的检查中，没有两种寄生虫同时存在的情况，这一现象被她引用到对血吸虫生物控制的研究中，最终成果发表在了美国的寄生虫学报上。

唐崇惕不是"守旧"之人，而是不断地做寄生虫学研究领域的逐浪者，不断探索学习高科技新方法用于寄生虫学研究，并传授给研究生和青年教师，引领着中国寄生虫学发展成为世界前沿。更难能可贵的是，在发表论文时，她总是关注发表的文章能否让更多的科研工作者看懂、学通，能否付诸实践、能否救人，所以往往会根据不同病种发病的主要分布地，将论文投到相应的国家，而不是追求期刊的影响因子。

唐崇惕认为，人就是要吃得了苦，不怕失败，只有经过不懈努力获得成功，才能真正享受到工作的乐趣和成功的喜悦。历经磨难，方得始终。六十多年来，她的科研作风，始终如一。正所谓松柏之志，经霜犹茂。其境愈苦，其志愈坚。

■ 淡泊名利，潜心教书育人 ■

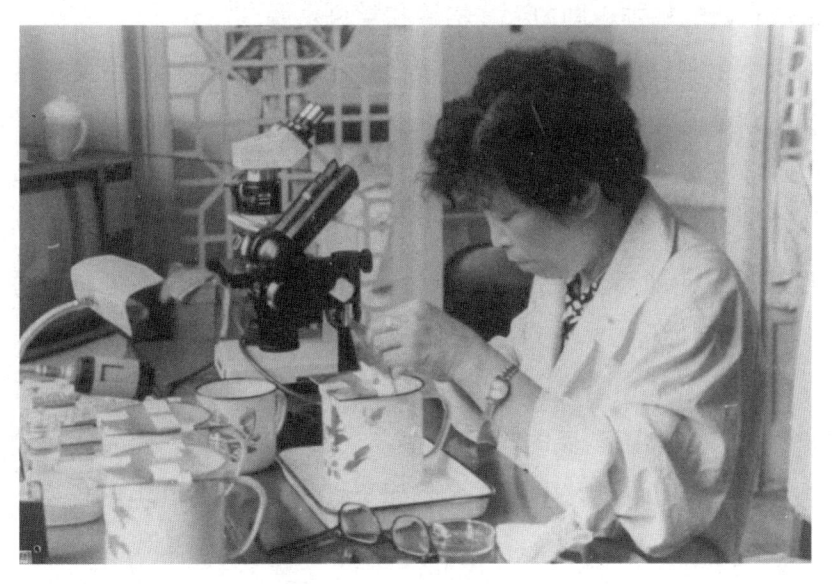

唐崇惕在呼伦贝尔草原野外实验室

六十多年的岁月沉淀，变的是国家形势、科研条件，不变的是她精益求精、不避艰险的科研作风。从跟随父亲进行野外调查，到培育寄生虫学的新人，唐崇惕从父亲那里继承来的科研精神和家国情怀，又一一传给一代代莘莘学子。从到厦门大学任教起，她就一心扑在科研事业和教书育人上，率先垂范，培育出一批批勤勉刻苦的学生，为中国的寄生虫学发展注入了许多新生力量。

　　唐崇惕培养研究生，从不将学生当作自己的科研"工具"。对她来说，学生是后进也是同侪。考虑到寄生虫学需要大量的实地考察，她的课题大多是找调研当地的畜牧所单位工作人员合作完成，而对于门下的学生，她首先会问学生感兴趣的领域，从学生的兴趣出发，鼓励学生独立承担课题，并经常带学生到野外考察，锻炼学生的实践能力。这般不慕浮名虚利、以学生为重的育人精神，不仅是为坚守自己的科研准则，也是为培养学生的独立思考能力。她常说，自己最喜欢人家对她的称呼是"唐老师"。

　　2020年，在庆祝第36个教师节之际，唐崇惕向厦门大学捐赠100万元设立"唐仲璋生命科学育人基金"，以大爱传承父亲为国为民潜心科研的精神，助力人才培养和学科发展。

　　六十余载，光阴荏苒，著作等身，桃李芬芳。唐崇惕发表学术论文100多篇，与父亲唐仲璋教授合著100多万字的《人畜线虫学》及180多万字的《中国吸虫学》，并参与其他专家的《人体寄生虫学》《热带医学》等著作的编写工作。她培养的一届又一届学生，毕业后奔赴祖国各地乃至世界各国，为人类健康贡献智慧力量。她播下的火种永不熄灭。

　　"天下之本在国，国之本在家，家之本在身。"正是有唐崇惕这样许许多多为国为民的科研工作者，一个人影响一代人，一代人影响几代人，我们国家才能在一代代国人的奉献和奋斗中不断强大。

（生命科学学院）

田昭武：坚持科学创新，做"大"人生价值

人物名片：

田昭武，著名物理化学家，我国现代电化学创始人之一，中国科学院院士，厦门大学化学化工学院教授。1984年，获英国威尔士大学名誉理学博士学位。历任国际电化学学会副主席、中国化学会理事长、厦门大学校长、国家教委化学教学指导委员会首届主任委员、福建省科协主席、固体表面物理化学国家重点实验室首届主任、Electrochimica Acta 副主编、第六届全国政协委员，第七、八、九届全国政协常委，"国家十二五战略性新兴产业发展重点咨询研究——新能源汽车产业发展战略研究"项目领导小组成员。曾获得国家自然科学奖、国家发明奖以及省部级以上科技奖励近20项。1986年获全国五一劳动奖章及全国先进教育工作者称号，1991年获全国高等学校先进工作者称号，2014年获厦门大学南强杰出贡献奖，2018年获评福建省第五届杰出人民教师。

从1949年留校任教至今，中国科学院院士、化学化工学院教授田昭武在厦大已从教70余年。多年来，他勤学笃行、胸怀天下，始终坚持"继承、发展、超越"的教学科研理念，共发表学术论文近200篇，发明专利近40项，获得国家自然科学奖、国家发明奖以及省部级以上科技奖励近20项；他乐教爱生，始终心系国之重任，培养了一大批电化学学科带头人和科研骨干，为我国乃至国际电化学发展做出重要贡献，是中国现代电化学的奠基人之一，更是"经师"和"人师"相统一的"大先生"。

■ 科学研究的魅力在于创新 ■

20世纪80年代，田昭武在实验室潜心做科研

"我喜欢科学，科学的魅力就是创新。"这是田昭武常说的一句话。20世纪50年代，电极过程动力学在国际化学界兴起，但国内尚处一片空白。田昭武凭借敏锐的战略眼光，意识到这是未来化学发

展的核心之一，于是毅然投身电化学研究。从1955年田昭武结合讲授"物理化学"课的心得与卢嘉锡联合署名发表第一篇论文《一个含有三个常数的气态经验方程》（刊发于当时国内最权威的期刊《化学学报》上），到1957年他独立发表电化学研究论文《自催化电极过程的理论分析》，仅仅2年时间，田昭武就实现了研究方向的重要转折和成功突破，科研之路首战告捷。"科研上，刚刚出来的新事物，更具生命力，更值得去探索、研究。"田昭武说。

田昭武是科研源头创新及学科交叉的提倡者和实践者，在基础理论、研究方法及应用方面做出了许多开创性的工作。田昭武早期的研究范围几乎涉及传统电化学的各个方向，如自催化电极过程理论、燃料电池多孔电极过程理论、腐蚀电化学、光电化学、电分析化学等。

20世纪50年代后，电子学从电子管发展到晶体管、集成电路以至大规模集成电路，为了结合电化学科研发展的需要，田昭武跨学科自学，"啃"下数理方程、热传导、电子学等在当时看似与化学关系不大的理论知识。

自学，尤其是跨学科自学，需要更多的坚持和付出，但也更有利于创新。1973年，通过自学涉足物理学、数学、计算机科学、微系统科学等多个领域的田昭武，开始带领科研团队研制"电化学综合测试仪"。作为仪器的总设计师，田昭武废寝忘食，争分夺秒，几乎从早到晚都泡在实验室里，甚至连吃饭都要儿女去实验室催他。晚上从实验室回到家，他继续思考第二天的改进方案和实施步骤，他习惯把这个时段的思考称为一天工作的"第四阶段"。课题组的同事们说，田先生的思路变化之快，是需要"跑步"才能跟得上的。

1974年，"电化学综合测试仪"研制成功，这是我国第一台比较大型、综合性强、集成电路化的电化学测试仪器。仪器零部件全部采用国产材料，其主要功能和某些技术指标甚至超过了国外进口的同类仪器，达到国际先进水平。田昭武将其无偿交付工厂批量生产数百台,并提供给全国电化学同行使用。1978年,该仪器获全国科学大会奖。

多年来,田昭武"驾驭"着理论、应用、研究方法和仪器"三驾马车"驰骋学术领域。1984年,田昭武在掌握理论和实验方法的基础上,总结多年研究成果,写出了《电化学研究方法》一书。该书成为国内电化学研究生及广大电化学科研工作者的重要教材或参考书,是中国电化学科学经典著作之一,获评优秀图书。1986年,在蔡启瑞和田昭武、张乾二等的推动和组织下,固体表面物理化学国家重点实验室(厦门大学)通过论证并获批建设,这是我校第一个国家重点实验室,田昭武任首届主任。经过田昭武和多代厦大人的努力,该室电化学部分已成为全国电化学最重要的基地之一。

1988年,田昭武与吴浩青、查全性二位先生联名倡议发起成立中国化学会电化学专业委员会,并担任首届主任。1995年,在田昭武的努力下,国际电化学会第46届年会在厦门举行,他担任年会主席,这是国际电化学会年会首次在中国召开,参会总人数、外宾人数以及规格均创历史之最。次年,他当选为国际电化学会副主席。2011年,他被中国化学会电化学专业委员会授予中国电化学界最高荣誉——"中国电化学成就奖"。

■ 要的不只是厦大电化学"一枝独秀" ■

经时任厦门大学理学院院长兼化学系主任卢嘉锡的极力推荐,田昭武1949年毕业后留校担任助教。1953年,刚升为讲师的田昭武,便被卢嘉锡委以接替重任——讲授"物理化学"课程。"物理化学"内容繁多、概念复杂,是当年师生们公认最难讲授的课程之一。但田昭武却讲授得十分精彩:一目了然的图解,逻辑严密的思考辨析题,辅之以严谨的实验,这三者结合的教学法,能将晦涩的概念具体化,将复杂的内容清晰化,在学生中赢得一片好评。

由于田昭武在讲授"物理化学"课程上的突出表现,卢嘉锡决定派他代表厦门大学参加教育部在北京大学举办的"物质结构"课程培训。深感责任重大的田昭武，在培训中非常用功，每天及时梳理课堂笔记，琢磨学习心得。师资培训的目的是增强学员的教学能力，所以在培训期间，田昭武边学习、边备课。8月底培训班一结束，他就整理出了教案，9月初开学，他就在厦大化学系顺利开设了"物质结构"这门新课。课下，田昭武潜心钻研，不断探索如何完善教材内容，编写讲义；课上，田昭武全情投入，将这门新课讲得有声有色。

1977年，受国家第四机械工业部委托，厦大举办全国首个"电化学研究方法短训班"。田昭武负责讲授"电化学研究方法"，每天上午3个课时，那时没有投影仪，更没有PPT，全靠手写板书，下午则是实验课。通过理论和实验的紧密结合，短训班取得圆满成功。此后，中国电化学界出现了雨后春笋般的兴旺局面，许多参加培训的青年后来都成为所在单位乃至整个学界的学科带头人，因而此次短训班也被誉为"中国电化学黄埔军校"。而后，田昭武勇挑重任，多次承担国家部委委托厦大举办的全国性电化学培训班、研讨班的主讲重任，为我国培养了一大批电化学学科带头人和科研、教学骨干。

作为中国电化学界的奠基人与领头人之一，田昭武绝不满足于厦大电化学"一枝独秀"，他通过申办国际会议、举办各种电化学相关的培训班，编写《电化学研究方法》等书，积极培养一批又一批拔尖创新人才来谋求我国电化学整体的发展壮大，希望的是整个中国电化学学科的"春满园"。

如今，他的许多校内校外学生已经成为化学名家，但仍然对当年田昭武的授课印象深刻。"他讲课重点突出、条理清晰，逻辑性强，每次都能'掐住要处'，我们都很喜欢上他的课。"田昭武的学生余秀芬回忆道。

之所以能把课上得如此生动出彩，不仅仅源于田昭武扎实的理论基础，更重要的是他对教学的潜心付出。田昭武上课并不是简单的照本宣科，也绝不存在一成不变的课堂内容。他先将教学内容充分融化吸收，然后结合学生的认知情况和科研成果进行组织、修改、完善，再辅以独创的"绘制图解、设计思考题、严抓实验"的教学方法，在不断探索中逐渐形成了自己的教学体系，并在这个体系里游刃有余，这也奠定了他此后科研中坚实的理论基础。

20世纪90年代，田昭武在研讨班上授课

人们常说老师是蜡烛，燃烧自己照亮别人，田昭武却有自己独到的见解：蜡烛在照亮别人的时候，也照亮了自己，在烛光里往往能获得新思、新悟乃至科研的灵感。在他看来，作为一名教师，教学并非任务，而是教师的本职。

双肩挑担是报效社会的机会

1982年，田昭武出任厦大校长，这被他称为不期而遇的"重担"，他一扛就是8年。

"是重担，却也是报效社会的机会。"田昭武担任校长的8年间，他行政、科研、教学"一肩挑"，以一名科学家的睿智，科学管理学校，推动学校改革开放，使厦大迅速发展，教学、科研、基建等各方面都上了一个新台阶。

1982年，田昭武与法国尼斯大学校长阿扎罗教授签署两校合作协议

1985年，时任校长的田昭武主持召开学校工作会部署工作

这8年，田昭武跟上国家"面向世界"的脚步，创办了涉外经济、政法、新闻传播、海外教育学院等新院系；成立了固体表面物理化学国家重点实验室等34个科研机构；配合国家现代化建设，兴办了技术科学学院、厦大出版社等。1986年4月，学校成为全国首批研究生院

试办院校。同年8月，学校又在全国高校中率先推行"三学期制"和"双学位制"，开启了新式"学科交叉""文理渗透"的人才培养模式。此外，他还特别注重教师队伍建设，培养了一支优秀的年轻教师队伍，破格提拔优秀中青年教师，努力争取优秀学者来校工作，设立第一个博士后流动工作站。在他的带领下，厦大逐渐探索出一条高水平、有特色的发展新路子。

2013年，田昭武在第二届新能源产业高峰论坛上作报告

8年后，田昭武卸任校长，但报效社会却成为他的一种习惯。田昭武长期以来都十分关注社会热点中的科学问题，如汽车能源消耗、碳排放等。早在2003年，田昭武先生就在全国政协提案建议发展电动公交车，之后多次在中科院网站的"院士建议"栏上提议发展电动汽车并对其给予具体的鼓励措施。他提出的关于电动汽车补贴办法的咨询项目获得认可并批复。2010年，已83岁的田昭武被聘为"国家'十二五'战略性新兴产业发展重点咨询研究——新能源汽车产业发展战略研究"项目领导小组的成员。他三次赴京讨论。经过努力，"新能源汽车产业"作为先导型新兴产业被列入国家"十二五"七大

战略性新兴产业。如今，年近百岁的他依然在城市公共交通领域的绿色低碳化方面建言献策、发光发热。

作为厦大的老校长，他始终爱生如子。2009年，他发起并捐资设立厦门大学"田昭武学科交叉基金"，鼓励科研创新及学科交叉研究。2017年，又设立了"田昭武教育发展基金"，每年面向全校颁发"清寒奖学金"，奖励品学兼优且家庭贫困的学生。此外，每年春节，田昭武总会以发匿名"红包"的方式为品学兼优的家庭贫困学生送上温暖和勉励。

2020年初，新冠肺炎疫情暴发，田昭武捐款10万元用于疫情防控，这也是厦大师生员工的个人捐款中数额最大的一笔。捐款后，他再三叮嘱："我只是聊表心意，不要宣传。"

在田昭武看来，人生价值是一个分数值，取于社会为"分母"，回馈社会为"分子"。所以他说："我还要继续努力，一方面做些实际的科研工作，另一方面积极建言献策，尽我最大的努力回报社会，把我人生价值的分子尽量做大。"

（化学化工学院：曹熠婕）

杨国桢：

杏坛芳华育桃李，
天风海涛映丹心

人物名片：

　　杨国桢，1940年出生，厦门大学荣誉教授，历史与文化遗产学院教授、博士生导师，《中国社会经济史研究》主编，中国历史研究院学术咨询委员会委员。曾任厦门大学历史研究所所长，第四、五届国务院学位委员会学科评议组成员，第七至十届全国政协委员。国家有突出贡献的中青年专家，福建省首批优秀专家，全国第二批享受国务院特殊津贴专家。曾赴日本京都大学、美国斯坦福大学、英国牛津大学研究讲学，受聘台湾"中央大学"、台湾政治大学客座教授，中国海洋大学"985工程"海洋发展研究创新基地首席专家，首都师范大学讲座教授。

杨国桢教授是中国享有盛誉的历史学家，长期从事明清史、中国社会经济史、海洋史研究，在海内外历史学界具有广泛影响。他崇高的人格魅力和卓越的学术贡献，为后生晚辈树立了人格修养和学术研究典范，堪称"师之楷模、国之桢干"。

■ 担任教学，不惜心力 ■

杨国桢教学生涯的起步是与时代紧密相连的。1957年，他考入厦门大学，1961年毕业留校，有幸得到史学大家傅衣凌先生的指导和关照。毕业后的第一年，他潜心钻研各处搜集到的林则徐文稿、札记、诗文、书信等原始资料，并加以系统地整理分析，成功撰写了《林则徐传》初稿30万字，为他的学术生涯奠定了基础。

1962年起，杨国桢调任中国古代史教研室助教，兼任傅衣凌教授的学术助手，他投身于史籍和档案的研读，专注于土地契约文书的搜集和研究，协助整理"明清经济史""中国经济史要籍提要"等讲义。1963年，杨国桢开始讲授"中国古代史"课程，并为中国经济史专门化专业的学生讲授"当前学术问题讨论"课。这是杨国桢先生教学工作的起点，自此以后，他长期肩负"中国古代史""中国近代史"等课程的教学任务。

风云激荡的20世纪70年代，杨国桢的历史教学呼应教育改革和社会需求，走出课堂。1970年4月，他参与历史系的教学改革小组，在厦门郊区殿前大队进行社会调查，探索"以社会为工厂"的教学模式。翌年，厦门大学中文系与历史系合并为文史系，他为工农试点班学员讲授"中国共产党党史·第二次革命战争时期两条路线斗争史"和"中国古代农民战争史"课程。除了重点学习1921—1927年党的发展历史、研读毛主席著作和有关论述以外，他还带领师生前往长汀、瑞金等处，参观瑞金沙洲坝和叶坪中央革命根据地旧址，重走毛主席的革命实践道路。历史专业的学员分组到访了永定、上杭、龙岩、长汀、连城、建宁等地的30个公社和60多个大队，详细调查了毛主席革命活动的历史事迹。他在古田挑灯夜战，总纂整理成《毛主席在闽西》文稿。

1972年10月，随着文史系的解散并重新设立中文系和历史系，历史系面临着如何重建和发展的挑战。为了探索重建历史系的有效途径，校革委会派遣傅衣凌、柯友根和杨国桢前往国内多所高校和科研院所进行学习和考察。1973年3月，他们踏访了浙江、上海、江苏、山东、天津、辽宁、吉林、北京、河北、山西、陕西、河南、湖北、湖南、江西等地，深入了解各地在教育革命和教材编写方面的经验。这次考察与学习既为厦门大学历史系在学术界和教育界提振了知名度，也为历史系的长远发展与新时期转型奠定了坚实的基础。

▌ 发展学科，不懈努力 ▌

在推动厦门大学历史学科的建设中，杨国桢花费了不少精力，致力于发扬社会经济史学的传统和学术优势。1978年，他协助傅衣凌先生组建厦门大学历史研究所，从事中国社会经济史研究。在探讨中国传统社会经济结构和明清社会变迁等基本问题时，他们进一步阐发社会经济史的理论架构，展现了社会史和经济史结合的学术特色，并形成以民间文献、遗制遗俗证史的研究方法，受到海内外学者的重视。厦门大学民间历史文献研究中心主任郑振满教授说："我跟杨老师学治史，应该从1978年算起。当时杨老师住在人类博物馆三楼，……我因为帮考古专业出去实习的同学看家，也住在博物馆三楼，经常看到杨老师整理、抄录契约文书，觉得很好奇，有时也顺便请教一些问题，杨老师总是耐心地讲解。"

随着国家实行改革开放，厦大历史系进入欣欣向荣的历史时期。在傅衣凌先生的带领下，1981年，"专门史（中国经济史）"与"中国古代史"两个专业获批为全国首批博士学位授予点。

1981年6月4日，由傅衣凌教授指导的硕士研究生刘敏进行论文答辩，这是中华人民共和国学位制度建立后，厦门大学举行的第一个硕士论文答辩会。学校对此格外重视,特地安排在专家楼会议室举行。论文答辩委员会的主席由北京大学历史系许大龄担任,中国社会科学院历史研究所曹贵林和厦门大学历史系傅衣凌、陈诗启、杨国桢担任答辩委员会委员。历史系主任陈碧笙、教务处研究生科科长章绮霞、历史系研究生班主任郑学檬和历史系研究生们到场旁听观摩。

1981年6月4日,刘敏论文答辩现场,答辩委员会委员在台上就座(左起:杨国桢、傅衣凌、许大龄、陈诗启、曹贵林)

1982年5月,厦门大学历史研究所创办《中国社会经济史研究》,成为高校历史系自办学术刊物的创举,杨国桢担任常务编辑,主持日常事务。

1986年7月,杨国桢被国务院学位委员会批准为全国第三批博士生导师。1987年,他参与了国家教委全国第一批重点学科的评选工作,并被聘为历史学科通讯评选小组成员。1988年,以傅衣凌、韩国磐、杨国桢为学术带头人,"中国古代史"和"专门史(中国经济史)"两个博士点联合申报,"专门史(中国经济史)"获批为国家重点学科。杨国桢作为历史学专家组成员,参与终选会议,进一步证明了他在学术界的影响力和贡献。

1982年夏，日本留学生三木聪夫妇和历史系研究生李伯重与杨国桢全家相聚于厦大白城三号楼庐舍客厅（左起：三木聪夫妇、翁丽芳、杨国桢、杨宇、李伯重、杨蔚）

在改革开放的大环境下，杨国桢也成为首批走出国门与海外学界进行学术交流的中国学者之一。1985年4—7月，他受日本学术振兴会邀请，前往日本进行了一系列关于明清土地文书的学术交流。同年9月，杨国桢又前往美国斯坦福大学，进行为期一年的中国社会经济史研究。在随后的三十年里，尽管美国历史学者对明清社会经济史与我国学者有着大相径庭的观点和解释，他们最终还是通过杨

1991年4月，杨国桢与博士研究生进行学术讨论（左起：魏达维、罗一星、刘正刚、倪月菊、杨国桢、王日根）

国桢在佃户与地主关系、土地契约及所有权等领域的开创性研究，达成了普遍的共识。1988年，杨国桢还参与主持厦门大学与美国斯坦福大学、"中央研究院"民族学研究所合作，组织开展闽台社会文化比较研究。厦门大学的历史学科不仅在学术研究上取得了显著成就，也在学科建设和国际交流等方面走在全国的前列，展现了厦大学术的开放态度和国际视野，这与杨国桢的努力是分不开的。

自1989年起，杨国桢将研究兴趣转向了海洋史。长期生活在海滨城市厦门的他，对海洋有着深厚的情感。1988年，电视片《河殇》中无视中国海洋文化的观点令他生发了海洋意识的自觉，深感有必要以海洋为本位，站在海洋的角度来给中国历史上的海洋经济、海洋社会、海洋文化重新定位。杨国桢一直致力于海洋史研究的理论建构，倡导建立中国海洋社会经济史的学科框架，并对"海洋经济"和"海洋社会"等概念进行了创新性的阐述。正是他的不懈努力，才使得海洋史研究从一门边缘学科变成了一个备受关注的研究领域。厦门大学国学研究院院长陈支平教授说："我上大学的时候，杨老师教我们中国近代史课程，……不久因为工作的需要，转而从事中国社会经济史研究，也很快声名鹊起。……20世纪90年代以后，杨老师又把研究的重心转移到中国海洋社会经济史的研究上来，开创了这一领域的新天地。"

令人敬佩的是，杨国桢不仅在学术上保持敏锐和进取，而且在推动中国海洋人文社会科学的发展上也展现了前瞻性和战略眼光。作为连续四届、长达二十年的全国政协委员，他满怀热情地利用参政议政的机会，倡议加强中国海洋人文社会科学的建设。他在全国政协会议时提出的"尽快整合海洋管理资源，统一海洋执行机制"的提案，受到高度评价，被评为政协第十届全国委员会优秀提案。

■ 乐育英才，不遗余力 ■

杨国桢致力于教书育人，成绩斐然。作为国家级重点学科的学术领军人物和享有国家级突出贡献的专家，他对在厦门大学建立国家级历史学人才培养基地、一级学科博士学位授权点以及博士后流动站均有重大贡献。自1986年以来，杨国桢共指导33届博士研究生，培养了60多位博士生，其门徒遍布国内外，其中已有15人晋升为教授或研究员，12人担任博士生导师。

博士生和导师杨国桢、翁丽芳夫妇当年的合影（左起：曾少聪、欧阳宗书、黄顺力、孙谦、杨国桢、翁丽芳、倪月菊、张晓宁、吕淑梅、蓝达居、罗礼太、陈东有）

中山大学党委书记陈春声教授回忆1986—1989年在厦大芙蓉园追随傅衣凌教授与杨国桢教授学习明清社会经济史的经历时，表示影响深远、毕生难忘。他写道："在厦大求学期间，由于业师傅衣凌教授、杨国桢教授的悉心教诲，笔者对中国社会经济史和传统乡村社会研究的学术传统和理论方法有了更深的理解，奠定了近几十年一系列工作具有方向感和方法论意义的学术基础。""即便在毕业数十年后，杨老师仍一如既往给予谆谆教诲和期望殷殷。令人记忆犹新的是，每一次回到厦门大学，都可以尝到翁师母亲自为我们准备的非常可口的饭菜，直到现在还能记起那些饭菜的名字，想起那些饭菜的味道。"

杨国桢的教学风格独特,又富有激情。广州市东方实录研究院院长罗一星回忆,杨老师上课喜欢用"点拨"的方式,也喜欢用"拨弄拨弄"一词来代替那种苦心孤诣的写作。听杨老师上课,非常轻松,嬉笑怒骂,皆成文章。1983年,他将还是本科生的罗一星的论文《明清佛山冶铁业初探》刊发在《中国社会经济史研究》1983年4期上,这对罗一星是极大的学术鼓励。1989年罗一星师从杨老师,"三年的鞭驽策蹇,使我学术眼界日益宽广",他回忆道。

1996年,杨国桢在厦大敬贤第八楼寓所客厅与博士生探讨学术问题(左起:欧阳宗书、郑振满、杨国桢、张晓宁、陈东有、孙谦、郑甫弘)

尽管年岁已高,杨国桢至今依然保持每周两次为博士生提供集中指导的教学热情,这样的课程讨论已经持续了几十年。在杨老师的课堂上,讨论常围绕准备充分的话题展开,充分利用时机进行引导和总结,为学生提供了一个开放思考和自由辩论的空间,真正实现了教学相长的理念。在杨老师家中的座谈会不仅让学生在学术上受益匪浅,翁师母精心准备的美味茶点和水果也给学生留下了深刻印象。美国哈佛大学东亚语言文明系教授宋怡明说:"数十年来,我有幸得到杨教授的谆谆教导。此外,翁师母对我的仁慈关怀,我也铭记在心。"中国外文局当代中国与世界研究院院长于运全回想起当年求学的情景："杨老师的耳提面命，谆谆教诲，同门师兄间的相互切磋，共同进步，满满的收获，满满的幸福感。"杨老师那深邃的目光、锐利的点评与翁师母的慈祥微笑和贴心关怀，成为学生心中难以忘怀的美好记忆。

杨国桢老师和杨强（左）、于运全（右）于"海上云根"处小憩

回顾杨国桢学术研究对象的发展变化历程，从陈嘉庚到林则徐，从明清史到中国社会经济史，从中国社会经济史到中国海洋史研究，他的学术转型脉络与中国改革开放发展的步伐紧密契合，取得了令人瞩目的成绩。这种对教育事业的热忱不仅在于学术研究的辉煌，更在于六十年沉心教学的积淀。六十余载如同一日，杨国桢始终以历史学家强烈的社会责任感和浓厚的家国情怀，潜心治史，乐育英才，开创史学研究新境地。诚如国际知名学者科大卫所言："杨教授博学多才，从林则徐到陈嘉庚，从土地契约到海洋史，著作丰富，中外驰名，桃李满门。"杨国桢的行动和执着不仅展现了一位教育者深沉的使命感和责任心，更为后辈学者留下了深远的启示。

（洪钰琳、蔡婉霞）

陈荣岚：

教书育人初心不改，传播汉语桃李芬芳

人物名片：

　　陈荣岚，厦门大学海外教育学院教授，曾任厦门大学海外教育学院副院长、《海外华文教育》学术季刊主编，兼任教育部语言文字信息司海外华语研究中心学术委员、中国对外汉语教学学会华南分会理事、福建省海外交流协会理事、福建省语言学会秘书长等职。长期从事对外汉语和海外华文教育的教学和研究工作，主持完成原国家汉办和国务院侨办多项重要课题研究，在国内外刊物上发表过多篇与对外汉语教学和华文教育有关的学术论文。著有《厦门方言》《闽南方言与华语教学》《全球化与本土化：东南亚华文教育发展策略研究》等书。

从厦门大学群贤校门进校，走过明培体育馆，瞻仰过陈嘉庚铜像，经过庄肃的建南大会堂，再走一小段路，就来到了绿树掩映中的联兴楼、蔡清洁楼。

看着匆匆行过楼前的学子，陈荣岚感慨，他们也许并不知道，自己与这几座建筑的缘分、与国际中文教育的缘分，是从一封封远在海天之外的书信开始的。

■ 初心不改，重返三尺讲台 ■

1977年，金秋大地充满了丰收的喜悦，高考制度的恢复让大批有志青年获得了求学的机会，28岁的陈荣岚正赶上了这个历史机遇。当时作为下乡知青的陈荣岚已经当了几年的民办教师，怀着对知识的渴望，逢着这次机会，他重燃求索之火，报考了厦门大学。最终，他暂别教师身份，成功进入中文系学习，不知疲倦地钻研那些浩如烟海的卷典。

在厦大校园里，陈荣岚仿佛找到了一片属于自己的天地。"心适""步辇""帮赠"……当中文系学子陈荣岚将《诗经》与自己详熟的一个个闽南方音联系起来时，他可能并未意识到，汉语方言、中国文学、中华文化会成为他此后岁月中梦魂牵绕的主题，也不会想象到，未来的陈荣岚教授，会写出诸如《厦门方言》《闽南方言与华语教学》《闽南方言与闽台文化溯源》《闽台方言文化与海上丝绸之路》等众多论著。

此刻的他，只是埋首于学海中，孜孜不倦地学习着文学知识，为未来选择的学术道路打下了坚实的基础。

1982年，凭借着优异的学习成绩和出色的学术素养，陈荣岚收到了留校邀请，自此执教于厦门大学中文系，重回阔别多年的讲台。

厦门大学中文系1977级全体师生在建南大会堂前合影留念

▌ 良师益友，笃志华文教育 ▌

20世纪90年代，陈荣岚博士毕业，踌躇满志。他被委派到菲律宾一家华侨报社工作，这使他有许多机会深入接触海外侨胞。陈荣岚讶然于侨胞们对中国语言和文化的深厚情感。中华文化饮水思源的情结，就像是错综盘虬的根系，在他们的内心之中深深扎根，使侨胞们对乡音的追溯始终未改。

在当时的社会环境下，海外侨胞接触华文教育面临着许多艰阻，但他们仍旧为了下一代学习中文和中华文化而奔走，陈荣岚为此深感触动。在与菲律宾华文教育界的深度互动中，他看到了中华文化走向海外的希望。他坚信，侨胞们学习中文的深切愿望一定会得到满足。

回国后，他主动申请从中文系转调到了海外教育学院工作。

中文函授教学是那时陈荣岚工作的重要部分。函授，顾名思义，是通过信函往来实现辅导教学的特殊教育方式。陈荣岚将教材、试题等教学用书装在信封内，邮寄到海外，当地学生收到后，依据教材和文字指导完成试题作业，再封装寄回。知识和情谊便在这样远

陈荣岚：教书育人初心不改，传播汉语桃李芬芳

隔重洋的互鉴中增长。

人们播下种子的时候，并不会想到它最后会长成什么模样，只是心怀希望地默默浇灌。陈岚荣认真筹备教学材料，从寄出第一封信笺起，信笺随着函授过程变得越来越长，信封也变得越来越厚。有时，陈岚荣信中所写的笔记甚至比学生交来的作业还多。

渐渐地，学生们与陈荣岚探讨的不仅只是语言文化知识，还会在信中谈及他们的生活，说起自己的烦恼，分享日常点滴快乐。这些情绪珍而重之地漂洋过海，被陈岚荣看在眼下、记在心里，他用温暖的笔触书写回函，既当良师，又为益友。

时代日新月异，海外教育早已从一开始的函授发展到线上、线下相结合，而不再依托于一张张卷边、泛黄的书页，越来越多的外国人得以足不出户学中文，拓展自身对中华文化的认识。陈荣岚仍旧在这一领域深耕，不过他的眼光投射得更为长远，学术研究和教学实践也迈向了更为宽广的领域。

在校工作期间，陈荣岚先后到访菲律宾、印尼、美国、法国、南非等多个国家考察，在深入了解当地语言、文化的基础上，因地制宜地编写了适合本土化教学的汉语教材，著有《全球化与本土化：东南亚华文教育发展策略研究》等书，为促进国际中文教育学科深层次发展而不懈努力。

与此同时，陈荣岚也密切关注两岸交流与合作，希望以文化为桥梁，加强两岸同胞的联系，增进中华文化认同感。他与学院几位教师合著了《两岸华文教育与文化传播协同创新研究》，并多次向台湾学生讲解闽南方言知识，以实际行动为促进两岸沟通交往做贡献。他还担任《海外华文教育》学术季刊主编，积极促进对外汉语教学取得更多的理论和实践成果。

在陈荣岚等教师的共同努力之下，海外教育学院成功申请到对外汉语教学、语言学及应用语言学、国际汉语教育等学术型硕士学位点。

陈荣岚在培训班上致辞

■ 恒心如初，遍开汉语之花

厦门大学国际中文教育学院／海外教育学院，历经华侨函授部、海外函授部、海外函授学院、海外教育学院等不同时期，应国际中文教育事业蓬勃发展的新形势和新要求，更改为现在的名字。陈荣岚亲历了学科建设、学院发展的筚路蓝缕，更见证和推动了学校在中华文化海外传播上不断结出累累硕果。

优质的汉语教师是国际中文教育事业的中流砥柱，陈荣岚主持承担了多项原国家汉办国际中文师资培养项目和任务，进行了多次学术交流，在线上、线下举办了多场讲座，向世界各地输送了大量中文教育人才。厦门大学泰国校友会主席卢瑷珊就曾带队参与陈荣岚主持的培训项目，她回忆道："陈荣岚教授的每节课我都不会缺席。他对每个汉语教学知识点的讲解都非常详尽，又十分博学。这种尽职尽责的态度一直影响着我。"

曾在厦大学习中文的华侨华人学生，与厦大结下了深厚的情谊。校内联兴楼的捐赠人是印尼著名华人实业家林联兴，他曾接受厦大海外函授本科教育，并对这段学习经历印象深刻，对授课教师陈荣岚也充满感激之情。

此外，明培体育馆的捐建者——旅菲华侨佘明培，蔡清洁楼的捐献者——菲律宾著名华人企业家蔡清洁，都是海外教育学院当年的函授生，他们在陈荣岚等厦大老师的帮助下，加深了对中华文化的了解，主动承担起一份传播中华文化的责任，纷纷捐资建楼，为学校教育事业发展、中华文化进一步走向世界贡献了自己的力量。

正是因为有陈荣岚这样的教师以文垂范，以行化人，才让这份跨越地域的情谊得以延绵不绝，山高水长。

陈荣岚（二排右二）受邀参加林联兴（一排右一）95岁祝寿活动

千里之行，始于足下。对于未来将从事国际中文教育事业的教师，陈荣岚殷切嘱咐：首先应当做好积累，了解汉语的特点，筑牢基本功；其次是将中文与其他语言进行对比，把握异同，根据教学对象灵活调整教学的方式、方法；三是多做尝试，有机会的话，赴海外亲身参与教学实践，这样才能真正体会到中华文化海外传播带来的快乐。

2018年，年近古稀的陈荣岚走下讲台，为从事近半个世纪的中文教学事业画下句号。这一次，不是学生，也不是教师，仅仅作为一名普通的厦大人，陈荣岚在厦园内平静地行走着，在海风的吹拂下，在绿茵的环绕中，恒心如初。

（文／黄海刚、万欣林、赵静雯；图／受访者）

王侯聪：

稻田守望者，青春引路人

人物名片：

  王侯聪，1938年出生，1965年厦门大学生物学系研究生毕业，后到广东农业科学院工作，1978年调回厦大生物系（现生命科学学院）从事教学和科研工作。王侯聪在优质水稻新品种选育领域成果丰硕，填补了中国常规早季优质稻米的空白，曾荣获全国农业科技先进工作者、福建省劳动模范、福建省五一劳动奖章。

农忙季节，在水稻育种基地里，经常能看到一位老农模样的人出入稻田，只见他的衣袖、裤腿高高挽起，满身泥水。但他不是农民，而是一位大学教授。为了让百姓吃上优质的中国大米，他潜心研究水稻、改良水稻40余年。他，就是厦门大学生命科学学院的王侯聪教授。

王侯聪（中）带领厦门大学水稻育种组在田间工作

一生坚守，逐梦粮安

"粮食生产是国家安全的基础，如果育出的品种能在生产上推广应用，那就是对国家最大的贡献！要让老百姓吃上优质米、享受优质米。"王侯聪说。

民以食为天。1978年，王侯聪与邱思密、陈如铭等人在黄厚哲教授的指导下，组建了厦门大学水稻育种科研组，从事水稻新品种选育工作，从此与水稻结下了一生的情缘。

那时全国的水稻培育科研人员都在从事杂交水稻研究，但王侯聪认为常规稻不能丢。针对当时常规稻米质差、口感不佳，煮成稀饭都难以下咽的状况，王侯聪想进行品种改良。当时国家并没有优质稻的标准，他便亲赴深圳寻找资源，想方设法向当地粮铺要到了一些泰国香米的样本。在对泰国香米有所研究和了解后，王侯聪立志要培育出泰国香米那样的优质米，让老百姓早日吃上优质的中国米！

种子是农业的"芯片"，种源的质量，事关最基础的民生保障。"为耕者谋利、为食者造福"，王侯聪始终以此为己任，践行科研工作者的使命与担当。水稻育种研究初启时，人力、物力和水稻品种资源都极度匮乏。每年的6—8月，酷热难当，王侯聪都亲自带领水稻课题组的研究生住在水稻育种基地，早上5点就要下田，中午稍作休息便继续忙碌，加班加点抢抓田间收获、室内筛选整理、晚稻播种等工作，一直忙到深夜。种种艰难困苦、挫折坎坷，从未让王侯聪放弃水稻育种的研究。

他数十年如一日地艰辛探索，不改初心地刻苦钻研，不求回报地付出与实践，带领一届届学生在40多年的水稻育种征程中攻坚克难、孜孜求索，在保证科学、准确的前提下推陈出新、去繁就简，先后选育出"乌珍1号""佳禾7号""佳禾5号""佳禾早占""佳辐占"等优质品种，并独创了水稻成熟花粉人工诱变新技术。其中2003年育成的优质早稻品种"佳辐占"连续20年成为福建省优质早稻主栽品种，累计推广1300多万亩，增创社会经济效益20多亿元。"优质早稻新品种佳辐占的选育与应用"获福建省2006年度科学技术奖一等奖。

新稻种育成，水稻丰收，为农民们带来了丰厚的经济效益，王侯聪却分文未取，反而为推广优质水稻付出了更多的辛劳。他极其重视水稻推广工作，深知只有农民熟练掌握优质水稻的种植要领，才能让科技成果最大化地实现价值。为此，王侯聪东奔西走，向有关部门和农民宣传科学知识，传授优质水稻的种植要领，并亲自下田指导。时间紧迫，任务繁重，他常常在一地完成任务后，连夜奔赴另一个目的地开展工作，足迹几乎遍布全省的每一个试种点、示范点。

王侯聪在龙海东园厦门大学现代农业科研与教学基地

年逾八旬的王侯聪总是说："科研已经是我生活的一部分了，不做科研我心里难受，现在要去基地我还很高兴。科研不是一种负担，已经完全是生活的一部分了。"

一生扎根稻田，活到老学到老，阳光的心态、优秀的品质，就像那优质的稻米一样晶莹剔透、优质醇香，这是一位老科研人对科学研究的执着，以及对粮食安全的坚守。他坚定不移的理想信念、爱国为民的赤子情怀、潜心科研的至善追求，成为学生为学、为事、为人的示范，潜移默化地影响着青年学子。

一代代厦大水稻科研人员赓续红色基因，主动服务国家粮食安全战略，把论文写在祖国大地上，矢志报国、接续奋斗，凝聚复兴中华的磅礴力量。

言传身教，躬耕育人

"你们这样的年纪一定要好好上课，论文一定要做好。你们现在有老师在面前，要多交流、多问问题，要及时汇报，不能马马虎虎地走江湖。"王侯聪如是教育学生。

1978年底，王侯聪从广东省农科院调回母校厦门大学生物系任教。他在进行水稻育种的同时，还担负着繁重的教学任务，为生物系的本科生和研究生讲授"放射性核素在生物中的应用"的理论课和实验课，据他回忆，每周最多要上23节课。由于缺乏教学助手，他不仅需要备课、准备实验仪器和试剂，还要打扫实验室的卫生。

王侯聪强调，生物体是很复杂的，一定要打好基础，认真听老师讲解，多和老师交流；要将理论和实践相结合，踏踏实实地做在实际应用方面有价值的东西；研究一定要做到底，不要半途而废。这是他对后辈们的殷切期盼。

王侯聪为学生讲授水稻育种相关内容

王侯聪一生教书育人，为国家培养了大批优秀生物学人才。龙海市东园镇厦大科研教学基地是漳州市与厦门大学"市校共建"的一个示范点，是厦门大学生命科学学院水稻遗传研究的实验基地，集科研、教学、生产为一体。该项目由王侯聪主持，在推动科技成果转化、促进粮食生产优质高效、服务地方农业经济发展等方面发挥着积极作用。自2006年建设以来，一批批厦大师生来到基地参访实践，无论是主题党日活动，还是暑期社会实践、学科学术交流等，白发苍苍的王侯聪对学生都耐心引导、细心讲解，通过言传身教分享老一辈科研人员筑梦泥巴田的科研故事，助力学生弘扬科研精神、涵养优良学风。

在2018年全国教育大会上，习近平总书记要求把劳动教育纳入培养社会主义建设者和接班人的总体要求之中，明确提出构建德智体美劳全面培养的教育体系。厦门大学生命科学学院依托学科优势，打造集党建、教学、平台建设于一体的劳动教育体系，大力推进"深耕"行动计划，将劳动课程开在田间地头。2021年3月，学院在"八闽园"开展插秧劳动实践，特别邀请了王侯聪教授和水稻育种团队的教师，为近百名学生带来了一场生动的劳动主题"思政课"。八十多岁的王侯聪亲临现场，指导学生插秧。他叮嘱同学们应当走出实验室，走出理论的局限，培养实践能力，在劳动中加深对科研向应用转化的理解。年轻的学子们投身劳动教育，躬耕陇亩、用心实践，以实际行动致敬王侯聪这位潜心农业科研、用心教书育人的稻田筑梦人。

■ 奖掖后学，薪火相传 ■

"我最感谢的就是我的老师黄厚哲。非常非常感谢他。"王侯聪说。

黄厚哲教授是我国著名的遗传学家、生物学教育家，也是王侯聪的导师。王侯聪在追忆黄厚哲先生时提到，黄老师总是用实际行动向他传授如何动手实验，到四五十岁时还动手吹玻璃、制作消化管，用有机玻璃做电泳槽，解决了实验室仪器不足的问题。正是在黄老师的培育和指导下，自己才能取得进展。

忆恩师，承薪火。2014年10月，在黄厚哲先生百年诞辰之际，为纪念和弘扬先生严谨治学、淡泊名利、关爱学生、无私奉献的高尚品德，王侯聪发起倡议成立"黄厚哲纪念基金"，来自海内外社会各界的百余位校友鼎力支持、慷慨解囊，以此延续恩师大爱，秉承其志让更多的厦大学子受益。自2017年起，"黄厚哲纪念基金"持续资助厦大生命科学学院家境贫寒且品学兼优的本科学生，截至2022年，已奖励和资助本科生68人，共计24.3万元。

王侯聪在铭感师恩的同时，也影响和激励了自己的学生。

厦门大学福州校友会生命科学分会会长、1993级生物化学专业校友陈兵心心念念王侯聪对他的影响，2020年10月18日，在第四届杰出校友论坛上，陈兵深情回忆2014年他去拜访老师时，看到76岁的老先生还在田里工作，并表示只有当大家都吃上了优质大米，他的工作才算做完。那一刻，他再次感悟到了"自强不息，止于至善"的厦大精神。

受其感召，2022年4月，一直心系母院的陈兵，不忘王侯聪等恩师栽培之恩，在生物学科百年之际，捐赠500万元，发起设立生命科学学院"佳禾植物种质资源发展基金"，用于资助和奖励从事植物种质资源相关研究课题组的博士后和优秀硕博研究生，以及支持相关平台的建设。该基金还得到1987级生科校友郑闽武的积极响应，他慷慨捐赠10万元，一同助力学科发展。

饮水思源、图报师恩。这不仅是爱心的传递，更是"嘉庚精神""生科精神"的传承。

小小一粒米，凝聚了几代人四十多年如一日的汗水和心血。王侯聪等带领厦门大学水稻育种组始终将个人理想融入科技强国建设，努力改善中国稻米品质现状、满足人民实际需要。

厦门大学生命科学学院高级工程师黄荣裕是王侯聪的学生，也是水稻遗传育种研究室团队的一员，他时刻以老师为榜样，至今已扎根田野24年。"王老把这个当成了一辈子的事业，给我们搭建了非常好的平台，积累了丰富的研究材料。"在黄荣裕眼中，王侯聪教授的执着追求和刻苦努力是他学习的榜样，更是做研究的精神指引，给予了他不懈奋斗的动力。

2021年，经过近十年的研究，黄荣裕所在团队育成的优质抗病水稻新品种"佳禾165"通过了福建省农作物品种审定，开始在生产上大面积推广应用。"佳禾165"大面积示范亩产量水平达593公斤，比当地早稻当家品种"佳辐占"每亩增产100多公斤，部分农民种植产量亩产高达700多公斤。"佳禾165"入选2023年福建省农业主导品种。

"不仅让老百姓吃饱，更让老百姓吃好。"王侯聪和他培养的学生数十年来倾注全部心血投入水稻育种工作，他们的目标是培育出更优质、更高产、更安全的水稻品种。这个目标，没有止境。

耄耋之年未伏枥，犹向稻穗寄深情。王侯聪怀抱着培育一个又一个优质水稻新品种的至善梦想，一辈子躬耕粮田。正是这样一位可敬可爱的老教授，践行"国之大者"，传承红色基因，引领和鞭策着莘莘学子奋进求实，呵护和关爱着后辈青年成长成才，以自身言行激励青年汲取前行的力量，将爱国之情、报国之志融于中华民族伟大复兴的事业之中，让科学家精神在新时代熠熠生辉。

（生命科学学院）

卢昌义：

四秩春秋铸华章，红树林畔育英才

人物名片：

卢昌义，环境与生态学院教授，博士生导师，现任厦门大学嘉庚学院环境科学与工程学院院长、河口生态安全与环境健康福建省高校重点实验室主任、"3060"双碳战略创新专家工作站执行主任；福建省优秀专家，卢嘉锡优秀导师，厦门市优秀教师，享受国务院特殊津贴专家，厦门市政府立法咨询专家（2022—2026年），第六届中国生态学会理事，两届福建省生态学会理事长，中国生态学会红树林生态学组执委会主席。曾任环境生态学院教学督导组组长、关工委常务副主任、学院退休教工党支部书记。

从空中俯瞰厦门下潭尾红树林湿地公园，由红树林组成的字母I、爱心和五星的图案在海面上铺展，形成"我爱中国"的壮丽景观，让此处成为厦门市的新地标，每天吸引无数游人徜徉流连，也得到央视、新华社等多家主流媒体报道。这幅由红树林绘就的画作正是出自厦门大学环境与生态学院卢昌义教授的手笔。

■ 深耕红树林、坚守"国宝"的学者 ■

"习近平总书记在广东湛江考察时说，'红树林保护，我在厦门工作的时候就亲自抓'。'这是国宝啊，一定要保护好'。听到这些话，我的心情无比激动！"谈起红树林，卢昌义似乎有说不完的话题。

作为"中国红树林之父"林鹏院士的第一个研究生，卢昌义承继了老师勇于创新的改革精神、勤奋务实的实干精神，40余年深耕于红树林生态系统保护修复研究。卢昌义回忆说："厦门的红树林保护工作起步很早，得益于习近平总书记的前瞻性，38年前他在厦门市政府工作时就亲自抓红树林保护，政府相关部门也积极响应和大力配合。"卢昌义向我们展示了两张泛黄的票据，那是1986年和1987年厦门市林业局拨给厦门大学红树林团队用于红树林造林技术研究和红树林引种驯化总共一万元的经费拨付凭证，也是习近平总书记当年在厦门抓红树林保护工作的历史见证。

有了这笔经费，红树林保护技术研究就有了更好的保障。卢昌义带领团队加快了研究步伐，他们不畏艰辛，栉风沐雨，弯下身子，卷起裤管，两脚插进泥滩，38年来驰而不息，为厦门市许多红树林生态建设的实践工作提供了重要的技术支撑和理论基础。他们把政府资助红树林造林技术和引种驯化研究成功的木榄、红海榄等种类"反哺"于筼筜湖综合整治的生态建设中。经过人工修复、自然恢复，现在筼筜湖、下潭尾、海沧湾、大屿岛、九龙江入海口、环东海域的成片成片的红树林，都留下了卢昌义带领厦门大学师生洒下的汗水。

40余年间,卢昌义设计、建设了多项红树林生态修复重点工程。可以说,厦门新建设的每一片红树林都由他和他带领的团队造就,成为美丽厦门生态文明画卷上最耀眼的一抹绿。

卢昌义与科研团队老师一起在红树林湿地

卢昌义为筼筜湖的生态修复、绿色发展树立了永恒的标杆。按照习近平总书记当年治理筼筜湖提出的"依法治湖、截污处理、清淤筑岸、搞活水体、美化环境"20字方针,他创新性地在湖心岛及周边重构红树林生态系统,充分利用红树林净化海水、护堤固岸和维护生物多样性,取得了良好的生态修复成效。建成的筼筜湖红树林生态岛,成为一颗翠绿的明珠,吸引着白鹭回归。昔日污染严重的筼筜湖,蝶变为美丽厦门的城市会客厅,成为人与自然和谐共生的国际典范。

他牵头建设的下潭尾红树林湿地公园是厦门环东海域综合整治与生态建设的出彩之笔。环东海域的整治是厦门市遵循习近平总书记当年为厦门指引"提升本岛、跨岛发展"方向的最重要使命。他考虑到生境异质性的生态学原则,利用不同种类红树植物生长速度及群落外貌颜色的差异,在滩涂造林工程中开创性地引入景观设计。

卢昌义:四秩春秋铸华章,红树林畔育英才

他带领团队使用了当时最先进的地标式景观设计方案,将图案的每个点位都用卫星地理坐标准确定位,再到现场用全站仪确定点位,通过栽种不同生长特点的植物勾勒图案。媒体曾这样赞誉:"这群厦大人动用卫星种了一片红树林。"在今天的下潭尾红树林公园火炬大桥旁,一组由爱心和五星构成寓意"我爱祖国"的图案向海上延展开来,这幅完全由红树林勾勒的作品,自空中俯瞰,蔚为壮观。这是把海洋生态文明融入红树林生态建设中的生动实践。卢昌义还主持了纳入国家蓝色海湾整治工程的厦门海沧红树林修复生态种植工程,修复重构了25万多平方米的红树林生态湿地。后又主持了大屿岛自然保护区外滩涂的红树林修复工程,集美大桥南北环东海域浪漫岸线景观建设等。

这些年来,卢昌义带领的厦门大学红树林科研团队,持续开展科研攻关,取得了开创性、系统性的成就。他共发表论文150多篇,出版8部编著。他的论文和著作涵盖了红树林生态系统等各个方面,从物种多样性到生态功能,从修复技术到保护策略,展现了他深厚的学术造诣和敏锐的科研洞察力。他曾获国家科技进步三等奖、教育部自然科学一等奖、厦门大学南强奖一等奖等诸多奖项。这些科研成果不仅丰富了红树林保护与修复领域的知识体系,也为实践应用提供了宝贵的指导。

这些成绩的背后,是经年累月的付出与汗水,有的甚至还凝结着鲜血。1984年,卢昌义在云霄竹塔开展红树林调查时陷进沼泽地,幸经当地农民用长竹竿搭救方才脱险;他还曾在海沧红树林地被海蛎石割伤,血流如注,就医后被缝了23针,至今腿上还烙着当年的"科研印记"。

卢昌义一直秉承"种植一片、成活一片,成林一片、成效一片"的原则,去实践他的绿色梦想。40余载,他主持指导建设的近200公顷红树林湿地成为厦门人与自然和谐共生的一道风景线。他始终践行着"对于地球,我们生不能带来什么,死不能带走什么,但可以留下一草一木，甚至一片森林"的宏大愿景。

■ 育人为本、启智润心的师者 ■

"厦门大学环境科学专业本科生的第一节课是我上的！"作为一名执教数十载的资深教授，卢昌义幸福地回忆起他最难忘的两堂课：一堂课是2000年厦大首次开展的环境科学本科教育，他给第一届本科生上了第一堂专业课"环境科学导论"；另一堂课是2012年9月，环境与生态学院搬迁至翔安校区，他在这片崭新的土地上给研究生上的第一堂专业课"环境科学进展"。这恰恰也见证了学科发展的历史。

他注重学生绿色理念的树立与实践能力的培养，在课堂之外，他时常带领学生参与各类环境保护项目、生态公益活动，让他们在实践中增长才干，为未来的生态保护事业储备人才。他的学生回忆道："自从我踏进校门开始，每年的植树节，卢老师都会带着我们到筼筜湖湖心岛植树。当年我们一起种下的红树和滨海植物，已经绿树成荫，一座由湖泥堆积起来的小岛，处处充满了生机，点缀着'城在海中，海在城中'的如画美景。"

治学严谨、一丝不苟既是他对学生的要求，也是自身恪守的准则。"卢老师这里没有马虎和差不多"是他所有研究生的共识。他为研究生批改的毕业论文，厚厚的一本中几乎每一页都有修改的红色笔迹。从结论是否严谨到观点引用是否准确，从物种学名拼写是否完整到单位的大小写是否规范，甚至连标点符号，他都用红笔圈出，手写修改在旁，重要之处还注有修改缘由、出处等。其细致用心实在令人感佩。

他对学生身教胜于言传，如今"奔八（80岁）"的他，仍带领学生和团队成员赴野外执行项目，并坚持亲自下泥滩，深一脚浅一脚地在泥泞的湿地里考察。泥水最深处有时甚至没过大腿，腿上长出红斑，几个月不退。但他习以为常，总是说"生态人"就是要撸起袖子、卷起裤腿，弯下身子、脚踏实地。

卢昌义带领学生野外考察

在生活中，他如同一位亲切的长辈，将研究生当作自己的孩子一般关怀入微。他总是从满满当当的日程中挤出休息时间，约学生们到他家中交流谈心。为帮扶家庭困难的学生，他主动为他们争取助教等兼职机会。有一位研究生，曾因暂时经济困难而苦恼，虽然他并不是卢老师的研究生，但卢老师得知后，给这位学生打了一些生活费，为他解了燃眉之急。这个同学至今还以为这些钱是来自学校的救济款。每个学生的情况，诸如籍贯、性格、爱好等，他都了如指掌。他组里的氛围一直很好，师生们感情深厚。在他的感召下，学生毕业后，每年都组织团聚，交流近况。他曾编纂一本画册《园丁之乐》，将几十位弟子的上百张照片、数十个故事汇集成册，全书充满勉励和祝福，字里行间倾注着他对学生深沉的爱。

40余载的潜心培育，卢老师的很多学生已经成长为环境与生态领域的栋梁之材。2024年1月初，自然资源部和中宣部等来厦召开习近平生态文明思想"厦门实践"调研座谈会。受邀出席座谈的4位专家中，除了卢昌义本人，还有两位就是他的学生。"自己的学生出类拔萃，绿色事业后继有人，这是一个教师最幸福的时刻，"卢昌义自豪地说，"人总是要老的，年老时最大的欣慰，莫过于意识到，已把自己青春的岁月，献给永不衰老的立德树人的教育事业。"

退休后，卢昌义依然为教育事业默默奉献，热心地服务师生的大事小情。在义务担任学院教学督导组组长期间，学校每年开展教学评估，他都会带领教学骨干仔细检查各类教学档案和材料，发现问题就记下或用相机拍下，然后整理形成质量报告PPT，推动整改和完善教学工作。看到一份份细致的圈点和用心的评注，在场的老师特别是青年教师都很受震撼，不仅仅是对教学工作有了更规范、更直观的认识，更重要的是被他敬业、奉献的精神所感染和折服。他受聘担任学院的学生心理导师，对遇到困惑的学生悉心疏导、答疑或谈心，帮他们走出困境；还提高了学生对专业的认识和自信心。

■ 修身尚德、丰盈人生的智者 ■

"忙点好，忙起来就没有时间生大病"，卢昌义笑着说。他身兼

卢昌义带领学生野外考察

数职，不仅是环境与生态学院教授，还担任厦门大学嘉庚学院环境学院院长、河口生态安全与环境健康福建省高校重点实验室主任、近海海洋环境科学国家重点实验室和滨海湿地生态系统教育部重点实验室学术顾问。他常常白天"跨海穿隧"地奔忙于3个校区之间，晚上又投入教材撰写、论文修改等工作中，直到深夜。家人对他熬夜颇有怨言，提醒他要照顾身体。他却说，特别喜欢夜里工作，清静而无人打扰，能够使他更加专注、更有灵感。

出行时，他随身带着沉甸甸的手提包，总是自己拎，不让别人帮忙，走起路来大步流星。随行的人往往也要加快步伐，才能紧跟上他。他总是散发着无穷的活力，让人很难想象，这是一位已近耄耋之年的老人。别人夸他年轻，他爽朗笑答"工作使我忘记了年龄，不敢老得太快"。

为人真诚，待人友善，卢昌义身上有着老一辈科学家的儒雅之风。他守时守信，对于他人的托付必有回应，答应别人的任务从不拖延；参加大小活动，常提前10分钟到场。2024年3月，学院邀请他为环生党校开课，讲座是下午2∶30开始，2点他就已到学院，到会场调试投影等设备、试播PPT。他说，上台前做好充分准备，是对台下师生的基本尊重。他经常参加学院组织的各类交流活动，热心地将自己教学和科研上的心得与人生感悟，向青年教工倾囊相授；参加"班主任下午茶"，帮助青年班主任出主意、想办法……他言谈风趣幽默，笑声爽朗，让身边之人如沐春风。

对待生活，他永葆一颗赤子之心。他年轻时就喜爱摄影，并坚持用照片记录各个鲜活的瞬间。厦门大学环境学科建立30周年、生态学科建立90周年之际，学院邀请卢昌义担任学科庆典画册的总策划和主编。画册里的很多照片都是他拍摄的，如今都成了珍贵的史料。他的博士生，时任国家海洋局第三海洋研究所所长的余兴光作为中国第四次北极科学考察队首席科学家与队员们奔赴北极时，卢老师提笔写下"鹏越千里雪，龙腾万顷浪"的对联，嵌入北极科考船名"雪龙"二字，对联带赴北极，为科考队壮行。他还热爱运动，一下水就要游上1600米，很多年轻人也自叹不如。

卢昌义心怀大爱，支持公益。13年前，厦门市海洋与渔业局举办中华白海豚保护公益活动，卢昌义知道后，捐出了1000元，是第一个捐款的市民。他用自己横向项目结余的经费设立了"环境科学发展基金"，专门资助青年教师的发展；他是"公益奖学金"和"孝敬长辈奖励基金"的创立者和主要捐赠者；2020年初，新冠疫情暴发，他慷慨捐款，助力抗疫；2021年，他又捐款，襄助厦大马来西亚分校校园景观建设……

卢昌义常说，我们不能控制生命的长度，但可以扩展生命的宽度和高度。从这句话中我们理解了他的不知疲倦、执着坚守。他以大爱和大智，将教育、科研和生活经营得井然有序、有声有色。他是我们可敬、可佩的"卢老"，也是能动爱玩的"老卢"，永远是青年一代学习的榜样。

（余兴光、诸姮）

魏传义：

正天地为画，以人民为亲

人物名片：

　　魏传义，著名画家，美术教育家，厦门大学教授，中国美术家协会会员，享受国务院特殊津贴专家。厦门大学艺术教育学院（现艺术学院）首任院长，新中国第一代油画家，四川油画重要的奠基人和推动者。曾获"吴作人基金美术教育奖"、英国剑桥国际名人传记"20世纪成就奖"、福建省首批优秀专家称号、福建省社会科学优秀成果奖、厦门大学"南强奖"。其作品被中国美术馆、中央美术学院等权威机构收藏。

他自小苦学，沉浸艺术殿堂多年终有所成，诗书画印四绝，直指中国"文化之巅"。他学贯中西，在油画领域颇有建树，是新中国当代写实绘画的开创者之一。他著作等身，主编出版了《艺术教育学》等多种著作。他精心培育艺术人才，推动和奠定了四川油画在中国当代美术史上的地位。他，就是厦门大学艺术学院魏传义教授。

■ 净植本色，苦练画技 ■

魏传义1928年5月出生在四川达县（今达州市达川区）一户穷人家里。父亲是一个小商贩，生活艰辛，以至积劳成疾、体弱多病。母亲则在魏传义3岁那年就去世了。生活最困苦时，年幼的魏传义在大雪天里，连双鞋子都没有，单衣赤脚冻得手肿耳烂。一次偶然的机会，魏传义发现了家藏的《三稀堂法帖》和《芥子园画谱》，瞬间就迷上了。于是一有空闲，他就照着柳公权和黄庭坚的字帖练习。

1941年，魏传义小学毕业，但贫寒的家境无法供他继续读书。无奈之下，魏传义只好向同学借了路费，瞒着家人，偷偷跑到县城，报考了公费的达县简易乡村师范学校，并考取了第一名的好成绩。他特别珍惜这来之不易的学习机会。晚上寝室关灯后，他就悄悄溜到教室里，用灯罩罩住煤油灯，孤灯黑夜中复习两个小时；早上又比别人早起一个小时温习功课；课余时间和节假日都用来揣摩和练习字画。

魏传义的书画天分很快就显露出来。1947年，魏传义以第一名的成绩考上了上四川省立艺术专科学校并获得奖学金。在这里，他在中西绘画和应用艺术等方面打下了较坚实的基础，并开始接触进步思想。每到夜晚，魏传义就偷偷阅读进步书籍，为躲避学校搜查，他将书藏在席子底下，以及一切隐蔽处。毛泽东在延安文艺座谈会上的讲话，让魏传义对艺术扎根于人民有了进一步的思考和认识。

心源一脉，振兴艺术

毕业后，魏传义任教于四川美术学院，以其深厚的油画功底辅导学生进行油画创作。

1955年，我国文化部与苏联达成协议，由其委派列宾美术学院两次斯大林奖章获得者马克西莫夫教授来华，在中央美术学院开办新中国成立以来的首届高研培训油画班（简称"马训班"）。魏传义以综合成绩第一名通过国家考试，被"马训班"录取并选任该班常务副班长。在这里，他得到了绘画技巧全面、系统的提升和共产主义思想的熏陶。其同班同学有后来成为中国美术家协会主席、中央美术学院院长的靳尚谊，还有中国油画学会主席詹建俊等人，他们共同成为新中国当代写实绘画的开创者。

魏传义和其代表作《晨星》

从"马训班"毕业后，怀着振兴中国未来艺术的理想，28岁的魏传义意气风发地回到川美，在校领导的支持下组建了四川美术学院油画教研组（油画系前身），并担任教研组主任一职，同时还担任了1977级学生的班主任。他领导师生们加强基础训练和"生活实习"，并指导学生深入广大基层，走入群众中去体验人民的生活。他认为只有这样才能创作出人民和社会需要的艺术作品。在他的引导下，整个绘画系被带动进入一种空前活跃的创作氛围中，产生了罗中立的《父亲》、陈鸣祥《我爱油田》等一系列植根于人民的画作。他们的作品不断在全国性大展上获奖，在全国形成了巨大的影响，由此产生了"四川画派现实主义"。

因此，罗中立在中国美术馆举办的魏传义个人作品展上说："魏传义先生为四川油画在中国当代美术史上的横空出世，以及能够延续至今，奠定了牢不可破的基础。对四川油画的发生、发展和成长起到了不可替代的作用。魏传义先生不愧为四川油画最重要的奠基人和最有力的推动者。"

巧夺造化，学科带头

1983年初，魏传义接到时任福建省委书记项南的邀请，前往厦门创立中国重点综合性大学中首个艺术教育学院。他的构想是使学校与社会、教育与生产、理论与实际紧密结合，成为一个教学、科研、创作、生产、交流的综合体，为福建省美术教育的发展打下了良好的基础。

魏传义事无巨细，亲力亲为。学院初创时，在海防前线，魏传义参与设计了艺术学院的建学楼（该建筑设计在全国性设计大赛中荣获二等奖）；他广纳贤才，倡导"五湖四海"的人才理念，从中央美术学院、浙江美术学院、四川美术学院等地招纳优质师资；他领导成立了艺术研究所，并担任首任所长，他坚信："艺术除了教育，也应做科研，要做高层次的研究……"

魏传义向观众讲解剪纸艺术

在1989年第七届全国美术作品展览上，成立不到6年的厦门大学艺术教育学院的参展作品就达到了10件。从无到有，魏传义硬是把一个海边荒地打造成了一座艺术殿堂。

■ 独具匠心，佳木成林 ■

1990年，魏传义获得吴作人国际美术基金会授予的"美术教育奖"；1991年，获英国剑桥国际名人传记中心"20世纪成就奖"；1992年，获国务院荣誉证书并给予发放特殊津贴，是福建省首批优秀专家；1995年，主编国家重点项目成果《艺术教育学》荣获福建省社会科学优秀成果奖……这些荣誉的获得无疑都与教育息息相关。

作为一个美术教育家，魏传义桃李满天下，而作为一个画家，魏传义的艺术修养更是广博。除油画功底深厚外，他还画得一手好中国画，他能诗、能书，自己治印，他的绘画题材皆深植于生活、植根于人民。

魏传义在"马训班"毕业时创作的油画《歇响》，表现了劳动人民在劳动之余休息的场面。为了体验生活，魏传义到河北郊外农场待了一个多月，每天和当地群众一起打谷、栽秧。该作品参加在中央美术学院举办的展出并被收藏，随后还在《人民日报》上发表，该作品开创了中国油画史上的第一种外光薄油画法。

另一幅著名油画《强渡乌江》是魏传义1959年创作的，为了还原红军强渡乌江的激烈场景，魏传义在乌江体验、采风了两个多月，和当初送红军渡河的艄公同吃同住并模拟渡河场景。在湍急的河流中小木船被暗礁撞坏，他同艄公等人被冲到了水中。遍体鳞伤地爬上岸后，他更是体会到了红军强渡的壮烈场面，笔下生动地还原出了惟妙惟肖的景象。《强渡乌江》获得了很大的成功，后由中国军事博物馆收藏。

他的作品多次参加海内外许多重要的展览，其力作多被收藏、出版或授奖，书画作品被中国书协、中国美协等单位联办的国际大展授予"国际特等金奖"。

魏传义出席他的艺术作品展开展式

中央美术学院院长范迪安在《求索融通老更成》一文中指出：在20世纪50年代火热的社会主义建设时代氛围和活跃的文化环境中，

魏传义：正天地为画，以人民为亲

魏传义不仅掌握了扎实的油画造型功力,而且在艺术思想上坚定了贴近现实、反映生活、服务人民的理想。

在潜心创作、教书育人之际,魏传义笔耕不辍,著述颇丰,主编出版了专著《艺术教育学》,专集《魏传义艺术》《魏传义画集——中国花鸟画选》《海风阁诗稿》,以及VCD光盘《中国书画入门》。

很多油画家到了60多岁就放下了画笔,但耄耋之年的魏传义现在还每天坚持画画。秉持着"艺术源于生活"的美学观念,这位老人仍然常常扎入基层生活,与年轻画家一起登泰山,赴新疆、内蒙古、甘肃等地采风,到大自然和现实生活中寻找艺术素材和灵感。

作为一个有着60年党龄的老党员,魏传义一直以一个党员的标准要求自己。2008年5月12日汶川大地震时,魏传义第一时间捐出了5万元。

他出身寒苦,却心系故里,2012年为母校蒲家镇小学捐款100万元。如今,"传义教学楼"矗立在焕然一新的校园中,琅琅书声寄托着孩子们对未来的希望。

"新竹高于旧竹枝,全凭老干为扶持。"人们欣赏高于旧枝的葱郁新竹,同时更赞美那扶持新枝的老干。我们会永远铭记魏传义对党的艺术事业的忠诚和奉献,在美术教育事业中的率先垂范。

(艺术学院)

连淑能：

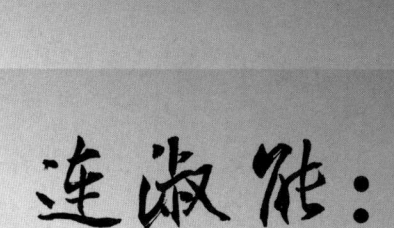

外语教育的燃灯引路人

人物名片：

连淑能，汉族，1942年出生，福建人，祖籍福建惠安，中共党员，厦门大学外文学院教授，博士生导师。1965年毕业于厦门大学外文系英语专业，并留校任教，历任助教、讲师、副教授、教授。先后任外文系系主任、外文学院院长。1999年获国务院政府特殊津贴。主要研究领域为英汉语言与中西文化、翻译理论与技巧、跨文化交际学。

1960年的秋天，抱着对大学的无限憧憬，连淑能来到了厦门大学，成为外文系英语语言文学专业的一名学子。后来他才知道，原本报考复旦大学新闻系的自己，是被"抢进"厦大的。当时，厦大招生人员看到他的档案，一眼就相中了成绩优异的他，于是提走了他的档案。未来他将与厦门大学结下终生缘分，自己一生的心血也都将倾注在外语研究与教学上。

从意气风发的青年到笔耕不辍的耄耋老人，从外交使者到育人导师，从助教到教授、学院首任院长，无论是主持科研项目、编写专业教材，还是培育外语人才，连淑能的每一步都走得稳健、踏实。他就像是一名燃灯引路人，照亮了一批又一批外文学子前行的道路。

■ 从 A、B、C 起步的新生 ■

上大学前，连淑能学的是俄语，从未接触过英语，但他凭着一股"早起用功"的韧劲和勤奋，取得了优异的学习成绩。1965年，从 A、B、C 起步到英语听说读写译"五项全能"，连淑能顺利毕业并留校任教。

1974年，由于口笔译水平高，连淑能被国家选派到南美洲第一个与我国建交的国家——圭亚那，担任驻外大使馆和专家组的翻译。他还任政府农业培训班的讲课教师，负责根据中方专家提供的资料为当地官员科普农业知识。翻译、讲学、编写大学教材……在圭2年，连淑能充分展示了我国高校外语人才的良好精神面貌，得到了大使馆和国外友人的一致好评。

在圭的经历不仅磨砺了连淑能的身心，也让他有机会收集到海量的翻译语料和英汉对比素材。回国后的连淑能一刻也没闲着，起早贪黑、熬夜攻读成了他生活的常态。

20世纪80年代初，电脑对很多人来说还是个"稀罕物"，已是副教授的连淑能就能着眼未来，开始踏足人工语言与机器翻译研究。

在美期间，连淑能在计算机翻译领域取得重要研究成果

1985—1990年，连淑能与学校计算机系教师合作承担了国家高技术研究发展计划（即"863计划"）的"自然语言理解与机器翻译"项目。1985年，连淑能作为访问学者赴美讲学研究。除讲授汉语和中国文化、研究文化学和语言学之外，连淑能还同美国8位专家组成小组，继续做电脑翻译研究，卓有成效。

1987年回国之际，连淑能收到美国IBM电脑公司、纽约州立大学等单位发来的请他留美继续研究的邀约。"尽管美国企业、高校开出了高薪、移民的优厚待遇，但父亲没有丝毫犹豫，毅然决然选择回国。"连永前自豪地说。回国后，连淑能继续研究"863计划"的机器翻译课题。3年后，他的研究小组取得了机译论文可读性高达80%的突破性成果，引起学界强烈反响。

1997年，已享誉学界、担任系主任的连淑能没有停下学习的步伐，尽管已年逾55岁，他还是决定赴英国牛津大学做高级访问学者，只为了在退休前"有所作为"。在国家留学基金委的资助下，连淑能系统总结了牛津大学和剑桥大学的培养学生之道，并与我国高等教育现状进行比较，撰写了长篇考察报告《牛津剑桥之谜》，相关研究在《国际高等教育研究》《中国大学教学》《英中未来》《环球时报》等多家报刊上刊发并被转载。

论中西思维方式、外语科研的创新问题、与外语学生谈综合素质、关于右脑开发问题、翻译课教学法研讨……自1998年至2010年，连淑能受邀赴国内外高校、学会、研讨会等作了200多场学术讲座。有时候因为座位有限，会场走道和讲台周围都坐满了听众。

■ "做人，做学问，做多面手" ■

"我把牛津、剑桥的教育传统概括为'牛文化'，一大特征是大学有浓厚的学术气息。牛吃的是草（各种知识，不断吸收、消化），挤出来的是牛奶（人才、成果、发明、创造）。"连淑能说。牛津有100多家书店和100多个图书馆，博览群书蔚然成风，研究讲效率、讲水平、讲质量，师生比贡献、比发明、比创造……异国的体验让连淑能时常惊叹，也刺痛了他的神经：当代中国，我们要培养什么样的学生？我们何时才能有世界一流的发明与创造？

连淑能在牛津校园的图书馆翻阅资料

对于当时较为完善的西方教育体制，连淑能并不想做一名盲从的"搬运工"。他扎根中国大地，放眼全球，深入剖析中西的优劣，倡导转变思维、跨学科交叉和中西互补来推进科学研究和人才培养。

"我从事英语这一行已50多年，其间教过本科生、硕士生和博士生……总感觉学无止境，必须不断增强综合素质，才能适应各种需要。"这是连淑能在《与外语学生谈综合素质》一文中的开场白。多国的游学考察经历及长期的一线教学实践，让连淑能清楚地看到了中西方教育的异同优劣。他用万余字的篇幅，阐释了如何培养具有良好综合素质的复合型人才，深刻诠释了他引导青年"做人、做学问、做多面手"的育人理念。

"做研究要'小题大做'，地毯式地收集资料，深度挖掘主题，就能别有洞天。""外语需要与各门知识相结合，才能吐故纳新、海纳百川。"数十年来，连淑能将所思所想写入多篇论文、多部专著并付诸教学实践，让他的课堂不仅超前开放，而且更有深度与厚度。培养学生创造性思维与"一专多能"的能力，打造以学生为中心的"群言堂"、鼓励良性竞争和辩证怀疑、践行启发式教学与教学相长、让"聪明"阅读成为习惯……这些都是他的课堂座无虚席的原因。

除了在教学模式上下功夫，连淑能始终关注着外语教材的建设。在他心中，好教材能帮助学生建立完整的知识体系、提高学习效率，还能让更大范围的学子受益。

连淑能一生中编写了多部优秀英语专业优秀教材，其中的代表作《英汉对比研究》《英译汉教程》供不应求，年年重印，被中国众多高校英语专业指定为考硕、考博必读书和学术研究参考书，引用率、转载率居高不下。1995年，《英汉对比研究》获评国家教委第二届全国高等学校出版社优秀学术著作。

"为了写好一本教材，父亲要看很多书，以至于家里到处都是书，从书架堆到天花板，床上和底下也都是。小时候半夜醒来，总能看到灯光中伏案写作的父亲，闻到弥漫在房间里的烟味。"连永前说。

长期熬夜、久坐不锻炼的坏习惯埋下了"腿脚不便"的祸根,退休后连淑能出行常需要拐杖、轮椅的帮助。

为师生建一座图书馆

"连老师对待学生循循善诱、无微不至,对待工作尽心尽力、无私奉献。2001年那会儿,在连老师的大力推动下,学院动员校友陈汉洲等各方捐资出力,组织人员跑国内外多家书店收集大量外语图书,订阅多种英文期刊,购买高级复印机,建成了陈汉洲图书馆。当年我们都很喜欢外院这个温馨的小图书馆,不管是查资料,还是写论文,都很方便。"作为连淑能的学生,吴琼感到很幸运。"我们还经常到老师家做客,探讨论文并借阅书籍。许多研究生在论文答辩时都要感谢学院图书馆和院长呢!"

2001年4月,连淑能出席外文学院举行的陈汉洲图书馆开馆剪彩仪式

为师生建一座图书馆,是连淑能数十年如一日服务好院系发展建设的缩影。从教研室主任、外文系主任,再到外文学院院长,连淑能日夜忙碌、亲力亲为,为师生办实事,为厦大外语教育事业倾

注了巨大的心力。

1999年，学校计划将外文系与中文系合并为文学院。作为外文系的领头人，连淑能着眼于外文系长远的发展，调研了多所国内大学成立外国语学院的状况，搜集了大量论证材料，多次在意见征求会上慷慨陈词，最终成功说服学校。1999年10月，外文学院正式成立。

任院长期间，连淑能倾听师生诉求，在调查研究的基础上全面改革管理体制，制定中短期规划，推行教学改革，还立下了"每年为学院师生办十件实事"的规矩。大到建图书馆、创设"国内外名家讲坛"、推出科研奖励方案，小到提高学院女卫生间比例、解决自行车丢失问题，一件件与师生息息相关的实事得到解决，外文学院上下精神面貌焕然一新。没有了"后顾之忧"，师生的科研成果也比以往翻了数倍。2000年，厦大外文学院的专业八级水平测试通过率居全国综合性大学榜首，甚至超过了北大。

2003年4月，完成了首任院长使命的连淑能，在师生诚挚的祝福中光荣退休。尽管离开了他热爱的一线岗位，连淑能还是持续为人才培养事业发光发热，直到2010年还在指导学院博士生。

"以前我身边总有很多学生，退休后就不同了。离开了学生，生

退休后，每年都有许多青年学子上门拜访连淑能

活很不习惯。"退休后的他常用"留下来吃饭"的理由，要求来访的人多留一会儿，好继续聊聊他从教的经历，聊聊当好老师的经验心得。"我只想在有生之年把自己所有的知识毫无保留地传授给学生们。"连淑能说。

退休20余年，出版4部论著，发表多篇论文，学习作曲、写电视连续剧脚本、与青年畅谈成长成才、传授后辈研究经验……"闲不下来""劝不动""说不听"的他总让家人伤脑筋。"尽管很多事都记不住了，但只要是过去当老师的事，他可是记得清清楚楚。"连老师的夫人无奈地笑着说。

（文／王志鹏、吴建平；图／受访者）

陈朝：

"永不退休"的"发光者"

人物名片：

  陈朝，1943年出生，福建福州人，厦门大学物理学系教授、博士生导师。1960年进入厦门大学物理学系学习，毕业后留校任教，1992—1993年公派赴多伦多大学和白俄罗斯大学合作研究。2003年退休返聘至2020年。曾兼任厦门市老科技工作者协会光电委员会主任、全国冶金法多晶硅产业技术创新战略联盟学术委员会副主任、福建省和厦门市政府科技顾问、厦门大学留学生同学会常务理事和副会长等职。长期从事信息光电子学领域的研究，获授权发明46件、实用新型4件、软件登记5件；在国内外学术刊物和会议上发表学术论文400多篇；主编俄文学术专著1部。主持或合作完成的项目曾获中国产学研合作个人创新奖，福建省科技进步二等奖，福建省高校科技三等奖，厦门市科技进步二、三等奖，航天部科技进步二等奖等奖励。

"陈老师,您怎么还没退休啊?"今年81岁的陈朝说,这是他被问过最多的一句话。2003年,已经到了退休年龄的陈朝又被返聘了17年。2021年,这位在厦大待了60年的老教授"终于"正式办理了退休手续。但直到现在,他还是时不时地坐上校车,跑到30多公里外的翔安校区,处理"未完成的科研工作"。

陈朝常说,自己这一生,离不开"光电"二字。1965年,刚刚工作的陈朝就投入了半导体光电研究之中,他用了超过半个世纪的时间,使厦大在这一领域实现了"从零到有"的突破,也为我国半导体光电领域发展做出了重要贡献,是一位名副其实的"发光者"。

■ 将国家需求摆在首位 ■

1960年,陈朝考入厦门大学物理系无线电电子学专业。毕业那年,鉴于国家对半导体专业人才的需求,系办公室主任建议他再念一年"半导体物理和半导体器件物理"专门化。"自己的研究兴趣当然要遵循,国家的需要更应当摆在第一位。"怀着这样的初心,他接受了系里的安排,并于毕业后留校任教,从此开启了半导体科研、教学之路。

彼时的中国半导体产业,与国际先进水平还有很大差距。陈朝在一次调研中了解到这个情况后,彻夜难眠。

为了找寻缩小差距的办法,陈朝和组员们深入了解了我国企业用冶金结工艺制备GaP(磷化镓)红光LED的全过程。他们看到,工作人员冲破重重封锁,几乎和国外同时研发出了GaP红光LED。这给了陈朝很大的启发——就算遭受了国外的技术封锁,我们也可以凭借自己的智慧,自力更生、自立自强。

于是,从北京调研回来后,调研组经过热烈的讨论,一致决定以"可见LED"为主攻方向,尽快研发出能实现量产的LED,以此带动半导体材料、器件和测试等多方面科研工作的开展。自此,陈朝就开始与其他老师一同负责GaP材料和器件研发。

"以前没有设备仪器，都得自己做。"陈朝回忆道，GaP材料的合成、溶化、单晶生长都需要耐超高压的设备，但当时只有美国、英国和苏联生产高压单晶炉，这些国家的设备却对我国封锁禁运。

万般无奈之下，陈朝带领物理系的师生自己动手设计并制造了SG（溶液生长法）合成生长的全部设备，经过日夜反复试验，终于获得成功。采用这种方法，课题组研发出了8~10mm2的菱形片状、透明美丽的GaP单晶，这是当时国内最早、质量最好的GaP单晶。1974年前后，课题组研制出了全国首个GaP发黄光的LED；1976年，又成功研发出只用一个GaP就可以发红、黄、绿三色光的LED管芯。

在当时的历史条件下，陈朝所做的大多数工作没有发表论文，也没有申请专利和奖励，他一不为名、二不为利，只为他常说的那句话："国家发展需要什么，我们大学的科研方向就往这个方向尽量努力。"

"光纤到户"是国家信息化发展战略的重要一环，陈朝便成为光纤收发器的拓荒者。1999年，他成功研制出"10Mbps、100Mbps光纤收发器"，"当时厦大的网络传输就首先采用了我们的光纤收发器"，陈朝自豪地说。为实现高速、宽带、低成本的全光网络通信，采用塑料光效通信，突破"最后一公里"瓶颈，2014年，他与团队实现了全光纤网络通信和光纤到户，使网络通信速率大大加快，并降低了成本。

2005年前后，因世界性的能源危机、气候剧变，国家急需发展高效、节能、无污染和低成本的可再生晶硅太阳电池新能源。陈朝课题组积极响应国家号召，自主提出采用"物理冶金法"进行太阳能级多晶硅的提纯和电池研发，大大促进了我国光伏产业的发展。

"将国家需求摆在首位"是陈朝教授做科研的初心，也是他一直贯彻的方针。

陈朝在厦门飞机太古维修站光伏电站现场教学

■ 希望能给世界留下些什么 ■

我们的生活离不开光。

21世纪初，市面上的白色LED灯还是冷白光。当它走进室内照明时，人们发现，它泄漏出的蓝光会损害人眼、刺激神经，给人体造成一定的伤害。

尽管如此，陈朝依旧对环保节能的LED照明充满信心，"我们不能因为一时的挫折，就放弃长远的绿色希望"。雷厉风行的陈朝，毅然决然地投身科研：既然冷白光LED不符合室内照明的要求，那么他就带领团队走暖白光LED的探索之路。

历经14年的科研探索，他们自主研发了紫光激发的稀土掺杂的红蓝绿高效荧光粉，将其涂覆在紫光LED芯片上，发光光谱近太阳光光谱的暖白光，显色指数已稳定达到98以上，无蓝光泄漏和危害，不但可替代白炽灯、荧光灯和节能灯，用于室内健康节能照明，而且可替代冷白光LED用于手机、电脑、电视机等液晶显示的背光源。

所有人都知道，当环保与健康携手，就意味着室内照明的春天来了。

这个技术方案解决了当前白光 LED 室内照明和显示中富蓝光危害的难题，给相关产业带来了一场颠覆性变革，被认为是"白光 LED 产业的第二次革命"。

有一次，厦门一家 LED 光电公司向陈朝发来求助，说上海一纺织厂车间换了普通 LED 灯后，工人分不清两种纱线的差别。陈朝听闻，立刻让对方寄来纱线样品，并第一时间冲进实验室。最终，他只用十分钟就帮对方解决了问题——在陈朝团队研发的紫光激发暖白光 LED 照射下，只用肉眼，就可轻松分辨出两种纱线的差异。

为了心心念念的研究能够顺利进行，在当时少有支持的情况下，他一直节省其他项目的经费，甚至自掏腰包，用于暖白光 LED 的研发和投产。目前陈朝课题组授权的 7 项发明专利已转让给厦门一家光电企业，成功实现了产业化。

陈朝不仅给室内照明带来了柔和的暖光，也在光纤和光伏领域"闪闪发光"。时至今日，陈朝还在发挥余热，有时去物理学院，有时去能源学院，有时背着一二十斤重的资料健步如飞。他也时常应邀到企业走访，指导研发与产业化改造，了解科研成果转化进度。

旁人总惊叹于陈朝"永不退休"的科研生活，陈朝则淡淡地说：

陈朝在自制的真空除磷设备上操作

"他们都说我'闲不下来',但我只是希望'能给世界留下些什么'。"

■ 热爱是不断探索的动力 ■

"用简单的力学原理,居然都可以算出报纸上苏联人造卫星发射的第一宇宙速度、第二宇宙速度。物理学原来这么有用!"还是个高中生的陈朝便对物理学充满了好奇心。

"质能关系的确定使人类很快发现了原子能,并进入了原子能时代;量子力学的原理发展使半导体器件和微电子产品进入了几乎无所不包的各个领域,人类进入了信息化、智能化的新时代。"随着物理学的发展,物理学的严密性和准确性令他感受到了人类的伟大和知识的力量,物理学的普适性和应用成果让他对其产生了无限的兴趣,这成为他不断在物理学领域耕耘探索的动力。

循着自己的科研经历,陈朝在培养学生时也时常教导他们:"要培养对物理学的兴趣,有了兴趣就会感到学习是一种乐趣,也就不会觉得四大力学很困难了。"

在他的教导下,他的学生似乎都有种"读书不怕难,钻研能过关"的科研精神:田洪涛博士首次用激光诱导掺杂新方案解决了 GaN 的 P 型掺杂和 P 型欧姆接触的物理学学术难题;黄衍堂博士在攻博期间不辞劳苦每周两次往返榕厦两地,亲自动手制备各种光纤谐振腔,完成有关微腔光纤通信的博士论文;庞爱锁博士主动延长2年毕业,最终通过多次实验和计算,成功提出并验证了激光辐照硅提纯的机理,获得了他和老师想要的研究成果;郑将辉博士在暖白光 LED 和下转换太阳电池领域取得突破性进展,攻博期间发表论文26篇,获得授权发明专利4件、软件登记3项,并公派赴澳大利亚新南威尔士大学进行联合培养……

见证和参与了厦大物理学科从无到有、从小到大的陈朝说:"看到培养的学生一个个发表论文,一个个获得学位,一个个在新的工作岗位上取得成绩，是我感觉最有成就感的时刻。为国家培养高新技术人才的使命，支撑着我一直坚持物理教学与科研工作。"

学生们也没有辜负陈老师的期望，他们中的许多人也像他一样，继续在国家需要的各个物理学科领域发光发热，可谓一种特别的"双向奔赴"：黄衍堂在福州大学物理与信息工程学院任教授，是微腔光纤通信领域的专家；郑将辉受聘回厦大从事光伏发电的教学和科研工作……

陈朝把毕生精力投入半导体光电领域，而他也像一道光，照亮了科教兴国的道路，指引着更多人投身其中、砥砺前行。

陈朝接受物理科学与技术学院学生采访

（文／物理科学与技术学院、宣传部；图／受访者）

陈安：

"耄耋一兵"
——中国特色国际经济法学的开拓者与奠基人

人物名片：

陈安，1929年出生，福建省福安市人，厦门大学法学资深教授、全国杰出资深法学家、国际知名的中国学者。1981—1983年，陈安教授应邀在哈佛大学研修兼讲学；其后多次应邀赴欧、美、亚和大洋洲十几个国家参加国际学术会议或讲学。主要学术兼职为：中国国际经济法学会会长（1993—2011年）、荣誉会长（2012年迄今）；中国政府依据《华盛顿公约》三度遴选向"解决投资争端国际中心"（ICSID）指派的国际仲裁员（1993—2016年）等。近40年来，陈安教授立足于中国国情和国际弱势群体即广大发展中国家的共同立场，致力于探索和开拓具有中国特色的国际经济法学这一新兴边缘学科。2012年，经国务院批准，陈安教授被授予"全国杰出资深法学家"荣誉称号，这是中国法学界最高的学术荣誉。

2024年5月，是陈安教授95岁寿诞。从教74年，他始终以严谨的治学态度、热忱的家国情怀与高度的奉献精神，践行"知识报国、兼济天下"的理念，为中国国际经济法学科的进步与发展做出了杰出贡献。

陈安教授曾用中国诗人臧克家的诗句"老牛自知夕阳晚，不用扬鞭自奋蹄"，表达自己的晚年心态。早在20年前，他就曾在重阳节写下短诗，自嘲自勖："蹉跎半生，韶华虚掷。青山满目，夕霞天际。老牛破车，一拉到底。余热未尽，不息奋蹄！"诗言志，他这么说，也一直这么做。

■ 求知若渴，苦研学问 ■

陈安教授1929年出生于福建省福州市，1946年考入厦门大学法律系。1950年毕业后，陈安教授由国家统一分配到法院工作半年，随即奉调回到厦大法律系执教。1953年后，他经历了1952年全国高等院校院系调整和"文革"等，不断"奉命"转行，1979年厦大复办法律系，方才"奉命归队"重回法学领域。

1950年，陈安厦门大学毕业照

1981年，陈安教授应邀前往美国哈佛大学法学院，从事国际经济法研究兼讲学。两年后，他带着专业前沿学识与国际化视野学成归来，在厦大法学院创建国际经济法学科，并建立起一支老中青结合、以中青年为主、后劲充足的国际经济法研究团队。在陈安教授率领下，团队为构筑具有中国特色的国际经济法学科体系做出重要的开拓性贡献。

1984年后，陈安教授同美国的汉金教授、杰克逊教授、洛文费尔德教授展开多次平等的学术交流，主要针对国家经济主权问题进行争鸣。在持续研究西方学术观点与专业知识、同西方"权威"学者深入交流的过程中，陈安教授得出"对于来自西方的新鲜知识既要敢于和善于学习，又要敢于和善于争鸣"的结论，并在接下来的学术生涯中付诸实践。

2005年5月，陈安教授与美国洛文费尔德教授在海牙国际法院讨论热点问题

奠基学科，知识报国

作为一名老党员，陈安教授始终坚持马克思主义立场观点方法，追求自然公正的法治精神，拥有强烈的家国情怀。虽兼具中西方学术背景，但他的学术观点具有极其鲜明的中国特色。他关注中国国情和全球弱势群体的权益，对建立国际经济新秩序、全球治理体系变革、坚持国家主权、追求全球公平正义等问题持续进行深入思考，不断为受压迫的广大发展中国家发声，以不同于西方发达国家"权威"学者的创新学术理论和学术追求，为国际社会弱势群体争取公平权益锻造了法学理论武器。

1987年，陈安教授担任厦门大学政法学院院长。同年11月，他率领的国际经济法学术团队出版了我国第一套自成体系的国际经济法学系列专著。该研究成果成为创建中国特色国际经济法学这一新兴边缘学科理论体系的奠基之作，并于1988年获厦门大学学术最高奖"南强奖"一等奖、福建省第一届社会科学优秀成果一等奖，国内各高校也争相将之采用为教材。该团队相继取得了一系列重要的科学研究成果奖，包括全国高校人文社会科学研究成果奖11项、福建省社科优秀成果奖52项等，一些研究成果也在海内外产生了重要的学术影响。

正是基于陈安教授带领的学术团队在中国国际经济法研究领域做出的突出贡献，在1993年11月召开的中国国际经济法学会年会上，陈安教授被推举为会长。翌年3月，经原国家教委"教办〔1994〕15号"文件批准，这一全国性学术团体正式挂靠厦门大学，学会秘书处设于厦门大学国际经济法研究所。秉持中国国际经济法学会"知识报国，兼济天下"的宗旨，连选连任会长的陈安教授团结全国学界和实务界同仁，紧密联系改革开放实际，积极开展国际经济法领域的国内外学术交流，为中国特色国际经济法学的创建和发展做出了杰出的贡献。

1998年，陈安教授创办并主编《国际经济法学刊》（以下简称《学刊》），后经南京大学中国社会科学研究评价中心主持的"中文社会科学引文索引数据库"（CSSCI）指导委员会遴选，《学刊》成为CSSCI首批收录的来源集刊之一。2017年，我国政府主管部门授予《学刊》国家级期刊号，《学刊》实现了由"集刊"到"期刊"的成功转型。20多年来，《学刊》已开拓成为国际经济法理论界与实务界笔耕的园地、争鸣的论坛和"以文会友"的平台，为推动我国积极参与国际经贸法律实践、增强我国在国际经贸事务中的话语权提供了强大的学术支撑，获得了我国政府部门和海内外国际经济法学界的高度评价与广泛认同。

2005年，厦门国际法高等研究院成立，成为厦门大学法学院国际法教学和研究交流的国际性创新平台，是亚太地区唯一自主性常设国际法学术机构。陈安教授担任研究院首届董事会成员，大力支持研究院的创建和发展,并为该院"国际法前沿问题研修班"授课。自2006年以来,一年一度的研修班每年都成功举办,这进一步拓展了厦门大学国际法学科的对外交流与合作空间,其国际学术声誉和影响也日益提升。

2005年,"厦门国际法高等研究院"在海牙成立

2012年,陈安教授因为中国法学理论体系和法治建设做出的杰出贡献,包括为构建中国特色国际经济法学理论体系做出开拓性杰出贡献,经国务院批准,被授予"全国杰出资深法学家"称号,这是中国法学界最高学术荣誉。2015年,陈安教授荣获"厦门大学南强杰出贡献奖",这是厦大最高荣誉奖。2023年,武汉大学韩德培法学基金会授予陈安教授"韩德培法学奖·终身成就奖"。

桃李成蹊,弦歌不辍

陈安教授数十年如一日坚持"粉笔生涯"和"蜡烛精神",教书育人,堪称"桃李满天下"。他最深远的学术贡献,正在于培养了许多优秀人才。对于学生和年轻学者,陈安教授向来悉心关爱,用心培养;在与后辈进行学术沟通的过程中,作为学界泰斗的他始终强调平等地讨论交流。

谈及在陈安教授门下的求学历程，师门上下无一不被其一丝不苟、精益求精的严谨作风所折服。对学生文书写作中的遣词造句、文段格式，甚至标点符号的运用，陈安教授都会仔细检查和考究，不放过任何一个可能出现的差错，力求达到极致完美。陈安教授的得意门生、厦门大学法学院特聘教授徐崇利说："陈安老师的教诲在我的人生中不断延续着，提醒我不论何时都不能忘记严谨治学的初心。在我担任法学院院长期间，有一次给全院发邮件，出现了一个并不影响内容理解的错别字，发送后没多久就收到了陈安老师的指正。陈安老师在法学院担任教授早期，学院的行政管理不比现今，但是每一次请假或出差，陈安老师都会按照程序一一记录在案，从未有过缺漏。"正是在陈安教授严格的"学术敲打"下，他的学生们完成了华丽的成长蜕变，如今已成为各行各业的翘楚，不断传承着他这种严谨治学、务实工作的作风。

陈安教授的教学方式同样具有高度的时代前瞻性。只要思维的火花仍在碰撞闪烁，三尺讲台之外亦可成为授课的场所。他不拘泥于僵化的"填鸭式教学"，而是将学术探讨融入日常、落到实处，通过多元形式的实践活动深化对学术问题的思考、锻炼国际化研究必备技能，为学生打开了解世界、掌握国际规则的窗口。"陈安老师时常将我们聚到家中，在并不宽敞的客厅里探讨着国际法律格局的风云变幻"，陈安教授指导的第一位女博士、厦门大学国际经济法研究所所长陈辉萍说，"我的英语表达能力的提升得益于陈安老师交给我的邮件撰写工作。陈安老师需要联络外国教授时，会先让我根据他表述的中文内容进行实时翻译，撰写对应的英文版电子邮件，然后他会再详细修改和批注，教会我如何进一步完善。在一次次的撰写和修改过程中，我逐渐对此变得游刃有余。我想这也是陈安老师对'实践是真知的源头活水'的最好阐释"。

作为人人敬仰的学术引路人，陈安教授也是一位春风化雨、充满哲理智慧的生活导师。他曾鼓励学生"眼前的困难不过是茶杯中

2019年，国际经济法学科创始团队核心成员合影（左起：曾华群、陈安、徐崇利、廖益新、李国安）

的风浪，不必为此纠结"，这句话让许多身处低谷期的学生豁然开朗。也正是这种坦然的处世态度，让陈安教授在条件艰苦的时期，历经千回百转仍然对国际经济法学科的构建与探索怀揣着一颗赤子之心，并感染着一代又一代的厦大法学人以"直挂云帆济沧海"的信念奔赴祖国山海。

（法学院）

张亦春：

亦师亦友，春雨春风

人物名片：

张亦春，中国著名经济金融学家，1933年出生，1960年毕业于厦门大学经济系后留校任教，曾任厦门大学财金系主任、经济学院院长。现为厦门大学金融学教授、博士生导师、金融研究所所长、国家金融重点学科学术总带头人。曾2次获得教育部中国高等教育国家级教学成果一等奖，2013年荣获鸿儒金融教育基金会"中国金融学科终身成就奖"，2次荣获"厦门大学南强杰出贡献奖"。

要了解张亦春老师并不是一件难事。一本厚厚的《谈师论道》记载着弟子与学生们对他的印象，书中张亦春的"超人"精力和"潮人"故事是高频出现的回忆。真诚、有激情是大家对张老师的初印象，用现在的流行语来说，张亦春是一个标准的"e人"，健谈、爱笑、热情，他的表情和肢体语言非常丰富。

下午三点半，我们特意挑了一个不打扰张老师炒股的时间拜访，刚进家门，就看到墙上挂着的"亦师亦友 春雨春风"书法，这是张亦春的学生李礼辉赠给他从教50周年的贺礼。张亦春从房间走出来，显得有些疲惫，他坐下与我们聊了一些家常后才慢慢精神起来。听说能让一位好老师瞬间转换状态的最佳方式就是上课，果不其然，没一会儿张亦春抑扬顿挫的连江普通话便有节奏地随着他的肢体动作起伏，他展开双臂，开始讲述"银行是门大学问"，于是在书里被学生们津津乐道的"名场面"再现了："我们要把银行看作一架直升机！飞机有两个翅膀，一个翅膀是货币，另一个翅膀是信用，失去了任何一个翅膀，飞机都要掉下来！"

所有学生回忆起张亦春，几乎都会脱口而出他的经典名言："银

张亦春在家中绘声绘色地讲述银行的两个主要功能就像飞机的两个翅膀

行是门大学问。"20世纪七八十年代，很多人包括大学生，完全不明白财政与金融专业到底是做什么的，这句话就成了张亦春给学生们"科普"的口头禅。

从"打起十二分精神"的学生到主动"开小灶"的教师

1956年，23岁的张亦春考入厦门大学政治经济学专业学习，以研究马克思主义起家。再过两年，他将迎来在厦大的第七十个年头。虽然大部分时光张亦春都投身于教学，但学生时代如沐春风的教诲始终是他教师之路、教育家之路上的一盏明灯。

提到自己的老师，张亦春首先说到了著名的马克思主义政治经济学家、厦门大学原校长王亚南先生。王亚南因为发现并帮助陈景润而被誉为"一个懂得人的价值"的好老师，厦大老师"爱生如子"的美名从此远扬。谈起半个世纪之前的学生时代，张亦春仍对当时王亚南上课的场景印象深刻："我们当时对王校长非常崇敬，每个人都打起十二分的精神听课。可是王校长的湖北口音实在浓重，我们

厦门大学政治经济学专业1960级毕业合影（第二排中间为王亚南，右二为张亦春）

张亦春：亦师亦友，春雨春风

只好下课后马上聚集在一起校对笔记，生怕有错记、漏记。"王亚南是《资本论》三大卷中文版的首译者之一，谈到厦大经济系对《资本论》如火如荼的研究，张亦春还回忆起蒋绍进、陈可焜两位老教师："1960年我留校任教后，在教学上遇到问题时常向二位老师请教，他们不仅课讲得非常好，对《资本论》更是对答如流。你们知道蒋绍进老师是怎样读《资本论》的吗？他是把书拆散了读，连上洗手间都要带上几页拿去读，整本《资本论》都要被他背下来了！"经济系老师治学之严谨与刻苦，深深影响着张亦春的从教生涯。

张亦春27岁毕业从事教研工作，刚开始他总担心自己课讲得不够好，就主动为学生们增加辅导，主动"开小灶"渐渐成了他的"职业习惯"。那时候，经济系的教师们每周都会走进学生宿舍为学生们答疑，张亦春也不例外，只是性格热情的他每次一开讲就停不下来，学生越来越多，窄小的宿舍根本容不下，只好转移到食堂的桌子上进行讨论。

1972年的一天，张亦春也曾为刚入学的财政金融系新生陈马宝开了一次专人"小灶"，不过地点是在宿舍楼的台阶上。彼时的陈马宝误以为"财政金融"只是在银行里"点点钞票、打打算盘、做做报表"，觉得沮丧至极。他找到张亦春倾诉，希望能换一个更有前途的专业。张亦春以中国人民银行为例，为他讲解了银行"管理货币"和"经营贷款"这两大学问的重要性。令陈马宝至今记忆深刻的是，张亦春列举了国民党政权滥发纸币导致百姓民不聊生，以及国内外银行挤兑对社会经济的破坏性等实例，豁然开朗的他这才感到轻松了许多，坚定了自己在财政金融专业学习的决心。

从20世纪70年代的《资本论》，到80年代的商业银行，90年代的股票市场，再到如今的金融危机，张亦春始终追逐着金融学的新浪潮。为了更好地进行教学科研、随时掌握资讯，张亦春在古稀之年仍锲而不舍地学习，并学会了上网、发邮件。难以想象，90多岁的他还跟书本里学生们的描述一模一样，舍不得让自己停下来一刻。

许多学生记忆深刻的画面都是与张老师一起高负荷工作的经历,"抽烟与浓茶"是他的"醒神利器"。如今,为了打起精神"钻研"变幻莫测的股市,张亦春依然抽烟,量还不小,当学生们劝说他应爱惜身体时,他只是俏皮地笑笑,像一个"老顽童"似的压低音量说道:"放心,我根本都没吸进去!"

■ "前途要给学生留住" ■

如果说教学是一名教师的基本功,育人就是一名教师学识、德行、爱心的综合艺术。在业界,从厦大走出的金融人才是中国金融界一个重要的方面军,被称之为"中国金融界的厦大系"。张亦春的学生里也不乏众多"银行行长"和保险、证券等投资机构的翘楚。然而谈及育人,张亦春并没有主动提到任何一个"响当当"的学生,反倒说:"学生们都说我的好,其实我凶起来他们也很害怕。"

他少见地露出腼腆之意,回忆自己曾经因为学生谈恋爱逃课而严厉批评他们的往事,并记得有一些学生还被自己说哭了。毕业后再相遇,张亦春主动对学生说:"我那时候批评得太严厉,因为担心

20世纪80年代末,张亦春与博士研究生在一起

张亦春:亦师亦友,春雨春风

你们不好好学习，现在想想真是不好意思，希望你们不要放在心上。"很难想象，这些小事在他的记忆里如此深刻。张亦春还反复强调，对待需要批评的学生，思想上要从严，而处理上要从宽，让学生在思想上意识到重要性后，"自己给自己敲警钟"是最有效的方法。

尽管张亦春"举了一些反例"，但从许许多多关于他的故事里都能看到他对学生不遗余力的关爱。在《我的厦大老师》里，他的一位学生这样写道："有时候，求助的是学生，有时候，求助的是学生的学生，甚至是学生的学生的学生，或者关系更远者，他都能以极大的热情和百倍的努力去为人排忧解难，雪中送炭；去为人锦上添花，成人之美。"

张亦春分享了许多带有时代烙印的学生轶事，配上他生动的肢体语言和浓浓的福建连江口音，客厅里都是大家的欢声笑语。不过有一句话，张老师是严肃地说的："前途要给学生留住。"

20世纪80年代，中国人民银行总行研究生部（现清华大学五道口金融学院）开始面向全国招收硕士研究生，各大高校暗自较劲，以培养的学生考上总行硕士研究生作为人才培养卓有成效的指标。那一年，厦大经济系金融专业的一名优秀学生如愿考上。彼时，这名学生因为有亲属在境外，政审表存在被打回的"风险"。眼看好不容易考上名校却可能因此落选，这位年轻的小伙子叩开了张亦春办公室的门，向他求助。回忆起来张亦春谈道："改革开放后已经拨乱反正了，但是大家的思维还没有完全开化，依然用原来的方式来定性学生。"他当即进行了沟通、协调，让这名"为校争光的孩子"如愿以偿被录取为总行的硕士研究生。

张亦春讲起来如同只是举手之劳一般轻描淡写，却透着一股"重视学生、珍惜学生"的怜爱之意。对于彼时经过"万里挑一"式高考的大学生来说，张亦春的这种惜才、爱才之举，就像他们人生河流转弯的推力。

春雨春风的爱

张亦春用这种春雨春风般的爱改变过很多人的前途与命运。2022年，厦大金融学科迎来100年，也正值张亦春从教60周年，许多金融学子纷纷返校为母院祝贺，同时看望老师张亦春。在这场典礼上，张亦春的学生与家人共同发起成立了厦门市张亦春教育发展基金会，以资助厦门大学金融学科的教育发展，奖教助学。他当时作了这样的发言："厦大金融学科的百年发展成果不仅在于学科建设取得了什么成绩，更在于我们的学科为国家、社会培养了什么样的人……无论我的学生头衔有多少个，我始终记得的是他们在厦大校园里青春的脸庞、求知的眼神。"

2023年10月，张亦春教育发展基金会在厦大经济学科设置了"良师益友奖"，嘉奖的对象除了专任教师外，还包括优秀的党政管理人员、专业技术人员和辅导员，这是他对经济学科全体师生的又一次奉献，也鼓舞了全体教职工全身心地投入学生培养与学科建设中，这是张亦春作为一名教师的初衷。

2023年10月，张亦春（左三）在第一届"良师益友奖"颁奖大会上与获奖者和院领导在一起

春雨滋润人，春风开化人，当一名老师在普通的岗位上萌生出胸怀天下学子的仁爱之心时，世上便多了一位教育家。

躬耕教坛60余年的张亦春如今还在为厦大及其金融学科继续奉献、发光发热，尽管他已不再继续招收学生，但他如春雨春风般的爱生之情，在那些年轻的心灵中，始终是闪烁的星星，是泛着希望的明灯，是指引人前行的光。

（经济学院：潘小佳、林美玲）

黄本立：

一生只为国所需

人物名片：

黄本立，广东新会人，1925年出生于香港。1945—1950年就读于岭南大学物理系。1950—1986年，于中国科学院长春应用化学研究所（及其前身）从事原子光谱分析研究，1986年调入厦门大学执教。1993年当选中国科学院院士。几十年来致力于原子光谱分析研究，在理论、应用和仪器装置等方面为我国原子光谱事业的开创、发展以及多层次人才培养做出了重大贡献。历任第25届中国化学会理事长及分析化学学科委员会主任，《光谱学与光谱分析》主编等。荣获中科院重大科技成果二等奖，国家科技进步三等奖，中科院科技进步二、三等奖，国家教委科技进步三等奖，"全国优秀教师""全国先进工作者""福建省杰出人民教师"等多个荣誉称号。

曾经在抗战的炮火中艰难求学，在新中国到来的曙光中投身科研，又在花甲之年来厦大任教，白手起家在厦大建立起国内一流的原子光谱实验室……中国科学院院士、化学化工学院教授黄本立将过去的几十年时光，都献给了祖国的科研与教育事业。

■ 打开认识世界的另一双"慧眼" ■

1925年9月，黄本立出生于香港。父母早逝，又因日寇发动侵华战争，社会动荡不安，黄本立自童年开始就过着颠沛流离的生活，稍长大点独自一人辗转于香港、广西、广东之间艰难求学。1945年，他考上了广州市的岭南大学。

1950年，新中国刚刚成立不久，百废待兴，国民经济恢复发展亟须各方面的专业人才。临近毕业的黄本立收到了正在东北工作的同学的来信，强烈希望他能到东北去支援祖国建设。他想到不久前收到老师冯秉铨、高兆兰教授夫妇的来信，其中有一句"We will stay here to do our job and do it well"（我们将扎根在这片土地上完成我们的事业）。彼时，冯秉铨、高兆兰毅然决然地谢绝了国外的高薪，决定把自己一生奉献给国家和人民。老师的言行深深打动了黄本立。当时，黄本立因重疾休学了半年，还要补修最后2个学分才能拿到毕业证书。他等不及毕业，便毅然放弃了赴美留学的机会，和同学们热血沸腾北上参加"革命"去了。

1950年3月，黄本立来到长春东北科学研究所（中国科学院长春应用化学研究所的前身）工作，也将自己的命运与原子光谱分析牢牢紧扣。

受高兆兰教授的影响，黄本立在大学期间就酷爱摄影。他常常对人说，当时他北上长春还有一个"不纯"的动机——为了靠近坐落于长春的东北电影制片厂。黄本立本想先去做国家需要的工作，等以后有机会再调到东北电影制片厂，从事自己感兴趣的摄影工作。

当时，东北是国民经济恢复的重工业基地，很多产业急需光谱分析技术来解决生产过程中遇到的问题。光谱分析技术可以较短时间内测出各种物质的成分，为科技研究和生产提供便利，可以说是人们认识世界的另一双"慧眼"。但在当时的东北，几乎没有人会使用这种技术。

为了国家发展大局，黄本立毅然放下个人兴趣，转身投向光谱事业，矢志填补那片技术的"空白"。

研究初期，研究所的光谱分析实验条件十分有限，设备的缺乏常让黄本立陷于"巧妇难为无米之炊"的境地。谁曾想到，黄本立在研究所堆放废弃物品的仓库里，"淘"到了一个日本人扔下的废旧小型摄谱仪和几盒虽已过期但勉强可用的感光板，他用大学期间学到的光学知识和调试技术将其"变废为宝"，利用这台修整好的摄谱仪完成了电机碳刷子和电解锌等样品的定性分析。

1955年，黄本立在中科院吉林长春应用化学研究所做原子光谱分析实验

随后，黄本立又先后探索出了球墨铸铁、黄铜等的光谱定量分析方法，并把光谱分析推广应用到工厂中，有效解决了"炉前快速分析"等问题，还陆续研究出钨矿中微量铍的光谱测定方法、钼矿半定量分析等新方法。

1952年，黄本立为抚顺钢厂试制了一台电花激发光源，这可能是我国第一台自制光谱分析用的电花光源。1957年，他创立了一种可测定粉末样品包括卤素在内的微量易挥发元素的双电弧光谱分析光源，被国外专家誉为"最完善的双电弧光源"。1961年，他与同事改装建立了国内第一套原子吸收装置，并于1964年发表了国内首批原子吸收分析论文，在国内起了倡导作用。1975年，他开始从事新型光源感耦等离子体光谱分析研究，将氢化物元素的测定灵敏度提高了20倍……"国家需要解决什么问题，我就做什么"的信念指引着黄本立一头扎进原子光谱分析的研究世界，开辟了一方新天地。

花甲之年赴"厦大之约"

20世纪80年代，改革开放的浪潮在中国大地上涌动。黄本立一家响应中国科学院关于支援特区建设的号召，从东北远迁经济特区厦门。

当时，黄本立的老朋友吴存亚是厦门大学技术科学学院院长。他听闻黄本立的夫人张佩环将作为特区建设支援干部，调任厦门福达感光材料有限公司，便竭力向时任厦门大学校长田昭武推荐黄本立，将其引入厦门大学。

田昭武当时与黄本立仅有几面之缘，并不熟识，但他知道黄本立在光谱分析上成就斐然，而厦大的分析专业急需光学分析方面的人才。在田昭武不懈的推动下，1986年6月，黄本立来到厦门大学任教，那时的他已61岁。

黄本立来到厦门大学后，持续推动向教育部申请组建厦门大学分析化学专业博士点事宜，并获得批准。当时学校的光谱分析科研条件一般，在设备、人才、资金紧缺的艰难条件下，白手起家的黄本立开始了新一轮的"创业"。

对于实验仪器紧缺的难题，黄本立向自己熟悉的仪器厂商要了一台退货的ICP原子荧光仪，修好后给研究生做实验用；联系国外的仪器公司，争取到了价值数十万美元的大中型光谱仪和一些其他仪器的捐赠；和仪器公司建立联合实验室，开展科研合作……黄本立的努力，让师生们不再为仪器犯难。

而面对科研人员不足的情况，他立足刚批准成立的厦门大学分析化学专业博士点招收博士生，并争取到王小如、杨芃原、袁东星等3名留学博士进组做博士后。这是我国第一批以原子光谱为研究方向的博士后研究人员，在当时引起了不小的轰动。

20世纪90年代，黄本立和博士后杨芃原在厦门大学讨论实验

建立流动注射电化学氢化物发生法，使氢化物发生法可以不必使用硼氢化物；开展强电流微秒脉冲供电（HCMP）空心阴极灯激发原子和离子荧光分析法的研究，使包括一些稀土元素在内的多种元素检出限改善了几倍甚至几十倍（该技术于2000年获得福建省科技进步奖一等奖）……黄本立带领着研究小组克服重重困难，开展了多个科研项目的研究。

在厦门大学，黄本立建成了一个堪称国内一流的原子光谱实验室，并与分析化学教研室的其他实验室一起联合发展成为"厦门大学现代分析科学教育部重点实验室"。这对厦门大学现代分析科学的学科建设和发展起到了重要作用。

1993年,凭着在光谱分析领域的卓越贡献,黄本立当选为中国科学院院士。

■ "当教师不能误人子弟" ■

黄本立曾说,当教师不能误人子弟。为此,他总是认真对待每一堂课,对课件制作有着很高的要求:内容要简洁,尽量配有图表;要精细美观,吸引学生的注意力;引用材料要有出处,尊重知识产权……为此,黄本立查文献、写笔记、复制图表、设计投影内容,并仔细修饰每一张幻灯片。当时并没有先进的制作软件,所有的课件都由他手工制作。

黄本立常教导学生:"最先进的仪器永远是在实验室研制出来的。"他认为,要想做出开创性的工作,就必须先从仪器动手,学会依照自己的实验要求动手调整实验设备。他还要求学生写论文一定要以实验结果为基础,要多方论证。"不管你在哪里看到什么、听到什么,你都要想方设法验证,包括我讲的课。"

1999年,黄本立在厦门大学指导学生做实验

1998年,教育部授予黄本立"全国优秀教师"称号。几十年来,他为国家培养了许多光谱分析领域的优秀人才。他为人师表,一言

一行都是他对厦大师德师风的最好传承。

2005年9月,黄本立参加比利时第34届国际光谱会议

随着年岁的增长,尽管黄本立逐渐退居"二线",但仍尽全力为青年一辈提供良好的科研环境和氛围,将更多的科研空间留给年轻后辈,让后辈更加大胆地创新实践,助推他们更快地成长为学术带头人。2003年初,年近八旬的他开始着手申办国际光谱会议,从向厦门市呈送申办报告、成立申办筹备组、完善各项申报工作,到

2021年7月,黄本立与学生杭纬在讨论实验

最后的现场申请展示，他都亲力亲为，最终成功赢得了第35届国际光谱会议在中国厦门的举办权。之后，黄本立将办好会议的承诺作为一项责任，快速组建筹备团队，做好各项前期准备工作，即使在2006年经历严重车祸的情况下，他仍克服种种困难，在2007年9月成功主持召开了这场国际盛会。

如今，黄本立已年近百岁，但仍没有放下他热爱的科学研究与人才培育工作，还是常常阅读文献，将有价值的信息发给后辈，也常常和课题组的老师讨论学术问题，并教诲学生要有坐得住"冷板凳"的定力，鼓励学生进行仪器装置研究，掌握仪器的核心技术，解决仪器国产化中的"卡脖子"问题。在他看来，自己在科研领域所做的一切，不过是尽责而已。

无论当年放弃摄影爱好，从事光谱分析行业，还是后期从生产服务出发，在原子光谱分析的研究领域干了几十年；无论是激发光源、光谱仪器的研究，抑或是原子吸收光谱分析法的建立和研究，在黄本立心中，"我一直是国家需要什么，我就一门心思做好什么"的信念永不改变。

（化学化工学院）

林鹿：

矢志探索"生物质"，不懈启润"少年心"

人物名片：

林鹿，中共党员，1962年出生，江西上饶人，现为厦门大学能源学院教授、博士生导师，多年来一直从事木质生物质化学转化和生物转化能源及能源中间体化学品的研究。2020年入选国际木材科学院院士，获教育部高等学校科学技术一等奖1项、广东省科技进步三等奖1项、广东省科技进步奖（自然科学类）二等奖1项，主编出版3部木材利用与生物质领域系统性专著《生物质基乙酰丙酸化学与技术》（2009年）、《制浆漂白生物技术与原理》（2010年）和《乙酰丙酸化学与技术》（2018年）等，先后承担国家重点研发计划课题、科技部"863"计划项目、国家自然科学基金-广东联合基金重点项目、国家科技支撑计划课题和"973"计划课题、广东省重大领域研发计划项目等的研究工作，发表高质量研究论文200余篇，总被引数超过8000次，获授权发明专利50多项。

林鹿始终秉承寓教于学的育人理念，四十多年如一日，辛勤耕耘于教书育人第一线。他"心有大我、至诚报国"，带领团队成员将生物质"变废为宝"，助力实现"双碳"目标；他"言为士则、行为世范"，以模范行动影响和带动学生，做学生为学、为事、为人的老师；他"启智润心、因材施教"，无论是教室、实验室，还是工厂车间，都是林鹿的课堂。

■ "《哥德巴赫猜想》为我打开了一个新世界" ■

"1978年，发表在《人民文学》上的报告文学《哥德巴赫猜想》，在我的同学中产生了极大的反响。"深受这篇报告文学的影响，林鹿燃起了对科学的热切向往，于1979年考入江西农业大学。大学毕业后，他主动要求到江西上饶武夷山中学当一名教师。

予人其爱，必有所源。"我的中学老师们秉持着'为人为学其道一也'的信念，一支粉笔，两袖微尘，三尺讲台，四季耕耘，他们讲课的踏实风范让我感受到作为一名教师的魅力。"他将从老师身上学到的点点滴滴，全部教给了自己的学生。

1988年，林鹿考取了硕士研究生，三年后，他又以优异的成绩考入中山大学攻读博士学位，毕业后到华南理工大学工作，从此踏上了大学教学和科研之旅。

"我们那个年代做研究，需要手算数据，手绘图像，手写论文，四百字的方格纸，要誊写得工工整整。"1998年，林鹿赴美国北卡州立大学做访问学者，他看着实验室的先进仪器设备和停满小汽车的校园，也会在华灯初上的时候思考自己的祖国何时可像这般繁华。"哪能想到，二十多年后我们就跟人家一样了！"他为国家发生的翻天覆地的变化而由衷感叹与深切自豪，同时内心也怀揣着一定要在这个伟大的时代做些事的信念和理想。

"扎实的功底始终是最重要的"

林鹿从事生物质领域研究三十余年，系统地开展了纤维素类生物质高效转化技术与工程的探索，实现了生物质转化若干关键产业化技术的突破。他带领的研究团队，已成为国际上生物质燃料与化学品研究领域具有较大学术影响力的团队。

2010年，林鹿以特聘教授身份被引进厦门大学能源研究院，历任能源研究院生物能源研究所所长、能源研究院副院长、能源学院副院长和主持工作副院长，带领学院组织申报与建设能源化工博士点和硕士点、新能源科学与工程本科专业、先进能源一级交叉学科博士点等。他努力开拓资源，积极搭建平台，访问国内外高校与研究机构，鼓励、支持年轻教师外出学习交流。在申报新能源科学与工程本科专业时，没有很多可供借鉴的经验，必须走出自己的路。林鹿和学院班子成员拿着发展成果和申报材料在国内外高校奔波交流，开拓办学视野，凝练教学思路，多方筹措经费，创造条件建立本科实验教学中心。2021年，设立仅仅九年的新能源科学与工程专

林鹿在先进能源一级交叉学科博士学位授权点专家论证会上介绍情况

业因建设思路清晰、基础扎实、体系完备，顺利入选国家级一流本科专业建设点名单。

林鹿每天的任务非常多，工作时间特别长。在他的率先垂范下，课题组的师生们也都个个敢于拼搏。"无论在什么条件下，扎实的功底始终是最重要的。只有每天都静下心来努力学习，才能获得惠及一生的知识储备。"林鹿是这么说的，也是这么做的。

"多学习、多思考、多实践"，这是林鹿课题组的"三多"要求。他开展科研是严格的，并且十分注重在科研实践中引导学生的成长与发展。课题组里"不打烊"的实验室，大家争分夺秒做实验的忙碌场景，是他和团队工作的常态。林鹿要求学生在选题、研究、撰写成果等方面都要恪守学术道德规范，把思想价值引领贯穿教育、教学、科研的全过程和各环节。"周末我到实验室，大多数时间会遇到林老师，或在写论文，或在操作仪器设备。"林鹿的博士生，现为昆明理工大学化学工程学院副院长的彭林才教授这样说道。

拼搏终有收获。十余年来，林鹿承担了一批国家和省市科技项目，实现了生物质分步水解生产低聚木糖技术的产业化，建立了国际上第一套千吨级乙酰丙酸酯生物燃油的示范性生产线，在开发替代全世界6300万吨石油基对苯二甲酸的生物质基呋喃二甲酸技术领域取得了关键性突破；取得了国内外专利等一系列具有自主知识产权的技术体系，建立了相应的技术标准，出版了国内首本乙酰丙酸技术领域专著《生物质基乙酰丙酸化学与技术》；创建了福建省生物质清洁高值化技术工程研究中心和厦门市生物质清洁高值化利用重点实验室等平台，发表高质量研究论文200余篇，获授权发明专利50多项，于2020年入选国际木材科学院院士，两位团队成员入选国家级青年人才……"林老师思维活跃，总能从不同角度解决问题，他时常教导我们要做有用的研究，要耐得住坐冷板凳的寂寞，踏踏实实做事。"林鹿的2015届博士生、能源学院副教授唐兴说道。

他开展科研又是赤诚的。林鹿认为，教师应成为学生的信仰之师、学问之师、品行之师，既要育智，更要育人，要在做好自己的基础上倾心引导学生的发展。林鹿带领团队前往位于沙县、建瓯、政和和浦城等县市的企业调研，企业建址偏远，林鹿乘坐长途汽车、摩的等交通工具，全程指导参与中试线的设计、安装和调试，与工人同吃同住，与企业一起解决安装试验中出现的问题，经常一待就是两个月。"在沙县开展项目研究时，林老师总是利用休息间隙召集青年教师和学生，耐心讲解技术原理和方案，叮嘱大家牢记规范，把控细节。"林鹿的2008届博士生、能源学院教授孙勇说道。

"培养学生成才是最快乐的事情"

实验测试、学术会议、交流咨询，林鹿几乎全年无休，但他从未因为工作忙而耽误教学工作，再忙对学生也能挤出时间。他每周都拿出时间与学生面对面开展专题探讨，解决生物质关键技术产业化过程中的难题；他潜心于开发催化剂的制备方法与应用，引进多套先进的仪器设备，并进行全程讲授培训；他以鼓励式教育为主，对学生从不急于否定，即使学生错了也先找到值得肯定的部分加以鼓励，再分析出现错误的原因，往往使学生豁然开朗；他引导学生着眼国家发展的急迫需要和长远需求，使小小"生物质颗粒"燃出大大"绿色热能"，在解决国家需求燃眉之急、双碳目标迫切需要和节能减排核心技术的难题中成长、成才。

"2016年，林老师应南平市政府邀请，到建瓯调研解决废液处理问题。到了后发现炭厂规模不大且生产管理粗放，目测是付不起研发费用的，我心想林老师大概率不会接这个项目。"林鹿的2018届博士生、淮阴师范学院教师蒋叶涛回忆道。但是在了解到南平市大大小小机制炭厂近百家，均存在炭化废液难处理且污染环境问题时，林鹿毅然答应进行相关技术开发，完全没有提研发费用，使之变成了"公益之行"。林鹿指导开发的竹醋液精制技术将污染性的炭化副产品变废为宝，有力破除了竹机制炭行业发展瓶颈，建立起竹材炭热综合利用产业化示范装置，对南平市的环境保护和生态改善起到了积极的作用，林鹿被聘为南平市政府科技专家。"涉及污染问题，是要有社会责任担当的。"林鹿的话语虽朴实，行动却有力，他始终以这样一份情怀与担当，坚持把论文写在祖国的大地上。受到林鹿的影响，蒋叶涛也积极投入相关研究，已建立年产千吨级精制竹醋液中试装置，成功在相关竹企业中推广利用。

林鹿为学生讲授专题党课"地缘政治与我国能源安全"

润物无声，风化于成。林鹿培养了近百名研究生，有获国家奖学金的，有在"互联网+"大学生创新创业大赛中获全国金奖的，还有在各高校教学科研一线耕耘的教师。"当老师教书是很快乐的事情。教授很多课程，遇到不同的学生，学生朝气蓬勃、向上生长，看着他们一届一届毕业、成长、成才，我们在其中发挥了一点点作用，感觉很欣慰。"谈到学生，一向沉默内敛的林鹿就打开了话匣子。

四十一年前，林鹿怀着对知识的渴望和对教育的热爱，踏上了教书育人的征程。回望来路，道不尽他付出的心血和努力，写不完他无悔的教书人生。这是一名普通的高校教师始终坚守初心，用努力与付出诠释新时代教育家精神内涵，用智慧和汗水书写教育兴国华章的感人故事。

（能源学院）

洪华生：
蓝色梦想的先行者和引路人

人物名片：

洪华生，著名海洋学家，菲律宾归侨，厦门大学教授、博士生导师。1978年考取我国首批公派赴美留学生，1984年学成回国投身科教，是我国第一位归国服务的海洋学女博士。曾任厦门大学亚热带海洋研究所副所长、厦门大学环境科学中心主任、海洋与环境学院首任院长、中国海洋科学委员会主席，国际海洋科学委员会副主席；六届福建省政协副主席，八、九、十届福建省人大常委会副主任。获国家科学技术进步奖三等奖（1995年，排名第一），享受国务院政府特殊津贴，获评全国海洋科技先进工作者（首届），荣获庆祝中华人民共和国成立70周年纪念章、福建省五一劳动奖章等。

她是家人眼中的独立女性、同事眼中的"巾帼英雄",她是极具家国情怀的爱国者、锐意进取的学者、坚韧不拔的创业者、德才兼备的导师,她是一代科学家的杰出代表。她,就是著名的海洋学家、教育家,我校环境与生态学院洪华生教授。

追寻梦想,率先垂范

1944年,洪华生出生于菲律宾的一个爱国华侨家庭,从小深受家国情怀的熏陶。十岁那年,洪华生随母亲历尽千辛回到祖国,在美丽的鼓浪屿长大,再到面朝大海的厦门大学学习,从小与海为伴的她始终心怀海洋梦想。

1966年,洪华生从厦门大学化学系毕业。1978年,国家重新招收研究生,历经北大荒的严寒和钢铁厂炙热的锤炼后,洪华生的海洋梦被重新点燃。凭借扎实的知识功底,已是两个孩子母亲的她,考取了母校厦门大学海洋系的硕士研究生,同时还考取了国家首批选拔的公派出国研究生。1980年,她漂洋过海赴美国罗德岛大学攻读海洋学博士,开始了追梦的求学之路。

1984年,洪华生获得博士学位证书和导师凯斯特教授合影

在美国,洪华生用四年时间完成了别人至少要用五年完成的学

业，必修的13门功课中有12门是"A"，在31位不同国籍的同学中，她的总平均成绩最高。她的指导老师、著名海洋学家凯斯特教授说，能用这么短的时间获得博士学位的学生，在他的教学生涯中"史无前例"。

洪华生是国际上最早测定海水痕量铁的学者之一，其发表于1986年的代表作成为当时海洋痕量铁研究的经典文献。同实验室的人都称她为"Iron Lady"（铁娘子），该称誉很大程度上是对洪华生从事海水痕量铁研究取得的不易成果与坚毅精神的肯定和欣赏。

"我希望有朝一日可以把我的所学，应用到国家海洋事业中。"洪华生是这么说，也是这么做的。1984年底毕业后，洪华生婉言谢绝了一切挽留，怀着报效祖国的信念，毅然回国，回到母校厦门大学，无怨无悔地投身祖国的海洋科学事业。

交叉学科，开拓创新

20世纪80年代初期，碳、营养盐循环等问题日益受到关注，海洋生物地球化学作为一门新兴交叉学科应运而生。1984年，在美国求学的洪华生成为国际上较早涉足该领域的中国学者。那时，我国海洋领域的学术研究与西方发达国家存在显著差距，科研设备和条件比较落后。洪华生刚回国时只能白手起家，面对简陋的实验条件和前进路上的重重困难，她始终没有气馁，而是认准目标、坚持信念、艰苦奋斗、开拓创新，没有条件也努力创造条件，带领团队攻克一个又一个难关，最终取得了令人瞩目的成就。

回到厦大工作之初，洪华生开始实验室建设，一切都从零开始。当时，化学系正搬出"凌峰楼"，洪华生就赶紧在一楼找了一个很破旧的小实验室。实验室设备一无所有，科研经费也是零。她自己向校长借了5000元，先购置了一些"瓶瓶罐罐"，又搜罗了一些别人丢弃的桌子和实验台，就这样建立起了一个简陋的实验室。为了进行沉积物的加酸高温消化，需要用特氟龙（Teflon）消化罐（acid bomb)。洪华生匆匆去信给原来在美国的同事 EL，请他帮忙邮寄10枚消化罐（笔误写成了 atomic bomb）过来。EL 收到洪华生的来信，读罢忍俊不禁，并与周围的同事分享："华生让我寄10枚'原子弹'给她，还好信件没被查获，否则我要被抓去坐牢的！"众人听了无不哈哈大笑。

　　回国后，洪华生一直想开展台湾海峡的研究。但是最直接的问题是厦大海洋系只有一条小船"海洋一号"，比渔船还小，根本无法到外海作业。当时刚成立不久的福建海洋研究所有一艘500吨的"延平1号"科考船，他们早在1982年就开始做台湾海峡中北部的调查。如何解决出海手段问题，洪华生几经考虑后，研究出了这个方案：她到北京留学部报到时，表示希望回到厦大工作，但是特地申请组织允许她到福建海洋研究所兼职，以解决海洋科考船的问题。就这样，洪华生开始了与福建海洋研究所同舟共济数十年的合作。

　　1996年，国家实施"211工程"期间，时任福建省省长陈明义和副省长王良溥访问厦门大学讨论共建事宜。原计划只考察经济系和化学系，但洪华生抓住机会，邀请省长参观环境科学中心。洪华生向省长介绍了厦门大学是我国"海洋摇篮"的发展历史，强调了厦大在海洋生物资源、海洋声学、极地考察同位素应用以及海洋环境保护等方面的特色，表示她能为海洋强省做出贡献。省长临走时，洪华生又大胆地说了一句："省长，我们来共建海洋学院好吗？"尽管省长当时未立即答应，但这给他留下了深刻印象。后来省里决定与厦大共建海洋学院，为当时海洋学科的发展带来了新的机遇。最终，共建"厦门大学海洋与环境学院"成为"211工程"第一期项目之一。

　　诸如此类的例子不胜枚举。洪华生就是这样一个人，在追逐梦想的道路上，面对困难，她总能想到解决方案，努力破解难题。

　　40年来，洪华生以超前的战略思维和国际化的视野，融合多学科交叉学术思想，发展了综合现场观测、生物与化学示踪、遥感和数值模拟等手段融合的研究平台，开拓了我国海洋生物地球化学新学科领域，带领团队在台湾海峡及其毗邻河口港湾的海洋生源要素和有机污染物的生物地球化学、海岸带综合管理与可持续发展等研究领域，取得了具有理论和应用价值的系统性研究成果。研究成果推动了海峡两岸的交流与合作，为1995年中英联络小组关于香港生态环境问题的谈判提供了有力依据，为陆海污染控制和管理、饮用水安全以及海洋防灾减灾等民生事业提供了重要的科技支撑，为"习近平生态文明思想的厦门实践"成为国内乃至全世界在海洋管理方面的典范发挥了关键作用，为国家和地方的海洋与海岸带可持续发展及我国海洋科学事业走向国际舞台做出了突出贡献。

洪华生的艰苦创业历程正是厦门大学海洋、环境学科的发展脉络踪迹。多年来，洪华生始终抓住交叉学科和平台建设的主旋律，眼光前瞻、高屋建瓴，先后推动并创建了厦门大学环境科学研究中心、海洋与环境学院、近海海洋环境科学国家重点实验室、海洋与海岸带发展研究院等海洋环境科教平台，环境海洋学博士点和博士后流动站，以及我国首个海洋事务国际博、硕士项目，培养了一批批优秀的海洋、环境青年人才。

2005年，洪华生在国家重点实验室建设计划论证会上代表实验室作汇报

如今，厦门大学已成为我国具有国际影响的海洋与环境科学研究教育重镇。

甘当人梯，乐育英才

"牢记教书育人的神圣职责，善待和尊重每位学生，因材施教，甘当学生成长的人梯和铺路石；打铁必须自身硬，以身作则；瞄准国际，不断开拓交叉学科，脚踏实地，在实践中锻造人才和团队。"这是洪华生的育才理念。

她始终"言传身教""筑巢引凤"，为年轻人的成长创造一种自由宽松、公平竞争的环境氛围，奖掖后进更是不遗余力。一批批学生被洪华生的科学视野与学术情怀所影响，踏入海洋、环境科学领域。迄今，她已培养博士生四十余名、博士后十余名，其中很多已经成为学科或行业的中坚力量。其中，博士生戴民汉如今已为中国科学院院士；博士生黄邦钦、博士后王大志都是国家杰出青年科学基金获得者。还有十余位博士生分别担任厦门大学地球科学与技术学部不同学院的副院长、国家重点实验室／省部级重点实验室主任、副主任。他们传承开拓、撑起厦门大学海洋与环境学科的一片天。

要到大风大浪里去探索规律和锤炼自己，是洪华生经常教导学

1988年，洪华生带学生出海

生的一句话。她以身作则，亲自带领学生投身到台湾海峡、珠江口、广东大亚湾、福建罗源湾、九龙江河口和厦门海域等大风大浪的现场，足迹遍布中国近海。

严格要求，因材施教。对于不同专业背景、不同层次水平的学生，洪华生都精心培育，充分了解他们的优势和短处，加以引导和点拨。她培养的学生除海洋生物地球化学的方向外，还有海洋动力、海洋模型遥感、海洋生物、生态毒理、环境管理和海洋事务等，涵盖海洋、环境和生态等多个方向。洪华生不仅培养这些学生成为不同学科方向的带头人，还教导他们可以交叉协同，承担重大的国家科学项目。

她鼓励学生要开拓思路、敢于创新、充分发挥自己的创造性。彭兴跃是1996届的博士生，如今就职于厦门大学生命科学学院。他有分析化学背景，扎实的数学基础，还擅长吉他演奏，浪漫不羁，不受约束。对于洪老师的"放羊式"教育方法，彭兴跃感悟颇深，深感导师当年这种看似不设限、实则四两拨千斤的引导和点拨之妙处。后来他运用自己的数学、编程和实验技能，撰写了一篇优秀的论文。

洪华生不仅关心学生的学业，还像慈母一样关怀他们的生活。她会和学生一起出游，如去踏青，游览学校附近的植物园、南普陀，欣赏厦大芙蓉湖的美景，或在家中包饺子、校园餐馆聚餐，甚至春游野餐等等。这些活动让大家在轻松的氛围中分享生活和梦想，缓解学习和研究的压力。对于春节无法回家的学生，洪华生会邀请他们到家里一起过年，给予家的温暖。

学生心中的洪华生老师，是蓝色梦想的先行者和引路人。戴民汉回忆说："先生之于学术、态度之严谨、工作之认真、科学嗅觉之敏锐，令我深得熏陶。先生不仅带我进入海洋学科这个领域，其科学视野和学术情怀也影响了我终生的事业追求。"学生王大志回忆说："我能走上海洋科学研究这条学术之路并能坚持下来，在每个关键的抉择路口，都有洪老师坚毅的身影。"学生方秦华回忆说："研究中遇到的难题总是在得到洪老师点拨后茅塞顿开,每次谈话结束时经常因为明确了研究方向而斗志昂扬。"后辈王克坚回忆说:"我作为一个曾经的'外行'来到厦门大学后,是在洪老师的指点和无私帮助下成长起来的。"后辈江毓武回忆说:"庆幸的是我的学术人生这一路都有洪华生老师航标灯式的指引和帮助。"像这样奖掖后进的例子数不胜数。

  洪华生在海洋环境科学教育上的贡献,确实整整影响了几代人。著名国际海洋学家陈镇东教授赞誉道:"洪教授令人佩服的,除了她总是笑脸迎人之外,是她的胸襟及识人之明。她将亲手创办的厦门大学近海海洋环境科学国家重点实验室,在秧苗成长时交给戴民汉院士孕育、茁壮、开花、结果。她为一大伙人创造了追寻梦想的舞台,而那一大伙人也在舞台上筑梦、圆了梦。这应该就是所谓的'君子成人之美'的批注吧!"中国科学院院士胡敦欣赞誉:"回顾厦大海洋生物地球化学的发展历程,离不开洪华生教授几十年为集体的发展执着奉献,筑巢引凤,克己奉公,不懈努力,尽心全力培养支持年轻人的发展,她的这种精神值得学习、传承和发扬!"

(环境与生态学院:黄水英)

郑学檬：

岁月染青丝，粉笔描寿眉

人物名片：

  郑学檬，厦门大学教授、博士生导师，著名历史学家和教育家。1960年毕业于厦门大学历史系历史学专业，并留系任教，历任讲师、副教授、教授。1984年起历任历史系系主任兼历史研究所所长、厦门大学教务长、副校长、常务副校长等职。2002—2010年任厦门华厦职业学院（现为华厦学院）院长。兼任中国唐史学会第四、五届会长，中国经济史学会副会长、名誉会长，教育部历史学学科教学指导委员会副主任，全国高校古籍整理委员会委员，福建省社会科学联合会副主任等职。曾获教育部"全国普通高校人文社会科学成果奖"历史学二、三等奖和经济学二等奖，以及福建省社会科学成果奖多项。

"菖蒲压境疑无路,舢板过后忽开颜。秋鸿来时风有信,春梦去后雨成烟。"年逾八十六的厦门大学历史学教授郑学檬,回顾在厦门大学求学治学、工作生活六十余年的人生道路,如此赋诗坦露心迹。1937年中秋,郑学檬出生在浙江天台县,1956年考入厦门大学历史系,1960年毕业留校任教,师从著名史学家韩国磐教授研治隋唐五代史兼攻中国古代经济史。郑学檬教授在厦门大学治学、育人的业绩,以及对厦门大学乃至厦门经济特区教育事业做出的贡献,一直为人们所称道。

多闻破戒,法无定法

作为历史学家,郑学檬于唐五代的政治史、经济史、科技史、对外交流史等领域的研究多有创意和发凡,成一家之言,深受国内外学术界的重视和好评。其代表性学术专著主要有:《五代十国史研究》《中国古代经济重心南移和唐宋江南经济研究》《唐宋科学技术与经济发展的关系研究》《敦煌吐鲁番经济文书和海上丝路研究》等。由他主编和撰写的论著曾获教育部"全国普通高校人文社会科学成果奖"历史学二、三等奖和经济学二等奖,以及福建省社会科学成果奖等多项奖励。

郑学檬教授代表性学术专著

取得如此成就的秘诀是"多闻破戒,法无定法"。郑学檬的史学研究继承发扬中国传统史学的优良学风,以坚实的史料为基础,坚持论从史出。善于运用跨学科的现代学理和知识,与历史学融会贯通，从习见的史料中发现新问题，并加以独到的阐发。

他一挥笔，文理间的"柏林墙"即刻坍塌。郑学檬始终认为，"文理难区隔，'究竟'实融通"。这里的"究竟"是治学的境界。有些知识只有文理兼通者才能体会其意蕴和奥妙。一个人的知识结构虽然难以文理两全，但也不能太过偏于一方；如果能适度兼容，必大有益于学术研究。他在研究中国古代经济重心南移这一重大而复杂的课题时，就把中国古代经济史和科技史有机地结合起来。不仅从经济理论的角度梳理"经济重心"的涵义，把经济重心的迁移置于历史时期各经济区发展的动态不平衡中加以考察，还从技术进步的角度阐述唐宋经济发展的质量变化，进而寻找导致中国古代社会发展停滞的生产力发展史的原因。在研究唐宋科学技术与经济发展的关系时，他首次提出中国古代机械工业本身没有更高的动力需求（如蒸汽动力），因而中国向工业社会的过渡变得更为漫长。关于此类问题及江南置县等问题的论述，法兰西学院兰克利博士、东京大学斯波义信教授、北京大学周建波教授等均赞赏其知识面宽广、研究视角独特和学术观点新颖。

一场东风，让他行万里路，探明真相。万千诗句中，赤壁之战的那场东风怎么在《资治通鉴》中就成了"东南风"？为探明所谓"诸葛亮借东风"的说法，他专程到洪湖市气象局查阅气象资料。他证实了该地区因气旋的非对称扰动，风向多变，冬季十月确实会有东南风，从科学的角度确认了《资治通鉴》记述的准确性。他先后到东南亚、欧洲，对海上丝绸之路的历史进行实地考察，结合国内外历史文献，撰写系列论文，从季风、海流、赤道航路温度和湿度对海上丝路东段、中段、西段及货物运输的影响等方面，对作为海上贸易大宗商品的丝绸、瓷器、茶叶在唐宋明清不同航路的地位变化进行研究。为什么是阿拉伯、波斯商人，而不是希腊、罗马商人，首先航向中国，最先贯通海上丝绸之路？为什么阿拉伯、波斯人航海选择三角帆，而希腊、罗马人选择横帆？以上种种学术问题，他均做出了比较科学的阐释。

郑学檬强调"历史是需要反复认识的"。他始终秉持开放的治学态度,"多闻破戒",从不故步自封,不断拓宽学术研究的广度和深度,至今笔耕不辍,新作迭出。他放开思维缰绳,打破思维定式,坚持认为"法无定法",多学科融合,以新颖的视角一探历史真相。

心有大我,灯塔引航

郑学檬将对教育的热爱深深镌刻进骨血里。他不只是拿起粉笔,站在三尺讲台上的教师,他更是立于时代潮头看教育、人才培养,引航教育的灯塔。

教育改革大潮掀起之际,郑学檬开始兼任厦大行政的重要职务。作为校领导,他既着眼于全国高等教育的大局、发展趋势,也关注如何更好地适应厦门经济特区建设的需求,思考厦大的发展方向。他主张在高校体制改革中,要增强自主办学意识和能力,主动练好内功,在优化上下功夫,在服务中求发展;要从国情和本地区、本校实际出发,规划学校的建设。面对市场对高校学科专业调整和课程设置的影响,他主张办学要主动适应全社会以及厦门经济特区的需求。他主管教学工作时始终遵循教学规律和教育基本规律,在学科建设中既坚持稳固基础学科在学校学科群的磐石地位,加大对厦大的国家重点学科建设的扶持,也努力发展适应市场需要的应用型学科,复办新闻传播学等新兴学科。

2002年,荣休后的郑学檬接受厦门市政协原主席蔡望怀的盛邀,接任厦门华厦职业学院院长,又走到了厦门经济特区教育事业"一线"。他主张职业教育在人才培养上,要"不比层次,但求素质;不唯书本,更重技能"。学院为厦门经济特区和福建省的工业化、现代化建设输送了大量实用人才。2010年,郑学檬卸任之际,华厦职业学院跻身六所国家"非营利民办高校办学制度"教育体制改革项目试点院校之一。

他在时代洪流中思考教育发展的良径,他创造思想火花,照亮莘莘学子。他的时光不只流淌在故纸堆旁。他捧起一颗真心,用更多的时间在教育这条路上披荆斩棘。

郑学檬教授在校院建设发展座谈会上发言

诲人不倦,乐教爱生

郑学檬教授始终保持教师的谦和本色,即使身兼繁重的行政事务,仍坚守三尺讲台,诲人不倦。

他除了在厦大教导本科生、培养研究生、开展学术研究外,还担任过中国唐史学会会长、中国经济史学会副会长、福建省社科联副主席等学术领导职务;1998—2001年,作为访问学者曾赴荷兰莱顿大学、英国牛津大学等做学术交流。他在荷兰莱顿大学汉学院为硕士讲课,在台湾中国文化大学历史系为硕士、博士讲课。他与国内外同道广泛交流,拥有众多学生和私淑弟子。他尊重师长,友悌同辈,奖掖后进,深具亲和力。他对后学关怀备至,帮助许多人解决在学习、工作、生活中遇到的困难和疑惑,在华厦学院设立"郑学檬奖学金",留下了诸多佳话美谈。

他如和煦的春风,循循善诱,引导学生触摸时光痕迹,畅游于历史长河中。他了解每一位学生的特点,鼓励学生发挥专长,做有特色的历史研究。他的一位在职博士研究生从事中国古代文学教学，其博士论文就以运河为主题，结合文学记述，展示运河经济的意义。对于另一位海外教育学院的学生，他给予其发挥外文优势的空间，研究"评'海外学者'关于中国家族企业的中国文化传统研究"课题。他支持学生做有特色的选题，贯彻因材施教的原则，充分发掘学生的潜力。

他说，做学问是一场"苦旅"。这个"苦旅"的起点应该是打好基础。他回想起留校时他的老师、系主任傅家麟（衣凌）教授的嘱咐。老师要他读《资本论》，到经济系听有关《资本论》和"俄国资本主义"的专题课程。他通过学习，丰富了自己的经济学理论。老师韩国磐教授要他通读前四史，并有时提问，要他答疑。有一次韩师看他的文章把"税驾"解为"要挟"，问道：你读过《汉书》吗？"税驾"是退休的意思。古文老师陈文松，以识别郑成功银币上的花押"朱成功"的朱字出名，号称一字教授，得到郭沫若的肯定。陈老师教《左传》，能通篇背诵，也要求学生背诵。这些基础训练，使郑学檬明白，做学问没有捷径，必经"苦旅"。

郑学檬教授为师生作讲座，讲座后与师生合影

郑学檬认为：在今天的信息化时代，这场"苦旅"仍是有必要的，我们需要保持定力，不做"短、平、快"的治学，只有加强基础，才能创新发凡。郑学檬老师在这场学问"苦旅"中品出了甜味，乐与文书为伴，与山河同行，与青年学者共历，触摸历史的心跳。

（历史与文化遗产学院：朱思仪）

何德馨：

教学相长强体魄，
拼搏创新育人才

人物名片：

何德馨，1940年出生，1965年毕业于北京体育学院，并来厦大任教。1984—1992年任体育教研室主任，1992—1996年任体育教学部主任。福建省高校首位篮球国家级裁判员，参加八届福建省运动会篮球项目比赛的裁判工作，担任五届裁判长。1991年被评为福建省高校先进体育工作者。退休后继续关心支持福建省篮球运动，现任厦门市中老年篮球协会名誉会长、福建省篮球协会顾问和全球华人篮球总会仲裁委员会委员。

用四十载春秋的坚守，诠释人民教师的初心使命；用一腔赤诚的热血，谱写体育工作者的坚韧不拔。他就是何德馨老师，一位在体育教育领域默默耕耘，为学生成长、成才倾注无限热情的长者。

■ "玩"篮球钟情一世，"吹"哨子诚笃半生 ■

1965年，何德馨从北京体育学院毕业，来到厦门大学，开启了体育教育的曼妙之旅。

小学时代，受到村篮球队的熏陶，何德馨在心里种下了一颗懵懂炙热的篮球种子。热爱、天分和刻苦的训练，为他从事体育教育事业打下了坚实的基础。

到厦门大学体育教研室报到任教的当天，他接到体育教研室的通知，要代表厦门大学教工排球队参加厦门市的比赛。脱下皮鞋、踏上赛场，他在厦门大学从教与训练的人生由此开启。

1981年，何德馨考取了篮球国家级裁判员。何德馨参加过八届福建省运动会篮球项目比赛的裁判工作，并担任了五届裁判长。本着"严肃认真，公正准确"的原则，何老师尽心尽力、尽职尽责地执裁全国各级篮球联赛，并获得"优秀裁判员"称号。

何德馨（后排右一）担任福建省第十届大学生运动会裁判

1990年，明培体育馆竣工，成为厦门市第一个正规的现代体育馆。1991年4月5日，厦门大学在明培体育馆举办"明培杯"男子篮球邀请赛，来自上海、广东、河北、浙江的四支队伍参与，何德馨作为本次邀请赛的裁判长，吹响了明培体育馆开馆的第一声哨。此后，以院系为单位的篮球联赛逐步开展，并发展成为厦门大学的年度传统赛事。考虑到篮球裁判工作在篮球比赛中的重要性，他与同事专门开设了面向学生的篮球裁判课程及培训班，唤起了越来越多学生对裁判工作的了解和热情。

1979—2004年的25年间，何德馨一直担任福建省篮球一级裁判员培训的主讲教师，并推荐优秀裁判员参加国家级裁判考试。即便是退休后，他依然关注福建省篮球运动的开展。在他的积极筹备和推动下，"厦门市中老年篮球协会"于2012年成立。至今，何德馨仍坚持关心、关注并致力于推动全民篮球运动的发展和青少年篮球后备人才培养等工作。

回忆过往，何德馨以一句"篮球'玩'一世，哨子'吹'半生"来总结。从少年时踏上第一个篮球赛场，到退休后仍心系厦大体育发展与青少年篮球人才培养。何德馨用数十年如一日的坚持与付出引路南强学子的篮球启蒙，用坚定执着与专业态度诠释裁判的职业

何德馨（中）担任2019年海峡两岸大学生篮球赛技术代表

素养，用身体力行与耳濡目染传递体育竞技的精神魅力。

教与学融会贯通，言与行相辅相成

谈及体育教育理念，何德馨认为，体育的一大功能是真正强健一个人的体魄，体育教学则是高等教育的"根"，科研的硕果和人生的成就往往都需要有健康的身体作为根基。大学体育理应承担起这样的责任，大学体育教师更应身先士卒、兢兢业业，从育人细节着手、从理论前沿汲取、从运动实践赋能。

在体育教学上，何德馨积极参与体育教师集体备课，并协助制订全省高校统一的体育教学大纲和编写体育教材。他基于终身学习理念，发起全省高校体育教师技能测试，引导广大体育教师不断提升自身专业素养。可以说，何德馨在推动体育课程教学规范化、系统化，以及助力厦大运动训练专业化、标准化方面，做出了举足轻重的贡献。在担任厦门大学体育教研室主任和体育教学部主任的12年间，厦门大学在体育教育方面生机勃勃、硕果累累，先后获得全国"先进体育学校"（1988年）、"体育教学评估优秀学校"（1992年）、"全国群众体育先进单位"（1993年）等荣誉。

在体育训练方面，何德馨提出因时制宜、因人制宜的训练方式。20世纪70年代，厦门大学运动队由各院系的非体育专业学生组成，体育训练与专业学习时间的冲突成为摆在师生面前的突出问题。对此，他"以学生为中心"特别订制了专门的篮球训练计划，人少时训练个人攻防技术或局部几个人间的小配合，人多时再练习整体战术配合，让每个队员都能在有限的训练时间里学有所获，大大提升了训练效率与训练效果。

对何德馨而言，体育教育不仅是一份工作，更是他甘之如饴、终身"琢磨"、倾心奋斗的事业。斗转星移、岁月变迁，如今古稀之年的何老师依然初心不忘、笔耕不辍，阅读最新的篮球杂志，研究最新的篮球规则，他津津有味、乐此不疲。"我既然做了这一行，就

何德馨（中）担任南安市第十届"郑成功杯"国际男子篮球赛仲裁

要认认真真地做，即使我的能力、水平有限，我也应当尽量做到更好，不能做到天花板，也无愧于自己、无愧于心。"精益求精的工作态度、止于至善的教育精神，伴随着何德馨与厦门大学体育教学部共同成长、再谱新篇。

■ 一片丹心育桃李，满怀"德馨"永流传 ■

四十年教书育人，四十年肝胆相照。何德馨老师影响了无数体育爱好者、培养了无数体育专业人才，他们中的一些人也成为体育教育的中坚力量。厦门大学一百周年校庆时，许多师生校友专程飞回母校看望何老师，表达殷殷感激之情。

谈及师生关系，何德馨分享了他与学生相处的"秘诀"——"松""驰"有度。在他眼中，老师与同学不仅是师生的关系，还是兄弟、良师益友——"松"是幽默生动的教学方式和无微不至的关心爱护；"驰"是运动技巧的孜孜追求与个人品行的严格要求。

幽默风趣是何德馨老师的"标签"，他总能以短小精悍的故事拉近与学生的距离，以通俗易懂的方式讲授战术、技术。即使是第一次参加何老师训练课的同学，也能在课堂的欢声笑语中暂时忘却训练的疲惫。

在专业训练中，何德馨又是一位声色俱厉的领路人。"六亲不认"是同学们对训练状态中何老师的亲切描述。"他会以严格的标准要求动作或进行战术排布，如有同学没有达到训练标准，何老师绝不会'放水'，直到这个动作练会为止。"何德馨认为，体育的精神还体现在尊重对手方面。据何德馨的学生、厦门大学中文系校友许闽峰回忆，有一年何老师带校篮球队比赛，许闽峰在比赛时"拿球'耍'了对方一下"，当即就被何老师换下了场。"宁可输球，也不再让许闽峰上场！"何德馨用一场比赛，教会了在场队员重要的人生一课——尊重对手比输赢结果更重要。"体者，载知识之车而寓道德之舍也"，从一定意义上而言，体育不仅是对身体素质的磨炼，更饱含对心灵和品质的锤炼。何德馨总是能够于细微处洞察学生的需求，用最恰当的方式引导他们致知无央、充爱无疆。

谈及在厦大的光阴，何德馨说："我把青春'卖'给厦大，我用一生教书育人。"平淡诙谐的话语背后，写满了他对体育教育的赤子之爱，写满了他对教育初心的抱朴守拙，写满了他对体育精神的传承弘扬。

（翁芊杉）

朱水涌：

新中国的同龄人

人物名片：

朱水涌，原名朱水永，1949年出生，厦门大学中文系教授，博士生导师，曾任厦门大学人文学院副院长、厦门大学国家级教师教学发展示范中心常务副主任、福建省比较文学学会会长、厦门市作家协会副主席、厦门市闽南文化保护专家委员会副主任，中国作家协会会员，中国当代文学研究会、中国新文学学会、中国比较文学学会、中国小说学会原理事。主持与完成国家社科基金项目4项，出版专著13种，发表论文200多篇，主编著作33部，创作电视纪录片与舞台剧作多部，曾获中国当代文学研究成果优秀奖，中国电视奖二、三等奖，国家级教学成果二等奖，福建省教学成果一、二等奖，4次获福建省社科优秀成果三等奖。为第九届、第十届、第十一届厦门市政协委员与第十二届、第十三届厦门市特邀研究员。

"自强！自强！学海何洋洋！谁欤操钥发其藏……"校歌起，剧幕落，年逾古稀的朱水涌坐在台下，早已热泪盈眶。

大型音乐舞蹈史诗《南强颂》，再现了厦门大学老一辈开创者自强不息的办学之路和新一代建设者踔厉奋发的强学之路。《南强颂》的创作者朱水涌，作为新中国的同龄人，对嘉庚先生、对厦大、对祖国怀有深切的感情和特别的情愫。

■ 潜心问学玉汝成 ■

"故乡给了我文学的基因。"1949年10月17日，在厦门解放这一天，朱水涌诞生于厦门马巷。1973年，发表在《福建日报》上的小歌剧《五斤黄豆》，成为朱水涌发表在正式出版物上的处女作。1977年恢复高考后，朱水涌从570万考生中脱颖而出，考入厦门大学中文系。在厦大学习期间，他与21位"7701"同侪共同成立了"朝花文学社"，名字取自鲁迅在厦门大学任教期间创作的散文作品《朝花夕拾》。他们复刊了鲁迅在厦门大学创办的《鼓浪》杂志，让"鼓起时代浪潮"的文学在校园中流淌。作为厦大校园的"文学三剑客"之一，

大学时代的朱水涌为厦门大学学生代表大会代表，图为1979年学代会中文系代表团

朱水涌吸取西方的叙事学和新批评方法，研究中国诗歌形态与小说文体的创新，他与江浙才子盛子潮在《文学评论》《文艺研究》等刊物上发表文章，他们理论思考与敏锐感知的合作，激发了中国文坛新的活力，被誉为"中国的学术双打"，两人的小说研究成为中国新时期十年小说文体研究的代表。

毕业后，朱水涌留校任教，他始终坚持守正创新，跟随着"知识生命的慈母"应锦襄老师，踏入了比较文学的大门。朱水涌运用全球视野撰写了首部学术著作《文化冲突与文学嬗变》，从世界的三大文化潮流出发，考察中国20世纪80年代的文学。这部著作得到了《文艺报》《当代作家评论》等报刊评论的推荐，南帆以"高屋建瓴之论"高度评价该著作，盛赞其"眼光与气魄令人称道"。

从此，朱水涌开始用文化整体把握的批评方式，考察中国现当代文学，形成了文学、文化和文学史融为一体的学术个性。朱水涌主持、承担了4项国家社科基金项目，积极参加各类学术交流活动，常年活跃在中国比较文学学会、全国新文学学会和中国当代文学研究会的学术活动中，他凭借独到的眼光和雄健的笔力，成为闽派批评家中的青年学者代表。

除了世界眼光与先进的学术思想，这位"诗意人生"的文学家还始终怀有深厚的乡土情怀。他的"乡愁"牵引着他，挖掘和阐扬厦门本土的历史与文化记忆。在研究现当代历史与文化的旅程中，厦门大学的创办者陈嘉庚先生走进了这位共和国同龄人的心里，他抚摸故乡的土地，走进历史的隧道，开始与这位伟人进行一场场跨越时空的对话。

■ 南强情深念嘉庚 ■

随着对校史的了解不断深入，被誉为"华侨旗帜，民族光辉"的陈嘉庚先生的故事像一粒种子，在朱水涌的心里生根发芽。为了纪念90周年校庆，也为了"写一本厦大人自己爱看的书"，朱水涌怀着对厦门大学的依恋，以及对陈嘉庚先生的崇敬，创作了长篇学术散文《厦大往事》。书籍一经推出，反响热烈，出版10年，重印9次。朱水涌在后记中这样写道："作为一个在厦大学习、生活了30多年的厦大人，这里面有我对厦大历史的理解，有我对厦大文化与精神的探寻，有我对100多年来中华民族沧海桑田的追问。"

作为"最会讲厦大故事的人"，自2000年始，朱水涌便有意撰写一部陈嘉庚的传记。为此，他进行了许多尝试和积累，在六集文献纪录片《陈嘉庚》中承担了文稿撰写工作，还创作了大型电视诗文朗诵文稿《嘉庚颂》。但写陈嘉庚的传记，是神圣而严肃的。朱水涌收集了几百万字的资料，当他读到陈嘉庚筹办厦门大学的演讲词时，一股浩然之气感染了他，陈嘉庚振臂一挥的一句"民心不死，国脉尚存，以四万万之民族，决无甘居人下之理"，让朱水涌找到了"这本传记的灵魂"。在写书过程中，朱水涌愈发敬佩这位高瞻远瞩的先辈，他在书里发出了对一个伟大生命的三个追问："一个偏僻小渔村

在校庆活动上，朱水涌与陈嘉庚长孙陈立人会面

一个普通家庭，为什么能走出一位在异邦的土地上建立起工商王国的实业家？一个没有家学没有读过多少书的人，为何成为世人高山仰止的教育事业家？一个从未受过大人物指引、没有受过大师影响的'在野第一人'，为什么总能在历史关节点上做出最正确的历史选择？"

朱水涌秉承着"学者的态度，文学家的叙事，厦大人的情怀"，带着对陈嘉庚生命的追问，以赤诚而厚重的笔触重现了"厦大人写的、陈嘉庚故乡的人写的"陈嘉庚，在厦门大学百年校庆之际，38万字的《陈嘉庚传》出版，它是中国至今最全面、最完整的陈嘉庚传记，得到了陈嘉庚亲属的赞赏。当被问及写书的动力和源泉时，朱水涌这样回答："我被陈嘉庚的生命深深感动了，我是将陈嘉庚的灵魂融入我的生命中。"

作为新中国的同龄人，朱水涌如今已年过古稀，但他仍旧怀有那代人特别的家国之情，在《同龄人的怀想》中，他写道："正因为有了与共和国共同的经历，我们才总是与自己的民族共患难、共命运，一起肩起幸与不幸。"这也激励着朱水涌传承和弘扬陈嘉庚精神，始终在祖国教育事业的园地上辛勤耕耘。

躬耕不息传文脉

"学生就是教师最伟大的作品。"这是朱水涌一直坚持的教育理念。他心目中的教师典范，不仅要有教学热情，更需要有博大的胸怀与深厚的素养。中文系是厦门大学最早开设全校性通识课的院系，朱水涌常常和系里的老师交流："中文系的老师，要把厦门大学的学生当作自己的学生。"他开设的"中国现代文学"课，深入浅出、以小见大，为了避免"老调重弹"，他将目光投向当时最新出版的作品，《红高粱》出版就讲《红高粱》，《白鹿原》出版就讲《白鹿原》"，他讲授的特点是把深刻的理论、有力的解读与最新的文本有机结合起来，将中国文学纳入世界文学的视野下，将文学文本放在真切可感的时代中。他的全校选修课总是被安排在全校最大的教室,可每节课仍然座无虚席。

2008年,朱水涌在国际学术研讨会上作主题发言

"春风化雨,润物无声。"严谨求实,是中文系的优良治学传统;爱生如子,更是中文系教师心系学子的人文情怀。朱水涌的授业恩师应锦襄先生,在退休后开设了"应锦襄私塾",给中文系学生义务讲解文本分析,她对时任系副主任的朱水涌说:"你每年帮我挑一个贫困生,要愿意读书的,我资助他们。"4年时间里,应锦襄一共资助了5名学生。导师的品格深深影响着朱水涌。作为厦门大学教学名师,朱水涌不仅在课堂上对学生倾囊相授,在生活中对学生更是关怀备至。中文系曾有个拉祜族女生,学习和生活压力重重,在她面临困境时,是朱老师给了她最直接、最细微的关心与帮助,多次把她请到家里开导、辅导。毕业后,这位学生极其感动,称朱老师为"第二个父亲"。朱老师说:"我的学生就是我的朋友、我的家里人。"2011年,他的长文《我们需要文学教育》在中国作协机关报《文艺报》上发表,引发了一周一报的《文艺报》长达8个月的"人文素质与文学教育"大讨论,这体现了朱水涌对中国教育问题的敏锐性。

"所谓大学者,非谓有大楼之谓也,有大师之谓也。"从陈嘉庚到鲁迅，从应锦襄到朱水涌，都彰显出厦门大学包容敦厚的优良传统、爱生如子、亦师亦友，抱薪推毂、真诚育人的品格也随时间的流转历久弥坚。40年的厦大从教生涯，朱水涌和先贤们一样，早已将厦大当作了自己生命的重要构成，将教学作为自己的生命形式。退休后的他仍心系教书育人，担任厦门大学国家级教师教学发展示范中心常务副主任，为厦门大学的教师教学发展出谋划策，他尽心尽责、勤勤恳恳，坚持为党育人、为国育才，实践和传承着厦大人的精神基因。

"师者，所以传道授业解惑者也"，何谓道，何谓业，何以解惑？作为新中国的同龄人，朱水涌身体力行，给出了属于自己的答案。

"怀群贤教诲之恩，念山水哺养之情"，"挺青衿以弦歌不辍，育栋梁为经世报国"，这是朱水涌撰写的《思源谷碑记》和《厦门大学义赠记》中的句子，也是他扎根祖国东南、心系嘉庚宏愿、耕耘文学园地、叙写教书诗篇的生动写照。

（文／中国语言文学系：陈芸、刘子墨、肖玥、尤彬茹、黄翎；图／受访者）

陈孔立：

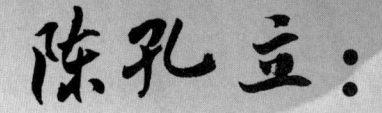

台湾研究领域的"南派泰斗"

人物名片：

陈孔立，1930年出生，1952年厦门大学历史系毕业，1955年中国人民大学研究生毕业。1987年任厦门大学台湾研究所所长，长期从事台湾政治、两岸关系研究。曾任海峡两岸关系协会理事，中国史学会理事，中国社会科学院台湾史研究中心副理事长，中共中央外宣办台湾问题专家咨询组成员。主要作品有：《清代台湾移民社会研究》《台湾学导论》《台湾历史纲要》（主编）。2021年出版"陈孔立作品集"：《台湾民意与群体认同》《心系两岸》《台湾史事解读》《两岸的文化认同》。曾获中宣部"五个一工程奖"（2001年）、中组部"全国离退休干部先进个人"荣誉称号（2009年）、全国首批教育世家（2021年）、"厦门经济特区建设30年杰出建设者"称号（2011年）、"厦门大学南强杰出贡献奖"（2015年）。

陈孔立是厦门大学台湾研究院资深教授，他长期从事台湾政治、台湾历史及两岸关系、两岸文化研究，同时身体力行，积极参与推动两岸交往交流，是大陆著名的台湾研究专家，被誉为台湾研究领域的"南派泰斗"。其严谨的治学态度、杰出的学术成就与高尚的人格魅力，得到两岸学界的高度评价，也为晚辈学子们树立了学习的榜样。

▨ 扎根厦大心系两岸 ▨

1939年，陈孔立的父亲陈贵生先生应邀来到厦大，担任校图书馆主任一职。1941年，年仅11岁的陈孔立也来到厦大，随父亲一起生活，从此开始了他与厦大长达80余年的不解之缘。当时正值抗战时期，厦大被迫内迁长汀，学习和生活条件都十分简陋。但陈孔立很快与一批年龄相仿的教职工子女打成一片，在校园内学习、生活、玩耍，彼此间结下了真挚的情谊。这段辛苦而充实的童年时光，也让陈孔立在厦大体会到了家的温馨。1948年，陈孔立如愿以偿地入读厦大。时至今日，他依然会满怀激动地对后辈们讲述这段故事，并自豪地宣称自己是"厦大的孩子"。陈孔立的儿子陈勍、孙子陈思后来均入职厦大，一家四代厦大人、四代厦大情，成为厦大历史上的一段佳话。

1952年，陈孔立自厦门大学历史系毕业，之后留校任教，1953年被派往中国人民大学进修，由此开始了他的学术生涯。1962年，郑成功收复台湾300周年之际，郑成功研究学术讨论会在厦门大学召开。陈孔立在其师傅衣凌的安排下，撰写了本次会议的综述，随后又写成《郑成功收复台湾战争的分析》一文，被收入1965年出版的《郑成功研究论文集》中，这成为他从事台湾研究的开端。

1980年，大陆第一家专门从事台湾研究的综合性学术机构——厦门大学台湾研究所正式成立。陈孔立很快成为所里的骨干力量，其代表作《清代台湾移民社会研究》一书，在台湾学术界引起了相当大的反响。时至今日，该书仍然体现着大陆乃至两岸清代台湾社会史研究的顶尖水准，也是台湾一些大学历史学科学习的必读书目。

1993年，受国家有关部门委托，中国史学会和全国台湾研究会联合成立编辑委员会，由陈孔立担任主编。《台湾历史纲要》于1996年出版，当年4月15日在北京人民大会堂举行首发式。

▋ 为祖国统一尽心尽力 ▋

1987年，陈孔立正式担任厦门大学台湾研究所所长一职。在他眼中，这是自己从事台湾研究的第二个开端。研究所与台湾方面的交往、交流日益增加，台湾人士关注的大多为现实政治话题，但台湾研究所却是以研究历史起家，对现实问题的研究较为薄弱。这让陈孔立深深地体会到：作为研究所，如果我们继续只研究历史不研究现实，那怎么跟别人交流？因此他身体力行，率先实现了从历史到政治的学术转向，并积极完善台湾研究所的相关学科建设、引进和培养研究台湾现实问题的人才，为研究所发展成为大陆顶尖、国际知名的对台综合性研究机构，并最终升格为厦门大学台湾研究院，做出了巨大的贡献。

为了更加深入地了解台湾现状，推动两岸和平统一服务，在长达20多年的时间内，陈孔立一直站在大陆对台学术交流的第一线，利用赴台访问、参加国内外举办的涉台学术研讨会等各种机会，与台湾社会各界人士积极接触。在长期交往过程中，陈孔立逐渐认识到一个道理：要想真正做好对台研究工作，掌握台湾民情走向，就必须理解台湾人民的心态。"我们不能够从书面上研究台湾，应当了解（台湾人民的）心态。很多心态他没讲出来，没跟你沟通，你不知道，所以交流是非常重要的。"

陈孔立的这种意识，在很大程度上拓宽了他的视野，使其研究能够更加切合实际需要。1999年，陈孔立在与一位台湾商人交流时，对方提到大陆主张和平统一是很好的，可是没有讲清楚和平统一对

1992年陈孔立（左一）率团访问台湾，这是大陆研究两岸关系的学者首次组团访问台湾

台湾有什么好处，这是一个缺点。陈孔立由此深受启发：过去只讲统一对两岸的发展有什么好处，而没有针对台湾同胞切身利益进行深入的考虑。因此他于2000年写成《和平统一的十大好处》一文，就两岸人民从和平统一中获得的各种利益进行了详尽阐述，这是对台研究者此前未曾涉及的问题。2000年5月30日，该文被《人民日报》全文刊登，并于2001年被中共中央宣传部评为全国精神文明建设"五个一工程奖"。陈孔立深感欣慰："这在我生命中是很重要的一点，我的劳动得到了中央的肯定。"

陈孔立的研究也得到了台湾学界的尊重和肯定。2010年，在台湾研究院祝贺陈孔立80岁寿辰之际，台湾大学几位学者也登门道贺，并赠送花瓶附言"望重两岸"，这也是对陈孔立学术成就与个人风范认同的最好证明。

陈孔立还十分关注台湾研究的学科建设。他一直呼吁将"台湾学"设为一门专门的学科体系，并在其理论建构上投入了大量心血，还为此撰写了《台湾学导论》一书。在2021年厦大百年校庆之际，陈孔立再次从学科建设角度指出：台湾问题与两岸关系研究已经走过几十年的历程，经过学术界的努力，在学科建设方面有了较大的进展，现在台湾研究学科化的条件渐趋成熟，台湾研究院学者在建构相关理论和研究模式、研究途径，开展多学科的交叉研究以及对台湾民意和政治心理等的深度研究方面也做出了不少贡献。希望继续努力，从两岸人民的长远利益出发，从战略高度探寻台湾社会和两岸关系最好的发展前景和具体道路，以"台湾学"对台湾各方面的深度研究作为专业智库，提出有效适用的资政建言，为祖国统一提供决策参考。

求真求实与人文关怀

在厦大学习、工作长达80余年的生涯中，陈孔立曾与多位学校领导、专家教授有过往来交流，不少人都对他产生了深远的影响。1953—1955年，陈孔立赴中国人民大学进修期间，突然收到王亚南校长的来信。彼时王亚南校长正好赴京开会，便亲自邀请陈孔立等几位在人大进修的厦大教师到其住所做客。这种对年轻教师近似家人、朋友的关爱以及平易近人的作风，让陈孔立赞叹不已。

在1956年的全校职称会议上，另一位校领导兼研究专家卢嘉锡也给陈孔立留下了深刻的印象。在会上，卢嘉锡打破常规，大胆提名当讲师才3年的田昭武升任副教授，并坦率地承认"田昭武做实验比我好"，而当时卢先生已是声名卓著的一级教授，这充分体现了他的胸怀与气度，把后辈晚学当作子弟来看待和关爱，陈孔立对此事终生难忘。

1984年，著名化学家蔡启瑞邀集陈孔立和两位长汀时期亲历者一起写一篇关于萨本栋的文章，随后将文章向全国政协投稿并获发表，这在当时是一件了不起的事。蔡启瑞是厦门大学私立时期的毕业生，并非萨本栋校长的学生，陈孔立向他询问个中缘由，蔡启瑞说："有些人你和他接触的机会不一定很多，可是他的言行和品格却使你终生难忘，萨本栋校长就是这样的人。我们应该实事求是，好人就值得被赞扬。"

师长们的言传身教，给陈孔立留下了难以忘怀的记忆，也给他留下了一笔宝贵的精神财富——"求真求实"的精神追求与为师为长者的人文关怀。在日后的治学中，陈孔立不断践行、传承与弘扬，不仅在学术研究上成就斐然，也从不忘记作为一名厦大教师应该承担的传道授业、立德树人之责。

中央电视台知名策划人、厦大历史系1980级生郑俊琰也对陈孔立的教导深怀感激。1980年9月3日，郑俊琰经历了他在厦大历史系的第一堂课，陈孔立作为主讲老师旁征博引，强调历史专业的重要性，讲述历史专业的学习和研究方法，生动有趣，引人入胜，特别是对鼓浪屿历史文化的介绍，犹如一道光芒点亮了郑俊琰的心。"我第一次知道，一座城市的文化，可以那样表达，那样鲜活，让人过目难忘……从那一刻起，我知道了文化研究是重要的，而文化的提炼和传播同样重要。"这为他未来走上职业策划人的道路埋下了一颗种子。大学毕业后，郑俊琰独立策划的第一本书，就是陈孔立主编的《今日台湾100问》。为此他多次登门与陈孔立商讨选题、编写、修改事宜，获益良多。郑俊琰回忆起这段往事时，十分感慨地说道："厦大第一课，改变我一生。"另一个学生写道："我的第一篇论文，孔立老师修改了7次，他没有指责，只是不断指出不足之处，让我去查找新的资料，并给予鼓励和肯定。"

陈孔立这种"求真求实"的精神追求与为师为长者的人文关怀也为厦大台湾研究"历史地、全面地、实事求是地认识台湾"的思想作风的形成和传承，起到了至关重要的作用。著名台湾研究专家、曾担任过厦门大学台湾研究院院长的刘国深1989年入职厦门大学台湾研究所时，陈孔立便对他有过一段语重心长的教诲："你来厦大工作、来台湾研究所工作，要先学会做台湾人，不能老是用大陆人的眼光去看、去讲话、去做研究。你要知己知彼，要先把自己当成台湾人，用台湾人的眼睛看问题，用台湾人的心情去体会，然后再回到两岸双方共同的立场上去思考我们该怎么办。"在陈孔立的要求下,刘国深等所里的年轻学者天天听台湾广播、看台湾报纸,还创造条件天天看台湾电视,"按着台湾的脉搏,细心地倾听它的跳动"。在两岸交流解禁后,更是积极地赴台访问,以了解台湾的真实状况与台湾人的真实想法。刘国深表示,陈孔立的教导为他后来成长为台湾研究领域的顶尖学者打下了坚实的基础,他一辈子都不会忘记。

时光冉冉,至今陈孔立在厦大光荣执教已达72年,作为学者,他投身台湾历史和现实研究,为祖国统一事业添砖加瓦;作为教师,他扎根厦大,传道授业,感人至深。2015年,陈孔立被厦门大学授予最高奖项——"南强杰出贡献奖",这是对这位为厦大奉献终身,以自己的科研精神与人文关怀贡献学界内外的老教授最好的肯定。

(文／陈思;图／受访者)

齐树洁：

学子们的"送书先生"

人物名片：

齐树洁，中共党员，厦门大学法学院教授、博士生导师，曾任厦门大学司法改革研究中心主任，兼任过中国民事诉讼法学研究会副会长，中国法学会审判理论研究会司法改革专业委员会委员、执行制度专业委员会委员，最高人民法院特邀咨询专家，《东南司法评论》主编，《司法改革论评》主编等职务。著有《民事程序法研究》等专著4部，主编、参编著作28部，在《中国法学》《中外法学》等核心期刊上发表论文100多篇，承担过中欧高等教育合作项目、国家社会科学基金项目、司法部科研项目、教育部人文社科研究项目等。先后获厦门大学教书育人优秀教师、厦门大学教学名师、厦门市劳动模范、福建省五一劳动奖章、福建省教育系统优秀共产党员、福建省教育系统关心下一代工作先进工作者等荣誉称号。

在厦门大学法学院，有这样一位老师，他担任社团指导老师，要送书；指导学生参加竞赛，要送书；就连上门采访他，他也要送书……他就是被学生们称为"送书先生"的齐树洁教授。

1982年，从北大法律系毕业后的齐树洁来到厦门大学任教，开始了他40余载治学育人的教师生涯。时间染白了他的发丝，更新了他教学的方式，但未曾改变他给学生送书的热情。从2000年至今，他已向学生们送出3万余册书籍。可以说，书籍是纽带，牵动着他与学生的每一场相遇。

■ 书，师生情的原点 ■

自1994年起，齐树洁就开始担任厦门大学学生社团"法学社"的顾问。见字如面，送书，便是他与新同学相识的第一面。

"我想送法学社的同学一些书，一共20本，不知够不够法学社每位同学一册？"当齐树洁得知本届法学社的同学超过20人后，他又说："今年这么多人啊，家里没这么多书，先送一批，过几天我去南强书苑买一批书送给你们，保证每人至少一册书！"

次日，齐树洁双手各拎着厚厚一摞书向同学们走来，额头上满是细密的汗珠。他却不以为意，只是反复叮嘱一定要将书发给每一位同学。"我就希望大家能多读些书！"殷殷劝导，言犹在耳。

十年树木，百年树人。多年来，每年都购买大批专业书籍送给学生，已然成为齐树洁工作的一部分。每一本送到学生们手中的书，都承载着齐树洁的期望与教诲，凝聚着齐树洁与学生之间浓浓的师生情。

■ 不仅是书，更是知识之钥 ■

若说知识是一座殿堂，书便是齐树洁送给学生的敲门砖，但他所做的远不止于此，他还身体力行地引导着每一位学生领略、探索这座宝殿。40多年来，齐树洁教过38届本科生（1980级至2017级）、29届研究生（1991级至2019级），退休之后仍坚持上课，不断充实教学内容，为本科生上课5年，为研究生上课5年半。

齐树洁教授为本科生教授"民事诉讼法"课程

初来厦大任教时，法律系还未开设"民事诉讼法"课，齐树洁自告奋勇成了这门课的第一位教师。他长期承担"民事诉讼法""律师制度与实务""证据法"等课程的教学和科研任务。寒来暑往，齐树洁作为领航者，始终引领着厦门大学诉讼法学科和莘莘学子开拓进取、与日俱进。

在民事诉讼研究之外，齐树洁的另一个研究方向是司法改革研究。他组织18届共300多位学生编写了《英国证据法》《民事司法改革研究》等著作20多部，总字数超过1000万字。他总是提前规划，将要编写的著作都列出来，然后一本一本地撰写完成。他明白，这种编撰目标在繁重的教学和科研任务中，颇有破釜沉舟的意味，但为弥补中国在这方面的空白，不啻微芒，造炬成阳，他觉得自己有责任去完成这项使命。

长期以来，齐树洁扎根于多元化纠纷解决机制（ADR）工作，并组织学生编撰多部著作宣传此理念。2004—2005年，作为厦门市立法项目总顾问，齐树洁参与ADR地方立法的全过程，组织召开10余场调研会议，带领起草小组到北京向全国人大法工委请示、征求专家意见等。这是中国第一部多元化纠纷解决机制的地方立法，为全国多个地区提供了样本。

实践是打开理论宝库的钥匙。在教学以外，齐树洁还致力于在学术实践中培养学生的学术能力。2000年以来，他指导上百名厦大学生在《人民法院报》《东南司法评论》《司法改革论评》等刊物上发表论文100多篇。对学生而言，无论是写书还是写论文都是一个沉淀的过程，是一个将自己所学、所思、所研究的成果进行输出的过程，也是一个不断锻炼自己学术能力、提高自身学术水平的过程。一位学生在《齐树洁老师教会我许多》一文中深情感慨道："所幸上天把我带到了齐老师身边。齐老师，一位真正的学者，正手把手地将我带进学术的圣殿。"

指导或带领学生参加社会实践和调研活动，是齐树洁教学生涯的常态。2001年以来，齐树洁先后组织学生赴深圳、东莞、珠海、

2019年7月25日，已退休的齐树洁教授带领2018级学生社会实践队赴珠海市香洲区人民法院调研"家事审判制度改革"

汕头等地开展调查研究或实习30余场。从课题选择到进程确定，从活动安排到出行细节，他都事无巨细地叮嘱好每一件事。2011年，齐树洁带领的"都江厦日"课题组荣获全国挑战杯竞赛特等奖，课题组的每个成员都铭记着："我们有最亲切的齐老师。"

为了让学生们能够安心、专心读书，2014年9月，齐树洁发起设立了"厦门大学荐贤奖（助）学金"，并带头捐款23000元，筹集70多万元，资助家庭经济困难的优秀大学生顺利完成学业。当时大家希望把项目命名为"见贤思齐"，让师生看到这个奖助学金就想起是齐树洁设立的。但是他义正词严地拒绝了，他说，设立奖助学金的目的是推荐人才、培养人才，于是他最终把奖助学金项目命名为"荐贤"。"这条小鱼在乎"，齐树洁希望越来越多的"小鱼"能在自己的帮助下从海岸回到海里，在求学路上无拘无束地探索知识的海洋。

2015年，齐树洁教授发起设立的"荐贤奖（助）学金"颁发仪式

■ 不仅是书，更是为人之道 ■

学为人师，行为世范。

古人云："善之本在教，教之本在师。"善良是齐树洁为人的底

色，他时时、事事不忘与人为善。即使在步履匆匆地赶往法学院上课时，他仍愿意停下脚步，耐心地为两个穿着破烂、不知所措的务工人员指引方向。有学生来访，他也总是亲切地接待，若是早上，他一定会备有豆奶、面包；若是平常，也一定有各种零食供应。只要他在办公室，来访的学生就经常排起长队。几十年来，无论是否相识，无论是否忙碌，只要学生有困难找到他，他总是慷慨相助。有人问他为什么坚持这么做，他只回答："同学有困难，能帮助一个就帮助一个吧！"

他也将尊重、包容的待人之道带入课堂。学生贪玩、怠于学习时，齐树洁极少责骂，而是恰到好处地提醒或者私下与学生谈心。他的学生表示："谁要是被齐老师骂了，一定是太糟糕以至于天理难容。"齐树洁对待学生极有耐心，每当看到自己的学生学术观点偏颇或是文章表达粗陋时，他都将鼓励作为自己指导学生的第一选择，不厌其烦地帮助学生修改。

让学生们深有感触的还有齐树洁细致、严谨的治学态度。批改学生论文时，他从不马虎，一个英文注释的格式、一个错字甚至一个标点符号的不规范，都逃不出他的"法眼"。即使午后烈日炎炎，他也会带着糖前往学生宿舍指导学生修改论文。他不断激励学生，好文章是刻苦磨炼出来的，要多写、多修改，精益求精，一定能写出好文章。

他还以其生活之道鼓舞着暂时陷入阴翳之中的学子。从教几十年间，他坚持为自己的学生撰写贺卡，鼓励他们努力学习，年年岁岁从未间断。他热爱生活，笑对困难，"Peace of Mind"是他常挂在嘴边的话。齐树洁一生经历很多，高中应召入伍，戍边西北，赤心报国；退役考入大学，遨游学海，勇攀书山；毕业讲堂为师，教书育人，诱掖后进。对生活的热爱和感恩使他总能以一种超然的心态面对成败得失、悲欢离合。正如他送给法学社的新年寄语中写的那般："最好的时光是现在，最美的地方在这里。"

善良、包容、细致、乐观，这是齐树洁不断传达给学生的人生至理。2002年，他被校研究生会评为"良师益友"，他是学生心中永远的榜样。大家把对老师的感激、怀念与钦佩写入给齐树洁的信里："您的课是我听过最有'味道'的一门课""您让我们领悟了法律人应有的职业素养和人生的真谛""我们会永远记得您这位良师益友"……饮其流者思其源，学有成时怀其师。齐树洁的一言一行，感染了一届又一届的莘莘学子。

齐树洁在家中与同学们分享经历

"送书先生"齐树洁，送出了书，但送出的又不仅仅是书。即使已退休多年，齐树洁依然心系学生、心系学院，出任学院关工委常务副主任，投身学院关心下一代工作。他的这种精神时刻激励法学青年教师和学子，不断鞭策着大家积极投身法治中国建设，奋力谱写中国式现代化法治新篇章。

（文／付玥、高希怡、沈家乐；图／受访者）

林郁如：

传道授业，作育外语英才

人物名片：

  林郁如，1941年出生，厦门大学外文学院教授，曾任厦门大学外文系主任，兼任过国家教育委员会首届高校英语专业教学指导委员会委员、政协福建省委员会第七、八届委员，系国务院政府特殊津贴获得者，获评福建省优秀教师（教育工作者）、福建省女职工标兵，曾公派赴加拿大里贾纳大学、加拿大多伦多大学、英国伦敦西敏斯特大学做访问学者。先后主持编写《新编英语口语教程》《英汉汉英口译教程》和 INTERPRETING FOR TOMORROW 等系列教材。创建厦门大学口译学科、硕士研究生口笔译方向，使厦门大学成为我国南方第一所培养会议口译员的学校。

1963年的夏天，毕业于厦门大学外文系的林郁如被分配至外校任教。1972年初，林郁如回到了阔别10年的厦门大学外文系任教，继续在科研的征途上传道授业解惑，在教学的课堂上培育桃李三千，与口译教育结下不解之缘。她也用自己火热的青春和长久的陪伴，践行着为外语教育事业奉献终生的信念。

在学生眼里，林郁如就像一棵笔挺的树，风栉雨沐、向阳生长，直至郁郁葱葱、林高如盖，为万千学子提供了一方庇护与清凉。

■ 心系外文教育 ■

1972年，林郁如调回厦门大学任教，换了个身份续写在厦园的篇章，但一个棘手的难题就摆在她面前——第一批学生是综合素质、文化程度参差不齐的工农兵学员。对此，坚信"没有不会学的学生，只有不会教的老师"的林郁如并不犯怵。

她持续在教学上"下深功夫"，不仅充分考虑学员的综合水平，制订不同层次的教学方案，而且搭建了课堂与实践教学间的"桥梁"。林郁如和学员们一起到马巷学农，到码头学工，到部队学军，还一起在五老峰下挖防空洞……一边劳动一边上课的体验，不仅让师生关系更加融洽，也让学员们很快进入了学习状态。就这样周而复始，经过师生3年的共同努力，工农兵学员的英语水平都得到很大的提高。"每每看到那一束束炽烈求知的眼神得到满足时，我的全身便似有暖流淌过，哪怕衣带渐宽，也无怨无悔"，林郁如时常动情地回忆起这段岁月。那时候，为不耽误教学进度，每次晚课，已为人母的林郁如都不得不带着年仅4岁的大儿子一同到教室。孩子坐在教室最后一排画画，她便能安心地指导学生。但等到林郁如忙完了，孩子常常已经趴在桌上睡着了。

1973年，林郁如多了一个新的身份——口译员。外文系指派她前往第33届春季中国进出口商品交易会（又称"广交会"）承担口译工作。林郁如凭借出色的口语沟通能力和过硬的专业素养，给参展领导和客人留下了深刻的印象。此后,林郁如还兼任了学校外事办翻译一职长达3年,并在首批来厦门访问的驻京外国媒体记者见面会上,为校长担任翻译。随后,她公派赴加拿大留学2年,深入研究中加文化差异,不断提高专业水平。

1990年,她赴香港参加香港翻译协会活动,认识了中国台湾著名诗人、翻译家余光中先生并结下深厚友谊。此后,林郁如多次邀请余光中来厦大讲学,促成余光中在1995年厦门大学74周年校庆庆祝大会上发表演讲,在厦大校园内掀起一阵"余光中热"。

无论走到哪里,都要心系外文学科发展。林郁如是这么想的,更是这么做的。

"外文系是大家的"

1990年3月,在年近50岁之际,林郁如被任命为外文系主任,成为外文系历史上第一位女系主任。她担任系主任期间,中国的改革开放事业走向新的历史发展阶段,外文系着眼未来,抓住新形势、新机遇砥砺奋进,进入了一个全新的发展期。

接过重担后,林郁如立即召开了一场教师座谈会,着手改革发展事宜。"外文系是大家的,只要你说得对,我就照你的意见办。"林郁如坚持民主原则、广开言路的管理理念深入人心,系党政班子齐抓共管,整顿教学秩序,也让系里的教职工很快拧成一股绳。外文系面貌焕然一新,优良的教风、学风也推动了发展进程开启"加速度"。

20世纪90年代是手机与电脑个人保有率极低的年代。林郁如着眼于外文系的长远发展,早早谋划建设先进的电化教学室,配置了4间语言实验室,购买了录像机、监视器、彩色电视机等设备。至90年代末,外文系已配备先进的语言实验室、同声翻译室等电化教学设施,对当时一流外语人才的培养起了很大的推动作用,也助力外文系在1994年成功申请英国文化委员会的口译师资培训项目。

除了配置先进的学习设备，林郁如也把目光投向建设一流教师队伍。但对刚上任"创业"的林郁如来说，现实给她浇了一盆冷水。20世纪90年代初，许多外文系老教师已离退休，不少人员出国进修，教师队伍"青黄不接"，出现严重缺编现象。对此，林郁如下决心"筑巢引凤"：每年聘任一批优秀的应届毕业生，补充师资队伍生力军；在评定教师职称方面不再论资排辈，大胆提拔成绩突出的中青年教师晋升正、副教授，引导他们在教学科研上发挥骨干作用；特别设计了"开门红"奖金，鼓励老师来上课、上好课……

1993年，厦大外文学科成立70年。林郁如牵头筹备外文学科成立70周年庆祝活动。她在繁忙的教学之余，一边紧抓日常行政工作，一边四处奔波，推动福州系友联谊会和北京系友联谊会成立。在庆祝活动上，许多系友慷慨解囊，外文系最终筹集到了10余万元捐款捐赠，有力地支持了外文系的发展建设。自那以后，每隔5年外文系（1999年后升格为外文学院）都会举行系庆或院庆活动，这成了一个重要传统。

林郁如（右一）在厦门大学外文系建系70周年庆时的合照

"林郁如，你要管两个家，一个外文系大家，一个自己的小家，实属不易，多多保重。"这是同事给林郁如写的新年赠言。在小家，她是位亲切慈爱的母亲；而在大家，她则是位果敢坚毅的引路人。

"两个家，累，太累了。"每次回想起当系主任的经历，直爽的林郁如总是直言不讳，但她的脸上总是笑呵呵的。

独树"口译"一帜

1983年，对林郁如来说是非常重要的一年。那年的她，深思熟虑后做了一个大胆的决定——新开一门口译课程，这是厦门大学外文系建系以来从未开设过的课程。20世纪80年代初期，改革开放后的中国对口译员的需求猛增，缺口很大。同时，立足多年的口译实践经历，林郁如深刻体会到"没有经过系统口译训练的人是很难胜任口译工作的"。1985年，口译课应运而生。出乎预料的是，这门课备受学生的青睐，成了热门抢手课。一方口译教室常座无虚席，甚至有不少学生来旁听。后来，应同学们的呼声，口译课改为必修课，英语系大三学生不用"抢"也能一睹林郁如的口译风采。

时间来到90年代，彼时口译学科方兴未艾，厦大口译学科的先行者们在教学科研上只能"摸着石头过河"。1994年起，林郁如带领着口译课教师团队在教学手段、培训模式、教材编写等方面持续下功夫，在"深水区"持续探索发展口译基本理论，形成了自己鲜明的理论特色。其中团队总结提炼了厦大口译训练模式——一种以口译技巧为核心的训练模式，区别于以汉英两种语言互译训练为重心的训练模式，在口译教学方面独树一帜、影响广泛。

在林郁如心中，好的教材犹如良师益友。为解决"无教材、无好教材"的问题，林郁如带着团队走上自主编写口译教材之路。"当时厦大的英语资料极其匮乏，可我们的热情却一点不贫瘠。"1996年，她带领团队与澳大利亚迪金大学的口译老师联合编写、出版了厦大第一套口译教材，同时也是全国最早出版的口译教材之一——《新编英汉汉英口译教程》，该教材后来成为全国众多高校的首选教材，得到学界的广泛好评。

此外，林郁如还于1996年牵头发起、举办首届全国口译教学和理论研讨会，有力助推了国家口译学科的高质量发展。

林郁如（右一）与《英汉汉英口译教程》编写团队

在1998年第二届全国口译教学和理论研讨会上，广东外语外贸大学英语系时任主任仲伟合在发言中动情地说道："厦大林郁如教授率队带来了一支年轻而有战斗力的口译代表团，其中还包括3名研究生，向大会提交了8篇论文，这支队伍让人嫉妒和尊敬。""从0到1，再到N"，从单枪匹马到百花齐放，在林郁如的带领下，厦大口译团队敢为人先，在"无人区"持续钻研探索，取得了累累硕果，也使厦大口译学科享誉国内。

林郁如像养育孩子一样，手把手地将厦大口译团队"抚养长大"，也见证了团队成长路上交出的一张张"成绩单"。如今，厦大口译学科已成为国内口译、手语翻译和口译测评等领域的人才高地和学术权威，走在社区口译、AI智能翻译等口译研究最前沿，成为国内高校口译学科中创建历史最久、力量最强的团队之一。

2001年的春天，林郁如完成了她的使命，光荣退休。尽管离开了教学一线，但林郁如始终关注、关心着厦大口译学科的发展动态和最新成果，经常回到团队中间，讲述口译学科历史，为晚辈"传经送宝"。

▪ 为学生多花一点时间 ▪

"学英语，你不必为手头仅有的参考书而担心，钻研任何一种教材，阅读任何一本英语作品，多练笔，都是有益的。"林郁如在1994年11月给正在备考厦门大学外文系的年轻人黄晓林的回信中写道。尽管素未谋面，她仍愿意为每一位青年学生多花一点时间，用一笔一画为每一个热衷口译的年轻人指明努力方向。黄晓林把这封信视作珍宝，一直保存至今。

这是她数十年如一日呵护学生、全心投入教学育人事业的缩影。

在教学中，林郁如讲究因材施教。对于基础较差、学得吃力的同学，她专门安排他们上听力课和交替传译课，不厌其烦地叮咛学生要坚持听英语广播、反复跟读。而对于基础较好的同学，林郁如则安排他们上同声传译课，有梯度的教学模式让水平不同的学生能很快适应学习要求，并养成良好的学习习惯。1997年，英国访学归国后，有一次林郁如给研究生们上口译课，发现有几位同学的口译基础不扎实、跟不上进度，一向温和的她也有些急了。尽管归来后事务繁忙、身体不适，但林郁如还是决定调整教学计划，为学生补课。平时在教室上课，周末就把课堂"搬"到她的家里，给学生"开小灶"。除了学业上的"口粮"，每次上完课，林郁如还会给学生提供美味可口的饭菜。

在历届学生心目中，林郁如还有一个温暖的形象——一个如母亲般的"烹饪高手"，福州菜、闽南菜、北方菜……她都信手拈来。

1972届的东北学生特别多，他们在春节回不了家，就在林郁如家"团聚"过年，林郁如会为他们准备各式各样的好吃的。学生们和林郁如一起包了整整三天的饺子，不亦乐乎。至今仍有不少学生对当时在林郁如家吃过的饭菜念念不忘、如数家珍。

"凝聚力对于来自五湖四海的学子们很重要。"林郁如在个人自述中这样写道。那时候，在林郁如家里，一桌热气腾腾的菜肴旁，时常围坐着一群来自五湖四海并且热爱口译的年轻人，他们不仅交流了口译学习，还找到了家的味道，心也走得更近了。"令我欣慰的是，现在的年轻老师很好地继承了这样的传统，他们同样为厦大学子们的学习生活营造了一种温暖的氛围，给予他们很强烈的归属感，让他们觉得到了厦大，到了外文学院，就到了家。"

林郁如（中）与两位考入外交部的学生合影

林郁如是良师益友，亦是慈母。她一心扑在教学上，努力照顾到每一名学生，于是给自己两个儿子的关照便少了。但她坚持雷打不动地为两个儿子做饭,希望能用美味的饭菜补偿自己无法时刻陪伴他们的遗憾。

对于学生,林郁如一样倾注了满满的母爱。她不仅教学生口译技巧,还教他们为人处世的道理。每次提到自己的学生,林郁如总会自豪地说:"他们不仅工作能力强,与人交往、沟通交流方面更是在行——学口译让人'bright(聪明)'。"而她自己也是这样,紧跟时代潮流,活到老学到老,永远不愿停止思考的步伐。"我根本没觉得自己老。"她这棵"不会老"的大树,依然向阳生长,光芒闪耀。

(文／张怀予、王语音、余晓芳;图／受访者)

张馨：
朴实无华，永葆师者本色

人物名片：

张馨，1951年出生，财政学家。曾任厦门大学财政金融系主任、经济学院院长、中国财政学会常务理事、教育部经济学教学指导委员会副主任委员等。国家级教学名师，《财政学》国家精品课程负责人，财政学国家级教学团队、财政学国家级特色专业负责人。2次荣获国家级教学成果二等奖，所著教材曾入选"九五"国家教委重点教材、普通高等教育"十一五"国家规划教材。先后主持10余项国家级和省部级科研项目的研究工作，其中国家社科基金重大项目1项、重点项目1项。正式出版著作28本（含专著、教材、合著），在国内各类学术刊物上发表文章130余篇（含合著）。所完成的科研成果共获得省部级以上政府奖励10余项。

"这不是什么光辉事迹，只要是老师都会这样做。"谈及自身教书往事，今年74岁的张馨教授认为这些都不值一提。40余年的教书育人生涯，张馨一直秉持着朴实无华的风格，践行着授业传道解惑的师者本色和操守。

■ 倾心授业，精益求精 ■

"当时的教师队伍处于严重青黄不接的状况，急需我们这批年轻人接班。"硕士毕业即留校任教，既可以说是张馨的个人选择，更可以说是时代的需求。虽然是"自然而然"走上了教师岗位，但张馨在努力下很快就进入了教师角色。面对教学任务，他一方面借鉴自己的老师在教学方面的经验，注重课程的生动性以吸引学生；另一方面则采用由总到分的方法，列大纲、抓小点，将整个学期的教学内容分解到每一次课时计划之中，充实课程内容，突出知识重点。纲举目张，抓住授课的"牛鼻子"，经过多次试讲、反复雕琢，张馨的课变得越来越生动、充实，成了学生口中的"金课"。

一门好课程的含金量不仅体现在形式的生动有趣上，更体现在内容的具体系统中。在授课过程中，张馨尤其关注授课对象的反应和课堂的实时动态，"要盯着学生跟你的互动"，并在此基础上随时调整自己的讲课节奏和语言表达方法，使授课更切合课堂实际，更有助于学生接受。另外，张馨对本科和研究生的课堂也有不同的定位，本科课程侧重于知识的广泛性，要"踏实而全面地铺开知识体系"，而研究生课程则要特别注重启发和引导学生。因材施教的方法，对教学严谨认真、以生为本的态度让张馨在教学领域成就斐然，分别于1997年、2005年获国家级教学成果二等奖，并于2007年获"第三届全国高等学校教学名师奖"。

走上行政岗位后，张馨开始从更广阔的视角看待课程教学。他先后担任财政金融系主任和经济学院院长，主导院系课程体系和教学内容的改革。彼时的教学正面临着前所未有的大变局：党的十四大将"建立社会主义市场经济体制"明确为我国经济体制改革的目标。顶层制度的变革呼唤高校人才培养模式的创新,也对高校课程内容和教学模式提出了新的挑战。"原来计划经济体制下形成的教学体系和内容已经跟不上时代变化""学院面临知识结构转型滞后等问题",张馨如此回忆道。

在这样的背景下,张馨当机立断,大刀阔斧地开展教学改革。"改革的总体目标是要适应时代变化和市场经济体制的改革方向,具体举措是在课程设置上逐步国际化、规范化。"他从研究生的课程体系入手,一方面,借鉴引入了"三高"——"高级微观经济学""高级宏观经济学""高级计量经济学"三门高级经济学课程以及"数理经济学""博弈论"等现代经济学课程,另一方面,对"政治经济学"等传统优势课程加以保留。自研究生课程体系改革开始,经济学院此后数年的改革与转型之路由此开启。

精心传道,言传身教

谈到育人,张馨认为光靠老师一味地给学生讲大道理是软弱无力的,要以身作则,潜移默化地影响学生。"一个人的人品、人格、本性,会在语言表达中流露出来。"而张馨正是通过自己的一言一行,告诉学生什么是清廉正直。

张馨历来反对将单纯的师生关系物质化,更是不喜欢学生给老师送礼。据他的学生郝联峰回忆,刚开始他们不了解老师不喜欢繁文缛节、请客送礼的脾气,在中秋节想送月饼表达敬意,结果被张馨严肃批评,任何礼物不分贵贱,不讲情面,一律退回。张馨认为,学生本就经济不宽裕,不该乱花钱,更不该将时间和精力浪费在迎送往来上。

在师德师风问题上,张馨的态度更是十分坚决:"一定要做一个实在的人,是什么样就是什么样,如果自己都弄虚作假,对学生的影响是十分糟糕的。"对于"文章挂名"的现象,他认为:"不做出

张馨与2003级学生座谈

贡献就挂名，就是学术腐败！"张馨历来反对虚假浮华的东西，他经常说，要做一些实实在在的事情，身为老师更需要如此。"因为老师的言行会影响一代代学生，进而影响整个社会风气。"他对平实作风的"情有独钟"也体现在对待学生的态度上。他对学生一视同仁、不分高低贵贱，更不会因学生的成就高低而区别相待。"教书育人讲求出人才、出成果，但不能只宣传'大官''大款'，而把普通的学生撇到一边，看不起他们。"

从教数十年，张馨一直贯彻着自己的育人理念，即要培养学生独立分析问题和解决问题的能力。在他看来，这种能力不仅是做科研工作的基本功，更是人一生都要提升的技能。

财政学科是和现实紧密联系在一起的，社会环境日新月异，学科体系也不断革新。考虑到这一特点，张馨会将国家的最新政策直接搬到课堂上讨论，"昨天有一项新的改革，今天上课就拿到课堂上讨论利弊"，"同样的新问题拿出来讨论，有的人能讲得头头是道，有的人就毫无头绪"。通过这样一次次直面现实问题的思维训练，学生不唯上、不唯书、只唯实的为学品质以及在实际中独立分析问题和解决问题的能力才真正得以形成与提高。在科研方面，张馨也主张独立思考。他在八九十年代做研究时就不囿于现有的理论框架，而是独立分析，形成自己的体系框架。正是靠着自己多年来的独立思考，张馨在公共财政、比较财政方面取得了突出的学术贡献。

张馨（第三排左五）参加2016年两岸财税学术研讨会

对学生，张馨注重培养其独立自主做研究的能力。"有同学总是说发文章需要老师帮助推荐发表，张老师却认为好文章都有机会发表，'一个期刊要办下去，就不能只发烂文章，不发表好文章'，他相信我们认真撰写的文章都有发表的机会，所以鼓励我们要加强自身的学术训练，坚持写作，相信自己。"学生杨志勇回忆道。张馨一直认为，学生发表论文首先应该修炼好内功，而不是四处请人推荐。"发表文章确实很困难、很痛苦，甚至很压抑"，但在张馨看来，正是在这个过程中不断磨砺自己，年轻人才会真正冒尖，才能真正站起来；如果光靠老师，即使前期发文顺利，之后也会后劲不足。

■ 用心解惑，春风化雨 ■

张馨对学生的要求无疑是严格的，但在学生的眼中，他更是一位关爱学生、呵护学生的良师益友。

1995年，本科毕业即分配到省直机关工作的刘晔拿不准自己是否应该考研，他便向张馨请教，张馨与他通信数次，鼓励他考研。"他的鼓励改变了我的一生。"现任财政系系主任的刘晔这样回忆道。的确，张馨对学生的关注是没有丝毫懈怠的。据刘晔回忆："张老师当时经常到学生宿舍同研究生聊天谈心，关注学生的思想状况，多年来，他对学生的关爱一点也没变。"对待自己指导的学生，即使是本科生，张馨也会尽职尽责，一视同仁。遇到短期出国，张馨会请系里的其他老师代行导师职责，还会亲自帮助学生解决学习和生活中遇到的困难。谈到学生对他的感激，张馨连忙说："这不算什么事迹，只要是老师都会这样做。"是的，在张馨看来，这些仅仅是身为一名老师所要尽到的职责和本分。

2019年院系领导及部门工会慰问张馨

张馨对学生的关爱，更体现在对学生的信任和扶携上。春风化雨，张馨鼓励自己的博士生讲课、申请课题、著书，不断给学生创造锻炼的机会。在带领博士生撰写《当代财政与财政学主流》的过程中，张馨对整本书的框架统一安排，并将自己海外访学的材料提供给学生，以方便学生写作。在《公共经济学》教材的署名问题上，张馨也坚持将学生署名第一，自己署名第二。

在张馨的学生中，走出了不少在政界、学界和业界有所建树的人才。但张馨对待所有学生一视同仁，从不"以成败论英雄"。他总是说，老师对学生的教育应该是最基本的做人教育，要正派、踏实地过完一生，在此基础之上才能谈成就高低。在谈到他获得"国家级教学名师"称号时，他连忙说："这不是什么惊天动地的事情，有这个称号我是这样教书，没有这个称号我也是这样教书。"

有学生问张馨人生道路如何抉择，但他并没有给出什么标准答案，只讲"跟着感觉走"。他深知，现在的年轻人面临的困难很多、很复杂。他建议大家要更多地注重自己内心的感受，而不是外界的各种标准。"人生不在于单位好坏、钱多钱少、官大官小，而在于自己能否舒心"，他说。的确，朴实无华、踏踏实实、自治自得地过完这一生是张馨不变的态度，这是他选择的人生之路，也是他对学生一以贯之的期许。

（经济学院：何柏毅、谢婷玉）

戴一峰：

一生求索，且行且歌

人物名片：

戴一峰，厦门大学嘉庚学院副院长，厦门大学历史学教授、博士生导师，中国海关史研究中心主任，国家社科重大项目首席专家。他长期从事中国近现代社会经济史、中外经济关系史、中国海关史、海外华侨华人史、中国城市史等领域的教学与科研工作。曾先后主持或参与多项国际合作科研项目、多项国家社科重点课题或一般项目，多次荣获省部市级社会科学优秀成果奖和优秀教学奖，以及厦门大学"九州奖""华为奖"等奖项。曾先后担任中国经济史学会、中国近现代史史料学学会、福建省历史学会等多个学术团体的理事、常务理事或副会长。曾先后十余次赴海外进行学术访问和交流，并受聘为日本东京大学客座研究员、荷兰国际亚洲研究学院（IIAS）高级访问学者。曾先后担任民盟福建省委委员和厦大副主委，厦门市人大代表、政协委员和漳州市政协委员。

1948年底,厦门布行商人戴先生迎来了他的第七个孩子。他为孩子起名一峰,寄寓勇攀高峰的美好愿望。后来,如其所愿,这个叫一峰的孩子,成了厦门大学的教授。

2023年,年逾古稀的戴一峰听闻昔日同窗登上珠峰,心有所动,以诗寄怀:"人生本如攀高山,唯求信步悦葱茏。"

他说,如果用一个词来总结过往人生,应是"求索"二字。

■ "人生价值得自己去创造" ■

如果放到现在,全科学霸、学生文艺骨干、高一就自学完高中全部课程的少年戴一峰,自然会拥有一个让人艳羡的光明前景。1969年,在知识青年上山下乡大潮中,他来到武平县中山公社武溪大队插队,还担任了中学教师,一边教学,一边读书。1977年高考恢复后,他以龙岩地区第一名的成绩被录取到厦大历史学专业,带着武平老乡们的送别礼物——大大小小的樟木箱子,回到了厦门。

1984年,戴一峰毕业了,他有了一个新的身份——厦门大学历史系教师。

热爱一件事,坚持不懈,之后的一切就会水到渠成。他聚焦中国近代社会经济史、区域社会经济史、中外经济关系史、中国海关史、海外华侨华人史和城市史,孜孜不倦地探索,产出了一批重要的学术成果。他先后出版了十余部专著(包括合著和主编),发表了百余篇学术论文,提出了自己的学术创见,获得学界的好评。2003年,彼时的他,已在国内史学界占有一席之地,学术交流邀约不断,但他却毅然决然选择了一条新路——到厦门大学嘉庚学院担任创意与创新学院副院长。之后,他把绝大多数精力转到了这个新生的学院。"顺其自然一直都是我的人生哲学。在人生的不同阶段,求索的具体内容会不一样,但我的一生都在追求如何使自己活得更有价值,如何成为那个更好的自己。"

"那个很帅的戴老师"

1995年,历史系新生朱鲜艳,屡屡在学姐口中听说"那个很帅的戴老师"。"学姐们都说他很帅,又幽默风趣,要去上他的课。"于是朱鲜艳被同学拉着去听了一场戴老师的讲座,"我还记得那场讲座的主题是'我思故我在',去的时候现场爆满,没座位,只能站着"。

戴一峰与学生交流

一米八的身高,浑厚的男中音,儒雅的气质,渊博的学识,幽默风趣的授课风格……在学生心中,"那个很帅的戴老师"成为历史系独一份的存在。

对于"帅"这个标签,戴一峰矢口否认,但他承认自己在教学上是充满自信的。他说他的课有两个"从不":从不照本宣科,教学大纲只做框架;从不满堂灌,每次上课至少留15分钟与学生互动。历史系1996级学生李娜说:"我印象最深的是他喜欢让学生上台发表看法,注重引导学生独立思考、自主探究。"

他还在厦大率先开展选修课抽题开卷考,即考生依据抽到的问题先进行阐述,再与老师对话,考查学生的知识积累和思考能力。"这样的考试极费时间，半天只能考六七个学生，考试得持续好几天"，但他乐在其中，"我想给学生传递一个概念：知识是死的，但学习是活的，在大学里，培养自学和独立思考能力很重要"。

戴一峰先后培养了30余名硕士和博士研究生，其中20余名博士生大多已是各个高校的科研骨干。在研究生培养上，他注重激发学生学习的自主性与自觉性，关注学生的个性化发展，培养学生的科研精神。他认为："科研精神主要包括探索的精神、刻苦的精神、诚实的精神和创新的精神。"他要求学生进行大量的课外阅读，并及时在研讨课上交流心得，从而发展学生的自学能力、思考能力和探究精神。他的博士生、厦门理工学院教授应莉雅在自己的第一本专著后记里谈到自己的导师，感激之情溢于言表，"戴教授对我的学术研究道路和方向产生了深远的影响，他的言传身教，潜移默化，滋养着我的知识心田，培植着我的探究根基，涵养着我的学术土壤，也孕育着我的梦想和希望"。他的另一位博士生，厦门大学教授、博导、历史研究所副所长水海刚也在其著作的后记里这样写道："多年来恩师的谆谆教导和亲切关怀一直相伴。如果说我在学习和工作中能够有所收获，则完全要归功于恩师的不倦教诲。"

作为一名教师，他对学生的关注是全方位的，不仅关注他们的学习，也关注他们的生活与精神世界。在历史系1983级学生的回忆中，作为班主任的戴一峰是严格的，"他很认真地抓我们的班风、学风，要求我们有规矩意识，要有上进心，要成长成才"，但同时又是十分亲切的，"与我们亦师亦友，经常到班级、宿舍里和我们谈心，我们在学习、生活、思想上有任何困难，他都会热心地给予指导和帮助"。

■ 那个爱读诗的戴副院长 ■

"让我与你握别，再轻轻抽出我的手，知道思念从此生根……就把祝福别在襟上吧。而明日，明日又隔天涯。"在嘉庚学院2014届本

戴一峰在嘉庚学院毕业典礼上为学子读诗

科生毕业典礼上，作为主持人的戴一峰即兴为学子们朗诵了席慕蓉的诗歌《渡口》。这突如其来的诗意表达，让原本庄重的典礼现场瞬间弥漫起浓厚的情感氛围，不少学子深受触动，眼眶中闪烁着晶莹的泪花。也许，这将成为他们人生中难以忘却的美好时刻。

兴之所至，诵之，歌之，在嘉庚学院师生心中，戴副院长很有文艺范儿。他说，诗是直接、充满灵性的表达，人本就应"诗意地栖居在大地上"，"希望嘉庚学子在追求学业、事业的道路上，不仅能够勇往直前，更能保持一颗丰盈的心，拥有一个丰富多彩的精神世界"。

这是一个教育者充满激情的追求——培养真正"完整"的人。在他心中，理想的大学教育，不仅要给予学生接轨世界的知识与能力，也要给予他们丰富的文化滋养和人文关怀。

2014年夏天，患有先天性重症肌无力的轮椅女孩刘婉玲，经历了因体检不合格被退档的挫折和绝望，就在那时，嘉庚学院向她伸出了充满善意的橄榄枝，让她感受到了这所大学的人文温度。时至今日，她还清楚地记得，戴副院长到宿舍来看望她的情景。"他说，在新闻里注意到我桌上放着一本查尔斯·狄更斯的《双城记》，想着

戴一峰：一生求索，且行且歌

一定要找时间认识一下这个孩子。他希望我能够保持阅读的习惯，还说相信我一定能每次都拿到奖学金。当他诵读起《双城记》里那句'这是一个最好的时代，也是一个最坏的时代……'时，我真切感受到了一名长者对后辈的期许，当时就暗下决心，要坚持文学梦，成为像他一样饱读诗书、充满力量的人。"

"不管是作为一名教师，还是作为一名教育管理者，目标都是一致的——培养人才。嘉庚学院的核心办学理念是以学生为中心，我们着力思考的是学校的哪些顶层设计、管理制度对学生发展是有好处的，怎样才能帮助学生全面发展。"戴一峰坦言，选择到嘉庚学院担任副院长，源于他多年执教生涯中对大学教育、人才培养的观察与反思，"我在嘉庚学院所倡导和推动的，全部都是从自身的教育、教学经历、体会出发的"。

他很少提及创业的艰辛，也绝少谈起自己做了多少贡献。创新人才培新模式，全力营造因材施教、因势利导、尊重个性、激发潜能的教育环境，为国家和社会培养真正优秀的人才，才是他一心一意要达至的"诗和远方"。

嘉庚学院院长助理、教务部部长林斓是他多年的下属。"他对教育事业的初心和灼见，有着强大的感召力"，在林斓眼中，戴一峰既是一个理想主义者，"像个大侠，做事坚定、执着，想要推进的工作，排除万难也要推进"；也是一个气场强大的实干家，"什么难题到他那儿，总能见招拆招，化繁为简，直击要害"。

人们惊讶于他迸发出的卓越智慧和强大能量，同时，也被他深深的执着与坚定的决心所震撼。在领导班子的共同决策和戴一峰的大力推动下，嘉庚学院在中国大陆率先设置教师答疑制度、春秋假制度、体育教学俱乐部制、实践教学周、教研活动周、考场随机排座等，为中国高等教育改革贡献了智慧与方案。

他以历史学者的治学态度来对待人才培养模式的改革，从顶层设计、体系构建、平台搭建、队伍优化、制度保障等各个层面系统，全面、深入地推进改革的进程。立足于嘉庚学院应用型、复合型、创新型的人才培养定位，结合对教学有效性的思考，他将改革的重点放在了"实践教学"上。在嘉庚学院，实践教学被视为一种教育元理念，贯穿于教育、教学活动的全过程，具象为一个形式多元、内容丰富、手段多样、结构复杂的实践教学体系。这一教育改革成果获得各方好评和媒体的广泛报道。2014年，由戴一峰主持的"创新实践教学理念，探索应用型人才培养的有效途径"获得福建省第七届高等教育教学成果特等奖。

2023年10月，在嘉庚学院建校20周年庆祝大会上，戴一峰成为首届"杰出贡献奖"获得者。"杰出贡献奖"是嘉庚学院授予教职工的最高荣誉，用以表彰为学校发展做出重要贡献的教职工。戴一峰获得这个奖项是众望所归，嘉庚学院20年的跨越发展，浸润着他无尽的心血与奉献。随后，他将10万元奖金全部捐赠给了学校设立的实践育人奖学金，同时被捐出的，还有他珍藏多年的4300多册中外文藏书和文献资料。

回首在嘉庚学院的21年，戴一峰的总结颇为朴素："人生短暂，虽有许多未尽之愿，但我已经尽我所能，完成了自己想做且能做的事。"

（文／彭欢；图／朱鲜艳、吕敦焕）

张晓坤：

生物医药的传承与创新

人物名片：

　　张晓坤，国家级领军人才项目入选者，教育部"长江学者"。1982年毕业于厦门大学生物学系，1989年获美国佛蒙特大学生物化学博士学位。曾任厦门大学生物医学研究院、厦门大学药学院首任院长。长期从事核激素受体的前沿研究，在《自然》(Nature, 1989、1992、1992)、《科学》(Science, 2000)及《细胞》(Cell, 2004)等国际核心期刊上发表了近200篇研究论文，在美国及中国获得十几项专利。成功开发抗癌靶向专利药 Targretin®。发现核受体的非基因型作用模式，建立核受体靶点药物开发新模式，其中一个新型核受体小分子候选药物已获美国FDA临床试验批件。

张晓坤，从福建惠安的小镇药店走出，成为厦门大学生物医学研究院和药学院的创始人，满载着对科研和教育事业的无限热爱与不懈追求，带领团队在我国的创新药物研发和教育事业中不断做出贡献。

▊ 药缘情深——学术之路的起点 ▊

在药香中长大的张晓坤从小就对医药产生了浓厚的兴趣。他5岁开始上学，成绩一直名列前茅，连续跳级，12岁便考上高中。1978年，年仅15岁的张晓坤以全校第一名的优异成绩考入厦门大学生物系。

生物学科是厦门大学历史最为悠久的学科之一，在这里，张晓坤接受了系统的生物学科教育，并受到众多杰出学者的熏陶。其中，著名的细胞生物学家、厦门大学原校长汪德耀教授对他的影响尤为深远。4年的本科生涯让他对生物医药领域的兴趣更加浓厚，也为他打下了坚实的学术基础。

张晓坤（前数第三排左十一）大学毕业合影

在本科毕业留校任教2年之后，张晓坤于1984年赴美深造。1989年，他获得美国佛蒙特大学生物化学博士学位，随后在美国加州圣地亚哥SBP医学研究所做博士后，开始组建自己的实验室，并逐步晋升为教授。

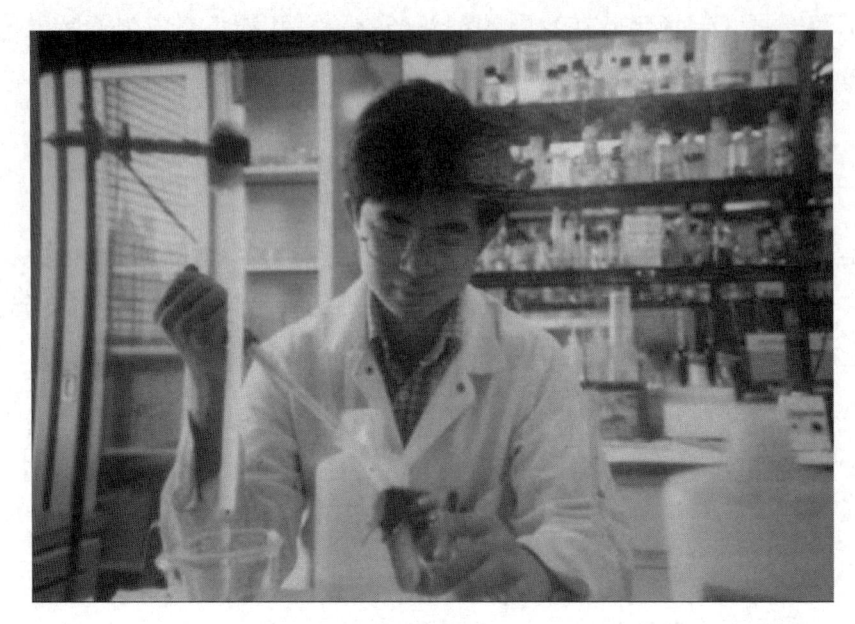

张晓坤在美国实验室

在国际学术舞台上，张晓坤的名字开始闪耀。他在《自然》《科学》《细胞》等SCI收录的国际核心期刊上发表了100余篇具有重要创见的研究论文，首次发现核受体Nur77的非基因型作用机制，为新药开发提供了新思路。1999年，他研发的首个针对核受体RXR靶点的抗癌药物Targretin®/Bexarotene获得FDA批准，2003年1月被《自然药物开发》及药物界同行评价为1993—2001年最具创新突破的22个靶点药物之一，在原创药物研发领域做出了突出的贡献。

■ 归国创业——响应祖国的召唤 ■

在美期间，张晓坤不仅在学术界取得了辉煌成就，还建立了一个幸福的家庭。然而，他始终心系祖国，眷念故土，于2006年毅然回国，回到母校工作。

用自己所学为祖国服务是张晓坤内心深处的期盼。短短4年间，张晓坤从零开始，在厦大成功构建起一个与国际接轨的生物医学研究平台，为深入开展高水平的医药研究和人才培养工作奠定了坚实的基础。

张晓坤（前排左一）作为首任院长，参加厦门大学生物医学研究院首届常务委员聘任合同签字仪式

随着国家对新型产业的大力支持，2010年底，厦门大学在原有生物医学研究院和医学院药学系的基础上，整合资源，成立了综合性更强、体系更完备的厦门大学药学院。张晓坤担任药学院院长，全身心投入药学院的建设和发展中。

在学院，总能看到他忙碌的身影。他或是与学生讨论着实验的细节，或是独自面对电脑里如雪片一样多的论文文档。他与他的妻子苏迎，一位同样从事生物医药研究的同行，分居两地，只能通过视频交流。他们虽然身处两地，心却紧紧相连。最终，苏迎在他的动员下也一起回国工作，他把自己的心与家都彻底搬回了祖国。

▓ 创新科研——发现新靶点、新机制 ▓

带领厦大团队，研发拥有自主知识产权的创新药物，打破关键技术的桎梏，为行业注入创新活力，是张晓坤心中始终坚持的目标。

张晓坤深知，只有从源头上进行创新，开发出"中国创造"的原创药物，才能突破西方的技术封锁，让中国人"用上好药""用得起好药"，实现"中国创造"的飞跃。

2010年6月，张晓坤团队于肿瘤学的国际顶级学术期刊《癌细胞》杂志上发表特载研究论文，阐明了一种全新的肿瘤形成机制，发现了能够诱导、促进癌化的RXRα变异癌蛋白———一个首次鉴定的抗癌靶点，这一成果在2018年荣获福建省自然科学奖二等奖。

全新的靶点，全新的机制。张晓坤带着厦大本土的团队，触碰到了新药创制皇冠上的明珠。更加令人激动的是，张晓坤团队进一步研发了一系列新型抗癌药物分子，完成了一系列原创型抗癌药物分子的临床前研究，获得了美国FDA及中国药监局的临床试验许可，开启针对晚期肿瘤患者的临床试验。"这一系列新药从新靶点发现、机理解析到分子结构设计，一步步都是国内团队完成的，这标志着我们在真正意义上的创新药物自主研发方面，实现了全新的探索和突破，希望给肿瘤患者带来更好、更有效的治疗药物。"张晓坤介绍道。

探索仍未终止，脚步不断向前。2020年，张晓坤团队又在《发育细胞》上以封面文章的形式发表重要创新成果，首次阐明了核受体RXRα在肿瘤细胞有丝分裂增殖中的新型作用机制，为抗肿瘤药物开发提供了新的视角。2019年、2021年、2022年和2023年，张晓坤四次入选爱思唯尔（Elsevier）中国高被引学者榜单。

■ 传承瑰宝——中草药的现代探索 ■

面对祖国丰富的中草药和海洋生物资源，张晓坤致力于研发具有中国特色的创新药物，让它们在世界医药舞台上绽放光彩。

将传统中草药资源推向世界，要解决的首要难题就是其有效成分的相关机制阐析。2017年，张晓坤团队在《分子细胞》上发表论文，首次揭示了雷公藤红素这一天然中药成分与核受体Nur77结合调控代谢的重要机制，为肥胖、代谢类疾病的治疗指明了新的方向。2021年，张晓坤团队在《自然通讯》上发表了又一项开创性的重大发现：孤儿核受体 Nur77能够发生相分离，并介导线粒体自噬的分子机制，为开发靶向线粒体的雷公藤红素药物提供了全新思路。

"科学研究的最终目的是造福社会，科研成果的产业化相当重要。"张晓坤深知生物医药成果转化的重要性。在厦大，他布局了全链条式的创新药物研发与转化平台，建立起海洋活性物质功能、质量和安全性评价技术平台，南方海洋创新药物研发平台，福建省药物新靶点研究重点实验室，福建省靶点新药行业技术开发基地，福建省核受体药物工程研究中心等一系列省部级重要科研平台。从基础研究的上游，到推动高价值成果转化应用的下游，他构建了具有我国特色的海洋及天然药用植物资源的新药创制、转化和产业化开发的协同创新体系，为创新药物的研发持续发力，也为培养以临床问题为导向的创新型药学人才提供了平台。

张晓坤参加"侨与厦大百年——海内外侨界高峰论坛"

他也积极为地方经济和社会发展建言献策，2013年担任"厦门市投资顾问"，自2016年起担任政协第十三届厦门市委员会委员，于

2012年、2014年分别荣获"中国侨界贡献奖""厦门市荣誉市民"称号。

广育英才——药学人才的培育

教书育人是张晓坤另一份恒久的坚持。他亲自传授前沿的学科知识和宝贵的科研经验，培养了一批批具有国际视野和创新能力的药学人才。

他指导的本科生团队荣获学院首个省级科创竞赛奖项，他的博士生在《分子细胞》和《自然通讯》等国际顶级学术期刊上发表创新论文，获评福建省优秀博士研究生论文及教育部、国务院学位委员会"博士研究生学术新人奖"。

张晓坤（左一）指导学生

谦逊随和，这是学生们对张晓坤最普遍的印象。他平日非常忙碌，但只要学生需要，他总是第一时间停下手上的工作，认真与学生交流。张晓坤常常笑着鼓励道："年轻人啊，思维非常活跃，应该能突发奇想，在科学上有新的想法。"学生们却说："每次讨论课题的时候，我们总是觉得自己跟张老师的差距太大了。"张晓坤对学术前沿的清晰把握、对科研极其敏锐的洞察力,给学生们留下了深刻的印象。他以犀利的思想,指引学生打开全新的研究思路。

苏州大学特聘教授、国家自然科学基金优青项目获得者吴华在谈起恩师张晓坤时,特别感慨于他对科研的严谨专注、忘我投入。吴华受触动最深的是张晓坤在做核受体研究时的专注:"张老师坐在那儿一两个小时不挪动,一直看着显微镜下的细胞。我们年轻的学生尚很难做到如此,他的研究精神非常令人叹服。"

张晓坤深知人才的重要性,他凝聚和培养了一支具有国际视野和顶尖技术的本土团队,建立了教育部"核受体肿瘤分子靶点与药物开发"创新研究团队,为药学学科不断培养年轻而富有活力的研究力量。

爱国与科学的精神如同火炬,代代相传,愈发明亮。在张晓坤等学者的带领下,厦大药学人满怀炽热的梦想与活力,投身于新药研发的创新实践,坚定有力地走向我国医药健康事业蓬勃发展的明天。

(文／药学院:洪昀、冯民;图／受访者)

洪成得：

传道授业终不悔，学海航开理论潮

人物名片：

洪成得，1935年生于缅甸，幼年回国，祖籍福建南安。1952年任南安五星中学专职团干，1956年考入北京大学哲学系，毕业后先后在北京大学哲学系、华侨大学政治系、厦门大学哲学系从事马克思主义哲学和建设有中国特色社会主义理论的教学研究工作。1990年晋升教授。1990—1997年兼任厦门大学党委宣传部副部长、党校副校长。1993年10月起享受国务院颁发的政府特殊津贴。1994年任厦门大学建设有中国特色社会主义理论研究中心常务副主任。曾任中国历史唯物主义学会理事，福建省历史唯物主义研究会副会长、名誉会长等职。

"了然于胸，运用自如，联系实际，入脑入心"，这是洪成得教授在他过往的45年教学生涯中总结出来的箴言；"聪明好学，勤奋志业，数十年如一日地精益求精，实事求是"，这是洪成得教研生涯的生动写照。

■ 党同母亲，引领成长 ■

"我认为我这一生分为两段，1949年以前，我完全是由妈妈养育；1949年以后，我完全是跟着共产党走了。"提及成长历程，洪成得这样概括。

1935年8月，洪成得在缅甸丹老出生。洪成得的父亲在其尚未出生时就因感染霍乱不幸离世。后来，母亲独自一人带着一家子离开缅甸，回到了家乡泉州南安生活。面对举步维艰的生活状况，洪成得的母亲毅然决然扛起养家糊口、供养3个孩子上学的家庭责任，她坚强的人格与善良的品性广受乡邻敬重。在其言传身教下，洪成得继承了母亲目光长远、志向远大、意志坚强、敢于担当的品质。

少年时期的洪成得居住在泉州英都，这一片区均是中共地下党游击区，而其就读的南英中学就是中共地下党的支部驻地，许多老师都是共产党员。当时还只是初中生的洪成得深受周围人的影响，不仅会唱红歌，还会充当送信的"小交通员"。不久后，洪成得加入中国新民主主义青年团（中国共产主义青年团的前身）。当时只是高中生的他，积极跟随县里的文工团进行土地改革的宣传工作。在他担任南安五星中学的专职团干期间，虽然年纪轻、身材矮小，但他一上任就向全校师生作了一场传达学习团中央第三次全体会议精神的主题报告。任职期间，他熟记全校上千名学生的姓名，走访了近三分之一的学生家庭，与他们一起劳作，将思想工作细化到日常生活中。除此之外，他还主动承担起为学生开设思想政治理论课程的任务，这也是他教学生涯的起点，为后来转行哲学、耕耘哲学打下了坚实的基础。

1956年,在北京大学哲学系开启大学生涯的洪成得,怀着赤诚之心积极向党组织靠拢,并于1959年入党。1960年,北京大学安排学习成绩优异、工作优秀的洪成得提前留校,为一年级新生任教的同时继续完成学业。洪成得就这样在刻苦学习与踏实教学中,度过在北大的7年岁月。

■ 以其昭昭,使人昭昭 ■

1976年,洪成得和爱人一起调到厦门大学。洪成得在厦大搬了几次家,但无论他家里条件如何,他的家永远都是他教过的学生们在厦门、在厦大的家。据1977级哲学系学生张萍回忆,洪成得老师的家成天对外开放,学生可以随意出入,泡茶甚至小酌。在他家里可以谈学术,也可以聊人生,师母的温柔热情和孩子们的懂事可爱,让学生们时时感受到家的味道。

洪成得经常挂在嘴边的一句话就是:"教师既要教书传授知识,又要做学生的思想政治工作;既要教他们知识,又要和他们交朋友,做他们人生道路的引路人,这就是天职!教书和育人缺少了哪个方面都有失偏颇。更何况我和年轻人大量接触,虽然花费了不少时间和精力,但也接收了许多年轻人的新观点、新知识,这些对我的教学和科研也不无帮助啊!"既然这样,同学们也就心安理得、顺理成章地继续"登门入室"了。

1978年,洪成得教的课是"历史唯物主义",当时百废待兴,这门课连教材都没有,他就自己动手编写课程提纲辅导学生。每次上课,他都不看讲稿,引用马列原著倒背如流、如数家珍,课堂上旁征博引、生动活泼。他总是慷慨激昂地带着学生一遍遍遨游知识的海洋,当一节课快要上完时,他又适时地把大家的思绪从远处拽回,然后一遍遍强调主要观点和内在逻辑,让大家要把这些像"钉钉子"一样钉进脑海中。因教学成绩突出,洪成得获得过学校授予的"优秀教学奖"和"'马克思哲学原理'课程改进提高二等奖"。正是基于对马克思主义理论的深厚功底和系统研究，洪成得才能运用自如，驾轻就熟。1990年起，他又兼任了厦门大学党委宣传部副部长和党校副校长。值得一提的是，洪成得当年编写的教学提纲还被教育部作为全国统编教材《马克思主义哲学原理》的主要参考资料。

洪成得（左二）与学生研讨理论问题

实事求是，理论领航

党的十一届三中全会后，洪成得开始深入基层，规模化、系统化地宣传党的理论与思想，将党的理论传播到每一个角落。

作为省、市、校三个层面的理论报告员和重大文献宣讲员，洪成得的足迹踏遍厦漳泉和三明、龙岩等地，学员中既有高级领导干部，也有基层街道乡镇干部以及普通市民、农民。从马克思主义的基本理论到党的历次代表大会主要精神、从重大历史文献的解读到具体政策的宣讲，洪成得都能融会贯通，用通俗的语言，甚至用方言做深入浅出的解读。能够做到这点，除了他口才好、知识面宽外，更多的是源于他几十年来对原著坚持不懈的学习、对理论问题的独立思考，以及对社会实践和百姓切身利益的密切关注。"更让我肃然起敬、自叹不如的,是直到退休后很长一段时间里,洪老师仍然保持着每年超过100场次的讲课纪录!"张萍激动地说道。

　　洪成得在理论宣传与教学宣讲工作上的成绩有目共睹,为他赢得了众多荣誉。1983年,他获评厦门大学"优秀教学奖";1989年获厦门大学"优秀教学成果奖"二等奖;1993年,获得国务院颁发的政府特殊津贴。他是厦大第一批"教书育人模范"之一,也被福建省总工会系统评为"三育人模范"。同时,他还被评为"厦门市双拥工作先进个人",被福建省社科联评为"科普先进个人",多次被评为省、市优秀党的理论报告员、宣讲员,得到社会各界的高度认可。

洪成得早年参加学术研讨会

　　在理论宣传工作中,洪成得始终坚持马克思主义的立场,坚持实事求是,坚持真理。他用实际行动证明,理论宣传工作不仅仅是口头上的,更是一种实践精神与责任担当。

　　(文／哲学系:田萌、王胜珂、林亦儿、蔡芷妍;图／受访者)

许振祖：

沧海浩瀚，青山不老

人物名片：

　　许振祖，中国海洋浮游水母研究的主要奠基人和学术带头人，是国际著名水螅虫纲动物学家，同时也是经济海产贝类繁殖生物学、港湾垦区生物资源开发以及虾池生物资源综合养殖研究者之一，首次在国内研究了寄生筐水母生活史。厦门大学海洋与地球学院教授，曾任厦门大学亚热带海洋研究所副所长，兼任中国海洋湖沼生态学会理事、《海洋学报》编委等职。先后承担科研项目15项，发表学术论文140余篇，出版合编教材、专著15部，参与编著的《海洋浮游生物学》获评"全国高校优秀教材特等奖"，2023年主编的《中国海洋浮游水母的物种多样性及其种类鉴定研究》正式出版。1995年享受国务院政府特殊津贴，2003年荣获"福建省教育系统关心下一代先进个人"称号，2008年获"厦门大学老有所为先进个人"称号，2013年荣获"厦门大学关心下一代贡献奖"。

20世纪50年代,中国共产党播撒的一颗"火种",照亮了许振祖的求学之路,开启了他六十余载奋楫蔚蓝的山海情书。许振祖来自福建南部的小山村,他初心炽燎,走出山沟,用双脚丈量了福建蜿蜒绵长的海岸线,在党组织的引领下,六十余载躬耕海洋生物学研究。退休后,不谙键盘打字的他,凝毕生心血于砚田,笔耕著述百万余字,承续红色薪火,书以蔚蓝底色。如今,年逾九十的他仍致力于海洋强国建设,秉一份初心,凭一腔热忱,成就一辈子的坚守。

■ 沐浴党恩,锵锵前行 ■

1951年,18岁的许振祖参加全国高考统考,被福州大学生物系录取。身为西医全科医生的父亲曾以断供学费来要挟他放弃当时并不热门的生物学,重考医学。但心系生物学的许振祖没有放弃对梦想的追求,以变卖手表所得的12元钱为盘缠,锵锵离开福建漳浦,负笈求学,北上福州。

"我从漳州去福州,路费、住宿费就花了我大部分资金,还错过了学校迎接新生和办理入住的时间,是当时和我一同去上学的同乡出资帮我解决了当晚的入住问题","入学后我发现校内伙食、住宿都由国家资助,还有助学金,这解决了我的困窘"。许振祖教授回忆道。"如果没有共产党,我就没机会念大学,我能读大学是因为国家的培养。这让我下定决心跟党走,这一点我永远不会忘记,也成为我学习和工作的动力。"党和国家培育莘莘学子的一项政策,点燃了许振祖孜孜求学的梦想,也坚定了他决心跟党走、报效祖国的信念,这一信念伴随着他走过了后来的风风雨雨。

"要报恩,就要学习真本领,到国家需要的地方去。"1953年全国院系调整,许振祖进入厦门大学生物学系就读。1955年毕业后,他选择保送到国家刚刚兴起、亟须一批建设者的海洋生物学专业,成为厦门大学该专业首届5名研究生之一。在郑重和金德祥等著名海洋学家的谆谆教诲下,许振祖严谨求实,钻坚研微,致力于福建沿海水母资源的调查研究。"我每周都要向导师汇报研究进展,自己去平潭、长乐、连江、厦门港等地进行艰辛的野外采样工作,回来之后再对样品一一进行观察鉴定。"扎实求本领的许振祖,在艰苦的研究条件下,几年间,凭着几本图书、几台解剖镜,一共发现并记录了26种水母,其中有24种是福建新纪录,9种是全国新纪录,甚至还有1个是新种。"以往的水母新种鉴定都是外国人来做,现在我们自己能独立自主了,这让我至今仍然感到非常自豪!"许振祖如此感叹道。

许振祖教授与著名海洋学家郑重、李少菁一起探讨学术问题

厘清中国水母资源,摆脱外国学者的学术垄断,是我国建设海洋强国的必然要求和应有之义,也是许振祖对当时国内海洋生物学研究所处境地的深刻认识。当初点燃许振祖求学报国、希图报效的"小火种",在他走出山沟、求学求真的路途中,孕育成了怀质抱真且蕴藏着强大力量和强烈感情的熊熊"烈火",成为他为党和国家海洋事业发展奉献力量的信念源泉。

▍希图报效，孜孜不怠▍

从1958年研究生毕业后留校任教，到1962年进入新筹建的福建海洋研究所（现自然资源部第三海洋研究所）工作，再到1972年回厦大任教，许振祖变动过几次工作岗位，更换过几个工作地点，但不变的是对组织安排的坚决服从，对海洋事业积极奉献的无限热忱，以及用所学回报祖国的坚定信念。

许振祖教授在给学生授课

"我从1958年到现在，始终对水母研究感兴趣，这是我研究的主干。我们做研究要有主干，同时思维要发散、知识面要广，但分支要一步一个脚印地收回来。"许振祖所说的"一步一个脚印地收回来"，便是他科研生涯持之以恒、一专多能的真实写照。

"任何科研项目都要紧密结合实际，不要空对空。"在工作过程中，许振祖始终坚持理论联系生产实践，用所学知识带领百姓脱贫致富，在我国海水养殖生产及其育种方面开展了一系列卓有成效且造福于民的科研实践。1972年,许振祖被调回厦大工作初期,我国正面临贝类苗种短缺的困境。他毫不犹豫地投身艰苦的生产一线,开展了历时8年的苗种选育工作,终于在缢蛏苗种来源研究上取得了重大进展,解决了长期困扰渔民的缢蛏养殖生产问题。20世纪80年代,过度捕捞导致野生动物资源匮乏。为了加速海水养殖业的发展,1985年,由厦门大学海洋学系牵头与连江县和罗源县合作,许振祖主持承担了国家科委农村开发中心下达的"罗源湾濂沃垦区鱼虾贝综合开发"项目,获资助经费8万元人民币。厦门大学除了承担基础研究课题外,还协助连江、罗源两县的技术开发和智力开发工作,再次为老百姓的脱贫致富带来了切实的发展红利,为罗源县摆脱贫困、进入小康提供了技术支持,而该项目最终获评教育部科技进步二等奖,"这是我印象最深的一项荣誉"。90年代初,渔民盲目扩展对虾养殖规模,缺乏科学的养殖管理模式,使得虾池富营养化造成的水质污染日益严重,爆发了大规模的对虾疾病,养殖户损失惨重。许振祖再次深入实地,进行一年的对虾养殖及其污染的跟踪调查,最终为闽南地区提出了虾池综合养殖新模式,成功降低了饲料污染带来的富营养化危害,变常年亏损为持续增产增收。诸如此类,不知凡几,许振祖始终怀着感恩党、报恩党之心,时刻牢记党和人民的需要,扎实深耕于海洋生物研究领域,致力于海水养殖科研攻关,用一生所学服务人民、造福社会、报效祖国。

▨ 传承薪火,拳拳盛意 ▨

"要把科技转化为生产力,关键要靠培养人才,这是当时邓小平同志给我们提出的时代号召。"在理论联系生产实践的同时,许振祖秉持"基础调查、开放研究和人才培养"的三结合模式,带领学生搞试点生产实践,通过"传帮带",打造了一批批生力军,培育了一批批创新人才,这对中国海洋科学一流研究梯队的建设而言,是极具前瞻性与传承性的贡献。

"几十年来我除了坚持个人研究主干不变以外，还坚持著作写书，给年轻学者们给予帮助"，银鬓斑驳的许振祖持续关注着对新一代青年的培养，笔耕不辍，用文字来凝练和传承毕生心血。1965年，他参与编写了郑重教授的《中国海洋浮游桡足类》；1984年，他与李少菁教授合作参与编写了郑重教授主编的《海洋浮游生物学》；1989年，他主编了《福建省罗源湾海域综合调查研究（论文专辑）》；2014年，他主编了《中国刺胞动物门水螅虫总纲（上、下册）》；2019年，他出版了编著《海洋动物资源开发及可持续利用研究》。这几部凝结了中国早期海洋浮游生物学者多年心血的著述，成了当下了解中国早期海洋浮游生物研究脉络的经典参考书目。念念不忘，必有回响，许振祖教授主要从事海洋浮游水母类生物学、水产养殖基础理论应用科学等方面的研究，共承担过15个科研项目，其中6个为项目负责人；截至2020年，累计发表107篇关于水母的论文，论述了中国海洋刺胞动物水螅虫总纲的水母637种，其中发现20个新属和228个新种，并被收入世界WoRMS数据库，改变了以往主要由外国人发现海洋生物新种的历史。

星霜荏苒，青山不老。如今，耄耋之年的许振祖教授仍在潜心著作。"海洋浮游水母形态变化差别很大，很多年轻人鉴别物种的功力不够，常常会陷入误区，所以我这几年正在撰写《中国海洋浮游水母物种多样性及其种类鉴定》……这是一套深入浅出的工具书，对年轻人做研究会很有帮助。"2023年底，这本书终于出版问世，书中将目前发现的所有新种和已经记录的水母种类进行了汇总，并提供直观图像与形态特征相结合的形式检索，以方便年轻学者少走弯路，提高科研效率。"我现在退休后的主要工作还是进行水母研究，总结过去的材料。虽然很忙，但生活得很扎实，总觉得时间不够用。现在精力不如从前了，也不会操作电脑，我就靠手一点点写，能做一点是一点。"不谙键盘打字的许振祖，就这样用那他双粗糙的大手，笔耕著述了百万余字。

许振祖教授和青年师生在一起

  1996年，许振祖从科研一线的岗位上光荣退休后，加入厦门大学"关心下一代工作委员会"，他常常通过党课的形式为新时代的青年学子传授经验。"为海洋科学事业贡献"——许振祖在纸页上写下真诚寄语，这是一位老科学家党员对自身初心的不懈坚守，也是对党和国家海洋事业的深切热爱和期望。红色初心如磐，奋楫笃行致远。现在，许振祖的书桌上还铺着许多手稿，手稿上工工整整的手写字体、平平整整的胶粘插图与图注，在阳光下闪闪发亮。窗外的海面金光粼粼、平静优雅，就像这位老党员般从容而坚定，使人感到温暖又振奋。

  （文／张畅、李诗梦、黄熠锋、沈雅威、蔡笑霜；图／受访者）

苏劲：

矢志不渝的囊萤守望者

人物名片：

苏劲，1955年生于漳州，经济学博士，厦门大学马克思主义学院教授，厦门大学关心下一代工作委员会副主任，厦门市老教授协会会长。1982年毕业于厦门大学经济系，同年入职厦门大学马列教学部（现马克思主义学院）任教，历任厦门大学马列教学部主任（1996年）、厦门大学党委党校副校长（2008年）。主要从事马克思主义理论、习近平新时代中国特色社会主义思想和中国共产党建设理论的教学和研究工作。发表学术论文和出版专著教材数十篇/本，主持和参与十余项国家级省部级科研项目；获福建省社会科学优秀成果奖和福建省教学优秀成果奖。

"思政课对我来说不仅是作为一种本职工作来完成，更是作为一种终身事业来追求"，苏劲的话语中透露出对思政课的热爱与执着。这份初心萌发于少年时代，始终埋藏于心。

■ 时代洪流中的选择 ■

20世纪70年代，苏劲与众多知识青年一样踏上了上山下乡的路程。在农村的广阔天地里，他体会了劳动的艰辛与乐趣，也初步阅读了一些马克思主义理论相关书籍。《共产党宣言》《国家与革命》……这些经典著作以其深邃的思想和独特的见解吸引了他，让他对人类社会的发展有了更深刻的认识。他开始思考人生的意义、社会的本质以及个人的价值。这些思考逐渐引领他走向了科学理论的探索之路。

1977年，恢复高考的消息如同春雷般唤醒了无数渴望知识、追求梦想的青年，"改变命运的大门"就此敞开。苏劲毫不犹豫地抓住时代的机遇，成功考入了厦门大学经济系，与厦大结下了不解之缘。从上山下乡青年到厦门大学学生，他始终保持着踏实肯干、甘于奉献的作风。在担任班级生活委员的四年中，他是班上同学的知心者、勤务员，总是不求回报地默默付出。谈及自己，苏劲总是以"平凡"自述。他在一件件小事中积攒力量，在"平凡"中创造不平凡的人生。

他的少年时期，是"润物细无声"的热心帮助，悄然播撒下温暖的种子；他的从教生涯，则是"一棵树撼动另一棵树"的深沉力量，引领着学生走向光明。1982年，苏劲从厦大经济系毕业，源于对马克思主义理论的热爱，又受到厦大优秀教师的深刻影响，苏劲选择留在学校当一名思政课教师。在苏劲心中，厦大的一批批教师，特别是经济系年长的教师，对马克思主义理论的坚定信仰，把马克思主义理论中国化的执着追求，理论联系实际、严谨认真的教学精神，形式多样、生动有趣的课堂教学，让他更加坚定继续留在厦大。

从一而终的坚守者

"马克思主义值得我们深入研究和传播",高远的学术追求和执着的教育情怀,让苏劲在厦门大学一干就是四十余年。马克思主义蕴含的深邃智慧,成为他坚韧前行的精神支柱。从聆听者到讲述者的转变,他经历了随堂听课、担任助教、课堂试讲的渐进磨炼,将厦大精神与教师情怀传承和践行下去。

"给学生上课,不仅要传授知识,更要培养学生正确的三观。"作为一名思政课教师,在讲台上,他凭借深厚的学识和独到的见解,将马克思主义真理讲透、讲明白,让学生们在轻松愉快的氛围中领略理论的魅力;在课堂外,他经常深入学生宿舍,与学生谈未来、论人生,了解他们的思想动态和成长需求。他关心学生的日常生活,鼓励他们积极面对挑战,勇敢追求梦想。"思政课教学要结合两个实际,一个是国家经济社会发展实际,另一个是学生现状和思想实际",四十余年来,他一直坚守着自己的准则,做到因材施教、一视同仁,为培养出既有理论素养又有实践能力的优秀人才做出了自己的奉献。

"真信、真学、真用"是他对自己讲好思政课的勉励。真信,思

2007年6月,苏劲组织学生深入厦门市湖里区调研农地征收和补偿问题

政课教师要信仰马克思主义，上课才会有底气；真学，只有钻研好马克思主义理论，学生才能信服；真用，只有结合学生实际和国家发展实际，理论才能照映现实。谈及当下青年教师的困境时，他强调要将老师的职责和初心转化为内生动力，直面困难、迎接挑战。

变换的是岗位与角色，不变的是责任与初心。2008年，苏劲经历了从马院教师到厦大党校副校长的工作岗位转变，肩上多了一份职责和担当。不论是面向学生的教学工作，还是面向中层领导干部的党校副校长工作，对他来说都是党和国家事业的重要组成部分，都意味着要履行自身职责和使命，为党育人、为国育才。他深知党员干部的思想政治素质和业务能力对于党和国家事业的重要性，因此，他始终把培训工作放在首位，不断探索和实践新的培训方法和手段，为推动党员干部思想政治素质和业务能力的提高做出贡献。

2011年11月，苏劲代表厦门大学党委党校参加会议并领取奖状

弘道不辍鉴初心

2015年，苏劲从思政课教师岗位退休。然而他心中坚守的信念和理想从未熄灭，依然活跃于各类宣讲活动，热心服务涉"老"工作……开启了充实且富有意义的退休生活。

2016年10月，苏劲接受中央电视台《焦点访谈》节目的采访，就"管党治党，怎么管怎么治"这一重大问题发表了深刻见解。他十分关注和认真学习党的创新理论，并积极探索和创新理论宣讲方式，推动党的理论走进大众、深入人心。苏劲"不服老"，走进大、中、小学校和政府机关、企事业单位、社区乡镇、驻军部队进行宣讲，不论规模大小、路程远近，他都始终满怀热情地准备，用生动的故事、通俗的语言把党的理论真正讲到群众的心坎里。有一年，他完成的各类宣讲场次达到三十多场。"以前上公共课的时候，我们都是体系化地展开教学，而理论宣讲是围绕某一专题展开，因而在宣讲前我会了解宣讲面向的听众，结合听众的特点有针对性地准备内容"，苏劲如是说道。他认真且耐心的备课态度令人动容，他的宣讲也因此获得了许多观众的好评和称赞。

2022年10月，苏劲给法学院教师和学生党员作专题报告

退休近十年的苏劲仍看起来精神矍铄，丝毫不失年轻时的风采。他不仅是一名热情洋溢的宣讲员，也是厦门市老教授协会现任会长，开展学生"走近老教授"活动、举办老教授茶座会，还与其他老教授畅谈国内外大事。在一场关于"中国式现代化"的讲座上，苏劲掷地有声、逻辑清晰、与时俱进的演讲给同学们留下了深刻的印象。在交流中，有一位同学向苏劲请教"保持年轻的秘诀"，他毫不犹豫地给出了答案——信仰的力量。正是心中始终不灭的理想信念之火，让苏劲始终充满干劲。

每每聊到国内外热点时事，苏劲的热情就会被激发，他目光炯炯有神，总是饶有兴致地分享自己的见解。四十余年的任教经历使得苏劲对时事热点的捕捉十分敏锐，对现实问题的关注和思考已经成为他的日常习惯。同样，他也心系青年学生的成长、成才，面对当代青年大学生的"内耗"和"躺平"现象，他鼓励孩子们"要对未来充满信心，积极探索擅长的领域，开拓出别样精彩的人生"。

2023年11月，苏劲就中国式现代化问题与马克思主义学院学生座谈交流

"三寸粉笔，三尺讲台系国运；一颗丹心，一生秉烛铸民魂。"源于一颗初心，苏劲始终坚守教师岗位，关爱学生，倾囊相授；秉持一

份信念，他开拓更多的事业，活跃于社会中，继续发光发热。苏劲喜爱思辨，思想的齿轮从未停止转动；他亦关注时代，心系国之前途发展。谈及未来的生活，他提到，随着年龄的增长，许多工作机会要留给年轻人去展示才干。然而，对苏劲来说，需要他在的地方，他也将继续坚守。

(文／邢雨涓、蓝心雨；图／受访者)

彭栋梁：

做中国材料事业的"锻造者"

人物名片：

彭栋梁，理学和工学双博士，福建省"闽江学者"特聘教授；曾任厦门大学材料学院院长。国家杰出青年科学基金获得者，国家重点研发计划项目首席科学家，享受国务院特殊津贴专家，"福建省百千万人才工程"入选者，"福建省科技创新领军人才"入选者，2015—2017年度福建省优秀教师。先后担任中国材料研究学会理事会理事，中国微米纳米技术学会理事会理事，中国材料研究学会纳米材料与器件分会理事会理事，中国金属学会材料科学分会委员会委员，中国金属学会功能材料分会委员会委员，中国电子学会应用磁学分会委员会委员，中国物理学会磁学专业委员会委员，Steering Committee Member of the International Conference on Fine Particle Magnetism，Journal of Materials Science: Materials in Electronics 国际期刊编辑，Scientific Reports、《金属功能材料》、《功能材料》和《材料开发与应用》等杂志编委。

20世纪70年代末，从湖南水乡远赴兰州求学，再到日本踏寻材料科学的研发前沿，怀抱着拳拳之心，毅然归乡，将祖国建设任务扛在肩上，默默地做一名中国材料事业的"锻造者"。

■ 坚定信念，"锻造"科研报国赤子之心 ■

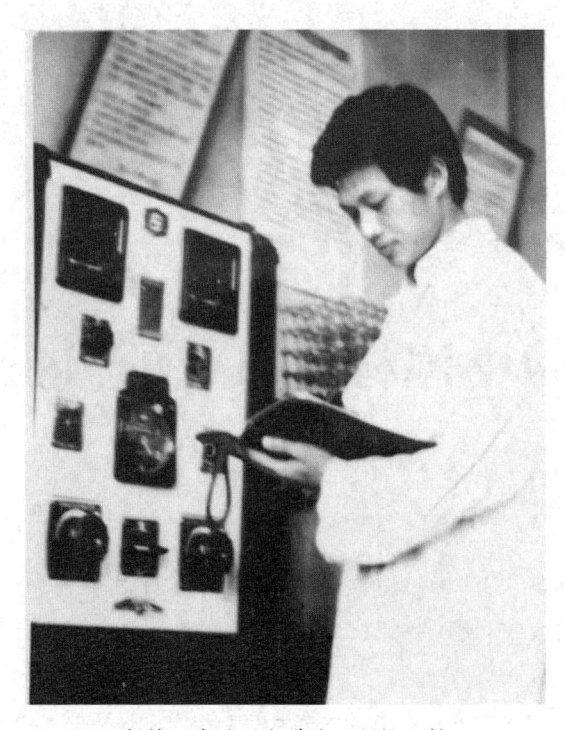

彭栋梁在兰州大学毕业留校任教

1983年，彭栋梁从兰州大学金属物理专业毕业后留校任教，1995年赴日留学深造并从事科研工作长达10年，在材料科学领域，是不可多得的高端科技人才。凭着对祖国的拳拳赤诚，2005年12月，他放弃国外优厚的薪酬待遇，带着家人回到祖国，全身心地为心怀材料强国梦想的厦大学生铺设一条成才之路。当被问及为何选择放弃日本的优厚条件回国发展时，彭栋梁不假思索地回答："我是国家培养出来的，当然就要回到这里。现在是我国亟须加快科研发展的关键时刻，回来为祖国做贡献，更有价值！"

1998年，彭栋梁在日本求学期间参加学术会议

来厦大工作初期，国内的科研环境还较为落后。彭栋梁回忆道："我没有向厦大提出任何额外条件，只是作为一般教授引进，科研启动费仅有10万元。"尽管起步相当艰难，但是他并没有选择"躺平"，而是积极面对，努力工作，一步一步地把科研团队建设起来。"不管有多少艰难，都不要轻易放弃，一定要积极面对！"在他的带领下，材料学院建立了从纳米材料合成和薄膜材料制备、性能研究到新型低维功能材料制备及其应用的研究路线；实现高性能富锂锰基正极材料的可控制备，装配出了能量密度达401Wh/kg的锂离子电池，为我国低成本、高比能动力锂电池的研发提供了重要的技术储备。

在担任材料学院副院长和院长共11年的时间里，彭栋梁重视抓好师生思政教育，坚持"守好一段渠，种好责任田"，充分发挥课堂阵地的育人功能，在师生党组织活动、学生活动、夏令营等学生集中的场合，总能看到彭栋梁的身影；抓好创新实践，连年组织研究生

彭栋梁：做中国材料事业的『锻造者』

到江苏、宁波、深圳、龙岩、广西等地开展材料产业调研，共同打造了学院研究生科研品牌活动——"全国高校研究生材料学科凌峰论坛"，至今已举办11届；为研究生科研实践能力的培养保驾护航，多次亲自奔赴985高校开展研究生招生宣传，精雕细琢"优秀大学生材料科学夏令营"，学院研究生生源和培养质量逐年提升。当谈及学院建设中印象最为深刻的事情时，彭栋梁说："在建设材料学院过程中令我感到最为自豪的事情是在我担任院长期间，学院老师们的人心凝聚在一起，齐心协力建设材料学科，使材料学科在学科评估中稳步提升，使学院的材料研发蒸蒸日上。"

■ 扎牢学识，"锻造"中国先进低维功能材料 ■

以"匠心"见证"初心"。2005年一回国，彭栋梁即组建了厦门大学材料学院磁性与低维功能材料实验室和科研团队。在他的领导下，从纳米材料合成和薄膜材料制备、性能研究到新型低维功能材料制备及其应用的研究路线——建立起来。与此同时，团队还自主研制了国产首台集纳米粒子组装和多种常规薄膜溅射沉积于一体的等离子体溅射惰性气体冷凝纳米粒子组装复合薄膜沉积设备，并获得了多项中国发明专利授权。

彭栋梁（右一）指导学生做实验

"我们团队一定要做出一些有用的科研成果，要以国家战略和社会发展为导向，把'论文写在祖国大地上'！"科技要服务于国家社会，这是彭栋梁的团队一直坚持的事情。"近年来，我们集中力量开展了富锂锰基正极材料的研究。如果单论写论文，研究它的投入产出比很低。但是从锂电池的实际应用出发，这个正极材料对于提高电池的续航里程又十分重要。所以虽然这个'硬骨头难啃'，但是我们一直在持续攻关。"彭栋梁说。

正是由于彭栋梁对科研的高标准、严要求，他带领的团队很快在磁性材料与自旋电子学物理、能源材料、纳米和低维功能材料等领域取得了一系列重要创新性科研成果。彭栋梁本人也获得一系列成就：2008年获聘福建省"闽江学者"特聘教授、同年获得国家杰出青年科学基金资助，2013年入选福建省百千万人才工程，2016年成为国家重点研发计划项目首席科学家，2020年获评国务院特殊津贴专家，先后受聘为中国材料研究学会理事会理事、中国微米纳米技术学会理事会理事等。在 PNAS、Adv. Mater.、Nat. Commun、J. Am. Chem. Soc.、Adv. Funct. Mater.、ACS Nano、Angew. Chem. Int. Ed、Nano-Micro lett、Sci. China Mater. 等国际和国内著名学术刊物上共发表科研论文400余篇，获授权日本发明专利6项、中国发明专项18项。他还先后承担了国家杰出青年科学基金、国家重大科学研究计划课题（"973"计划）、国家自然科学基金重点项目等多个科研项目。2016年，以彭栋梁为负责人组织申报的"高效纳米储能材料与器件的基础研究"项目获得科技部国家重点研发计划"纳米科技"重点专项立项资助，立项经费2995万元。彭栋梁带领科研团队扎实做科研，于2022年2月顺利通过科技部组织的项目结题评估。各项数据背后，承载的是彭栋梁严谨的治学态度及科研报国的可贵之心。

以身促教，"锻造"材料事业祖国栋梁

"三尺讲台三十载，他是一名师者，勤恳细致，悉心指导学习科

研；一颗丹心一世情，他像一个孩童，研发锂电，活力四射电力十足。"正如2021年厦门大学"我最喜爱的十位老师"颁奖典礼上彭栋梁老师的颁奖词所描述的，彭栋梁一直致力于新时代材料事业人才的培养工作。

2021年，彭栋梁在厦门大学"我最喜爱的十位老师"颁奖典礼上

"教师面对的是最富有创造性、最有朝气的群体。教师不仅要把自己的科研做好，而且要捧着'良心'来教书，才能让学生在校期间获得尽可能多的有用知识。"这是彭栋梁对于教师职业的体会，他也以此为标准始终践行。在高校，培育符合社会需求的人才是大学的目标，在这个过程中，教学和科研都肩负着重要使命。对于如何为教学开展注入活力这一问题，彭栋梁有着自己的答案。在他看来，讲台是人生重要的舞台，为学生认真上好每一堂课比什么都重要。

在学生眼中，彭栋梁是材料学院的"男神"。他上课富有激情、精神饱满、铿锵有力，不仅个人魅力十足，课堂效果也非常好。在他的课堂上，"抬头率"从来不低。彭栋梁重视学科交叉与应用，激发学生们的思辨活力。在本科生的"固体物理基础"课程上，对于"能带理论"这一知识点，彭栋梁便引用近年来密度泛函理论计算这一科研热点进行阐述，从书本知识出发，通过一个个模型和公式架构起性能预测方法，将理论知识迅速转换为科研实践。

在教学上，彭栋梁是同学们求学的引路人，而在生活上，彭栋梁则把学生当作自己的孩子来对待和沟通。彭栋梁担任了本科生班主任，军训期间专程前往翔安校区慰问新生。他在军训场上跟同学们促膝交谈、共同歌唱，以亲身经历告诉同学们要刻苦学习，提升专业实践和动手能力，还要广泛培养兴趣，让大学生活更为充实。彭栋梁说："我喜欢微笑。微笑在人与人沟通时是非常重要的，它可以使人们紧张的心情得到放松，从而增强自信心。我和学生交谈时总是保持着微笑，学生也就更愿意和我坦诚交流。"

"材料学科是国家未来重点发展的领域，应着力培养学生报效祖国的理想信念，鼓励学生积极投身国家新材料研发事业，重视学生创新创业。"彭栋梁亲自指导2009级研究生陈凯武以"玻尔科技——量子点薄膜批量供应的领导者"项目参加第三届中国"互联网+"大学生创新创业大赛，最终该项目获得金奖，跻身全国十强。

在教育这块沃土上，彭栋梁付出了汗水，更收获了累累硕果，他指导的研究生连年获得国家奖学金、研究生科研成果一等奖、宝钢优秀学生（3名学生）、福建省研究生优秀学位论文（6名学生）、厦门大学"三大奖"等重要奖项。

孟子三乐，其中之一就是"得天下英才而育之"。作为一名大学教师，彭栋梁庆幸命运给予他大学教师这个神圣的职业，也幸福地享受着为"人师"的快乐。他常以陶行知自勉："'捧着一颗心来，不带半根草去'，这是对教师这个职业的要求，也是我心中坚守的梦想。我将继续努力，志做栋梁，乐育栋梁，奋力实现自己的理想。"

（文／郭诚、石林伟；图／受访者）

黄仁：

筚路蓝缕启山林，
丹墨仁心献嘉庚

人物名片：

黄仁，福建仙游人，1937年出生，厦门大学建筑与土木工程学院教授。1961年毕业于同济大学城市建设系，同年留在同济大学工作，1990年借调到厦门大学工作，1991年正式入职厦大，1992年任厦门大学建筑系主任及建筑设计院院长，1999年退休。主要研究方向为建筑设计及其理论，主要设计作品有张家界青岩山庄、九华山东崖宾馆、厦门大学会议中心、厦门大学嘉庚楼群、建德市体育馆、杭州东来第一阁、莆田妈祖阁、漳州康桥学校等。出版专著《当代中国建筑师——黄仁作品集》，发表《自然为本，庙宅合一》《诗意空间的再现》等论文20多篇。曾获建设部优秀建筑设计三等奖，国家教委优秀设计三等奖，全国中小型剧场、全国村镇剧场设计竞赛二、三等奖，福建省优秀建筑设计一等奖，浙江省优秀规划设计二等奖等。

"真正的建筑师之思想接近于哲学家与诗人。"黄仁就是这样一位有诗意的建筑师,他在建筑设计上,注重"给新建筑以遗传因子,使建筑具有新的生命力",追求诗意空间。

■ 直面办学困难,筑梦诗和远方 ■

黄仁生于1937年,他毕业于同济大学城市建设系,1990年借调到厦大工作。

1990—1992年是厦大建筑系成立以来最困难的时期,师资紧缺,用房困难,办学空间严重不足。黄仁教授入职厦大并担任系主任,正是受命于危难之际,对于其时没有领导工作经验的他而言,肩上的责任和压力可想而知。

黄仁没有退缩,直面困难,和党政领导班子一起,迎难而上,筑梦建筑系的诗和远方。

首先是师资和教学质量问题。在学校有关部门的大力支持下,黄仁带领建筑系积极从国内兄弟院校引进了一批建筑设计、建筑历史、建筑物理、建筑构造、建筑结构、美术和材料实验等方面的骨干教师。到20世纪90年代中后期,师资紧缺问题逐步得到缓解,教学质量有了保证。黄仁认为,建筑设计课的师生关系犹如师徒关系,要手把手地进行设计教学,激发学生的创造性思维。他要求建筑设计课的老师每人指导7~8个学生,最多不超过10个,要一个一个地进行指导、讲解,从而不断深入提高,让每个学生做出有想法、有创新、有个性的方案,要体现适用、经济、美观的基本原则。这就要求教师既要有实际经验,又要有较高的理论素养。黄仁实践经验丰富,在国内重点刊物上发表论文比较多,设计竞赛获奖也比较多,因此在教学上很受学生欢迎。黄仁爱生如子,他从事建筑教育近40年,桃李满园,有不少学生毕业后工作出色,成为单位骨干和优秀建筑师。许多毕业生多年后还和黄仁保持联系,乃至作为同行在一些工程项目中展开合作。

其次是专业教育评估问题。黄仁着眼未来，认为建筑学专业要通过专业教育评估，才能得到行业认可，才有发展前途。他从1993年就开始着手谋划建筑学专业教育评估工作，为评估创造必要的办学条件。一是学制要从4年改为5年，二是建立硕士点，三是要改善教学条件。在黄仁及后任领导的持续努力下，这些目标全部实现，厦大成为全国第19家建筑学本科和研究生专业教育评估"双优"的高校。

特别值得一提的是20世纪90年代，面对教学用房不足的困难局面，黄仁和系领导研究决定，向学校申请自筹经费100万元，再加上学校和当时的工学院支持100万元，与海外教育学院合建联兴楼，申请报告得到学校和工学院的支持。1996年，联兴楼由建筑系老师免费设计，1997年建成，1998年投入使用，设置了专业教室、公共梯形教室、评图室、陈列室、教学办公、资料等用房，为建筑系的发展打下了硬件基础。

■ 传承嘉庚建筑理念，营建诗意校园 ■

厦门大学嘉庚楼群（设计人员：黄仁、王绍森、陈阳、徐文才、陆敏玉等）

厦门大学建筑精品众多，建筑文化丰富，传统经典"嘉庚建筑"

更是人选了"全国重点文物保护单位"和"首批中国20世纪建筑遗产"名录。嘉庚建筑把中式屋顶盖在西式建筑身上，气势灵动雄伟，大气磅礴。这种中式占主导地位，西式从属相辅的中西结合建筑风格，体现了陈嘉庚对历史传统文化和民族精神的崇尚。

嘉庚建筑是厦大人的精神家园，如何传承嘉庚建筑理念，发扬嘉庚建筑风格，是建筑学科师生义不容辞的责任，也是黄仁的自觉行动。

厦大思明校区的嘉庚楼群，是具有嘉庚建筑风格的厦大标志性建筑。创作设计嘉庚楼群的主持者就是黄仁，设计人员包括王绍森、陈阳、徐文才、陆敏玉等。

在设计嘉庚楼群的时候，黄仁的团队分析了传统嘉庚建筑的风格特点，考虑了现代建筑的发展和现代人的审美观，延续了嘉庚建筑"一主四从"布局，主楼为塔楼，居中位置，从楼分布在塔楼两侧，面向芙蓉湖，与校园的建南楼群、群贤楼群、芙蓉楼群相呼应。主楼塔顶做成朝向芙蓉湖的四坡顶，屋面出檐略有起翘，有传统建筑庑殿、歇山顶之韵味，传统手法与现代风格融为一体。"使整个楼群产生的效果是'建筑有厦大特色，同时又有新意'""既满足现代办学的物质功能要求，又能纪念前人，激发后人继承爱校爱国、艰苦创业的精神"。1996年，以黄仁为主的设计方案在省内外众多投标方案中突围而出，最终中标。在完成方案设计进行施工图设计之前，学校还请教育部专家组进行了评审，获得一致通过，并得到了中国科学院院士彭一刚、中国工程院院士何镜堂的肯定。嘉庚楼群被评为2003年福建省优秀建筑设计一等奖、建设部优秀建筑设计三等奖。

融合古风今韵，再现诗意空间

黄仁崇尚中国传统文化，以及中国古典园林营造的诗意空间。他在建筑设计创作过程中，对如何把握城市空间与自然空间、现代风格与古典风格的融合，进行了艰苦的探索。他认为"建筑师的创

莆田凤凰山公园（设计人员：黄仁、黄琲斐、林长风）

作活动在广大的原野、城市、农村中，即便是一个小型的单体建筑也要依附于相应的环境空间"，建筑师"应当在传统与精华中提取要

张家界青岩山庄（设计人员：黄仁、张晖、应如勇）

素，融入现代建筑，给新建筑以遗传因子，使建筑具有新的生命力"。

著名建筑学家戴复东评价黄仁设计的张家界青岩山庄"强调地方自然气候、地理条件，并力求与传统相结合。设计中吸取湘西乡土建筑柱架临空、与自然相融的传统手法，建筑空间与生态山体相贴切组合，石壁峥嵘，树皮屋面，融入所处的环境空间……宛如地上长出的一幅林间山庄的图景"。对于黄仁负责的莆田十字街改造设计项目，戴复东评价他"不是简单地再现传统，而是采取把地方传统进行压缩、提炼、延伸等手法，使其具理性化，并综合现代功能要素进行再构成，使其具有地方的传统韵味，而更具有新意，使人感受到与传统文化之间的连接、延续，起到承前启后的作用"。他赞赏黄仁"以自己的思维原则进行创作，以环境为基础去塑造要表达的意境，不墨守成规，不拘泥于某一主义，探索自己的道路"。

黄仁立足国家建设发展需要，把科学研究、建筑设计创作书写在中华大地上。他在国内许多省市设计了大量工程项目，有学校、办公楼、体育馆、影剧院、医院、宾馆及城市园林景观建筑等，其中厦门大学嘉庚楼群、同济大学建筑城规学院大楼、杭州市东来第一阁等获得省部级一、二等奖。

"人可以改变环境，环境可以影响人，而设计则可以改变人和环境。"黄仁就是这样一位通过建筑设计改变人和环境的人。

（建筑与土木工程学院）

苏新春：

坚守语言研究初心，开拓教材语言新境

人物名片：

苏新春，汉族，江西南昌人，祖籍湖南新化。厦门大学中国语言文学系教授、博导，厦门大学嘉庚学院人文与传播学院院长，喀什大学特聘教授，国家语言资源监测与研究教育教材中心主任，两岸关系和平发展协同创新中心文教融合平台首席专家，福建省高校人文社科研究基地——两岸语言运用与叙事文化研究中心主任，厦门大学嘉庚学院语言文字工作委员会副主任，中国社会科学院辞书编纂研究中心学术咨询委员会委员，国家语委研究基地暨南大学"海外华语研究中心"学术委员、武汉大学"中国语情与社会发展研究中心"学术委员、上海教育科学研究院"国家语言文字政策研究中心"学术委员、泉州师范学院"丝路语言文化研究中心"学术委员、浙江师范大学"一带一路"语言生态研究中心学术委员、新疆师范大学新疆维吾尔自治区普通高校人文社会科学研究基地"中亚国际汉语教育研究中心"学术委员。台湾"中央大学"客座教授（2011年2—7月）。

四十余载，他坚定地走在语言学研究的道路上，执着探索语言奥秘，倾心培育英才栋梁；二十余年来，他肩负使命，引领团队攻坚克难，推动教育教材语言研究。即使到了古稀之年，他仍心系祖国，远赴喀什，援教助研，用实际行动诠释知识分子的家国情怀。他就是厦门大学中国语言文学系教授、博士生导师，国家语委研究基地国家语言资源监测与研究教育教材中心主任——苏新春。

▪ 结缘语言，坚定科研 ▪

从20世纪80年代至今，苏新春从事语言学领域的研究与教学工作已逾40年。谈起他与语言学的结缘，还有一段鲜为人知的故事。

读中专时，他就对社会科学抱有强烈兴趣，特别是对历史学和哲学。当时他自订了3份报刊：《北京大学学报》、《历史研究》和山东大学的《文史哲》。1978年恢复高考报考，在农村做中学老师的苏新春最心仪的专业是中山大学哲学系，但按照规定，中小学教师只能报考师范院校，故他选择了江西师范大学，入读第二志愿中文专业。进校后，他就定下了继续读研的目标，选择深入学习研究语言学。

20世纪90年代末，李如龙先生从暨南大学调回厦门大学主持汉语言文字学博士点的建设，他极力鼓励苏新春一起来厦大工作。当时，苏新春在广州师范学院已经取得较好的发展，科研成果突出，成长为年轻教授，还当选为广州市人大代表，被市委、市政府评为市级优秀专家。包括父母在内的不少人对他选择离开广州很不理解，但苏新春坚定潜心学问，因此听从了内心的召唤来到厦大。回忆起这些往事，苏新春感叹，"一个人一辈子会有很多的选择机会，我最重要的就是选择了一辈子都坚持当一名教师"。

谈到在厦大工作的25年，苏新春特别感恩厦大，"学校给我们提供了认认真真从教、踏踏实实科研的平台"。他与李如龙老师一起创办了"语言学沙龙"，至今已坚持25年，举行了460多期。他还参与了申办语言学与应用语言学硕士点、汉语言本科专业，创建了应用语言学实验室。

一朝领命，廿年探索

2005年6月9日，国家语言资源监测与研究教育教材中心正式成立，在教育部南楼会议室举行了共建签约仪式。在中心筹建期间，苏新春陪同有关领导，十天内三飞北京，完成了汇报、签约、授牌手续。

学校为了支持教育教材中心的建设，在当时办公用房资源非常紧张的情况下，划拨南光一号楼二层西侧一百多平方米的用房给中心使用，并鼓励教材中心师生"办出厦大的水平和特色"。教材中心成立后，面对新领域的重重挑战，苏新春带领团队迎难而上，发奋图强。

白手起家，奠基垒台。苏新春深知，研究教材语言首先要建设教材语料库。他带领团队克服重重困难，经多年持续努力，建成了国内规模较大、代表性强、加工精细的教材语料库，为后续研究奠定了坚实基础。在此基础上，他开展了系统的理论研究，发表了一系列探索教育教材语言规律与特点的研究成果，在国内外产生了广泛影响。

凝心聚力，拓疆奋进。为推动中心持续健康发展，苏新春广揽贤才，先后吸引了国内外数十位优秀学者加盟，组建了一支结构合理、专兼结合的高水平研究团队。中心根据长期以来的研究实践，结合国家的急迫需求，确立了教材语言研究和台湾语言政策研究两个主攻方向，形成了鲜明的学术特色。

近20年来，苏新春主持国家社科基金、教育部重大课题攻关项目等各级科研项目20余项，出版学术专著18部，在《中国语文》《语言文字应用》《光明日报》等刊物上发表学术论文200多篇，7次获得福建省政府科研成果奖。上下两册、100万字的《教育教材语言理论研究》新近出版，书中创造性地提出教育教材语言研究中"三个世界"

的观点，分6编24章，凝集了教材中心师生20年来的理论研究成果。他主编"20世纪基础教育语文教材语言研究丛书"，完成了对百年间基础教育语文教材的通盘、纵向、流源式考察。如今，厦门大学国家语言资源监测与研究教育教材中心已经发展成为国内一流、国际知名的教育教材语言研究重镇。

苏新春与其专著《教育教材语言理论研究》

建言献策，贡献智慧。苏新春始终把国家需求作为科研工作的出发点和落脚点。中心通过参加编纂国家语委的各种规划文件和咨询报告，为国家语言文字事业的发展建言献策，每年完成多份咨询报告，研究成果得到主管部门的肯定。2017年，苏新春通过长期以来的教材研究实践推出了"教材中的国家意识"等一系列重要成果，为国家教材建设提供了重要的理论支撑和实践指导。他还带领中心师生承担了国家语委下达的多个专项任务，为国家语言文字事业的发展贡献了厦大智慧。

春风化雨，桃李芬芳。苏新春教授始终把人才培养摆在中心工作的首位。他常说，中心最宝贵的财富就是培养了一支高水平的研究队伍。他通过"传帮带"等方式培养了一批又一批优秀青年学者。

如今，昔日的学生已经成长为学界骨干力量，有的已经成为学科领军人才，在国内外产生了重要影响。

"只要有能力，就多做一点"

2021年8月，教育部发布《教育部办公厅关于做好2021—2022学年高校银龄教师支援西部计划有关实施工作的通知》，以调配高校退休教师优秀资源，推动西部高等教育振兴发展。一个月后，年近古稀的苏新春积极响应号召，远赴喀什大学人文学院援教。

在那里，他承担了汉语言文学专业两个本科班的"现代汉语(1)"课程教学任务，每周上6节课，并利用课余时间到农牧区、农民夜校实地调研，入户与村民进行访谈。通过调研，苏新春认为国家通用语言文字在新疆地区的普及和推广是语言研究团队值得深耕的课题。苏新春还将面向国家、面向社会的问题意识理念传递给当地教师，为他们指出学术发力点，拓宽当地教师的研究思路，助力喀什大学的学科建设发展。

在苏新春支疆刚到的短短几个月内，他主讲了3场专题讲座、召集了6场课题组讨论会，帮助喀什大学相关专业的教师及研究生确定科研方向、激发科研动力、提升科研方法和操作能力等，使喀什大学人文学院语言研究团队得到了迅速成长。

他连续两年主持召开了"南疆语言资源调查与语言生活研讨会"，开启了"南疆国家通用语言基础数据库"建设工作，为南疆国家通用语言研究走可持续发展的、不可替代的、有特色标志的道路起到了奠基和引领作用，并带领喀大语言学团队承担了国家社科基金重大课题的子课题。

从最初为期一个学期的援疆支教，到成为喀什大学特聘教授三年有余，苏新春持续为边疆高校教书育人、学科建设出力。

"实地调查之于人文学科发展很有帮助，援疆的同时，也大大推动了自己的科学研究工作，提高了对社会和祖国的认识，不虚此行。"苏新春希望有更多的老师能够了解"银龄计划",并投身其中。"人文研究,承担着帮助国家解决社会问题的责任,不是关起门来做自己的研究。"苏新春强调,作为支援新疆的高校老师、社会工作者,有责任去关注社会问题。

苏新春和同事深入农村调研国家通用语言文字使用情况

"只要有能力,就多做一点",简单的话语中,是苏新春以学术报国、以智力援疆的新时代知识分子的家国情怀。

(文／张远洋;图／受访者)

翁君奕：

鹭岸育英满芬芳，
商道启新绘华章

人物名片：

　　翁君奕，1955年出生，经济学博士，曾任厦门大学管理学院教授、院长，教育部科技委管理科学部委员，中国管理现代化研究会常务理事。曾2次到美国康乃尔大学经济系从事研究工作，主要方向为组织管理和技术创新过程中多元目标激励引起的利益冲突及其解决方案等领域。出版专著和教材5部，发表学术论文40余篇，主持国家自然科学基金课题2项、国家社会科学基金课题1项及国家教委课题2项。曾获孙冶方经济科学著作奖、国家社会科学优秀成果奖等。

翁君奕，响应时代召唤，从经济理论深耕至管理实践前沿，每一步跨越均与国家发展同频共振；担任厦门大学管理学院院长，引领其跻身中国最具竞争力的十大商学院之列，为中国商学教育的发展做出了深远贡献。

挟策修业，应时而择

除了厦门大学管理学院教授外，翁君奕在厦大还有另一个身份，那就是厦门大学经济系数量经济学专业1982级校友。说起来，翁君奕的求学之路甚至研究领域的转向，同学校发展与时代需要密切相关。

因为求学时期环境特殊，翁君奕十五岁就参加了工作，一直在业余时间订报刊自学。在被本科学校录取时，翁君奕只有小学四年级的学历基础。通过本科四年的学习，翁君奕终于在英语、数学等基础课程方面迎头赶上，考取厦门大学经济系数量经济学专业的研究生。

厦门大学过去的学院设置和现在并不相同，商学和教育学在学校建成之前的第一个月就成立了，之后又经历了院系调整，在这次大调整中，会计学科被整合到经济系。当时厦门的社会环境还不是特别好，整个国家又正值改革开放建设的集中攻坚之际。翁君奕从兴趣出发，考虑到国家的需要和学校的现实，报考了专注于经济应用而非偏向数理的数量经济学专业。直至学科建设后，厦门大学管理学院才建立了工商管理大类、会计等学科和专业。翁君奕回忆，当时他坚定地认为企业发展是国家民族长期兴盛的重要力量，把经济学理论运用到管理实践中是非常必要的。学习应当紧随时代发展，满足国家建设的需要。因此，翁君奕从统计专业教学调到管理学院工商管理教育中心任职，研究领域从经济教学研究转到管理学，变得更加微观并向应用倾斜。

▎薪火相传，爱育桃李 ▎

"师者，所以传道授业解惑也。"翁君奕对老师这个职业的深刻印象，始于在厦大求学期间。在他的回忆中，每个老师都非常敬业：老师们虽然很忙，但都坚持亲自给学生们上课。当时的研究涉猎领域颇广，院里还请来了其他学院的老师。有的老师翻过白城的长坡给他们授课，因为路程很远，上课时已大汗淋漓。在那些站在讲台上的身影中，翁君奕还清楚地记得，当时的数学系主任林鸿庆教授记忆力和表述力非常好，课上只带一根粉笔，一节课下来板书就能写得密密麻麻、思路清晰；导师俞大刚教授对学生们的各个方面都非常关心，在自己毕业之后师生之间也经常互相交流。耳闻目睹，日濡月染，良好的师德风范和浓厚的师生情谊，为翁君奕加入教师这一行列埋下了一份深深的向往。

翁君奕和导师的师生情谊也延续到了翁君奕和自己的学生们身上。当时老师们没有专门的宿舍，和学生住同一栋楼。楼下住老师，楼上住学生，师生多了交流，也不免有些摩擦。有时候学生在院子里踢球吵闹，许多年过去了，如今碰见以往的学生，翁君奕还会打趣调侃。不论是打球，还是用专业知识创业，翁君奕始终支持学生发展自己的兴趣爱好、走好自己的路。"我的学生一部分走上了创业这条道路，但创业不易，如履薄冰。另一部分参加工作的同学们也面临着危机，行业形势瞬息万变，岗位稳定性得不到保障。无论外界形势怎样变化，我都希望同学们能够坚持自己的兴趣，坚持自己真正想走的路，小到在生活中保持打球这样一个小爱好，大到人生的职业生涯规划，都能做出从心的选择。"

▎砺学求索，创新教学 ▎

1985年1月，翁君奕开始在厦大任教。与其他青年教师不同的是翁君奕曾在工厂实习，有过一段作为先进工作者上台演讲的经历。这一段上讲台的"前奏"锻炼了翁君奕在公开场合的表达能力、台风和胆气。"第一次上课是教学实践，当时没有试讲，也没有那么多老师来听，相比于现在教学互动比较少，也相对容易。"翁君奕笑着回忆起往昔初上杏坛的情境，"条件比较艰苦，获得信息也很困难，不过这也培养了各位老师之间、各教学单位之间相互交流、深度思考的能力"。

有限的教学资源没有难住翁君奕，甚至部分塑造了他之后求新求变的教学风格。当时部分学科知识更新比较慢，但翁君奕却力争将学科前沿的知识倾囊相授，所授的商务（业）模式创新、战略管理、管理理论等课程内容始终新颖、走在前沿。教亦多术，当精进不休。为了顺应时代以及学院对老师的要求、创造出更精品优质的课程内容，在学校的支持下，翁君奕于1991年和1996年两次赴美求学。翁君奕认为："教学不仅是现场的发挥，还要保证教学内容和教学质量，教师没有经过学习，就谈不上教学内容的深度，因而教师的自我提升是非常必要的。"这一自我提升、砺学求索的自我准则始终贯穿于翁君奕四十年的从教生涯。

回国后，翁君奕开设了"国民经济计划管理""国际经济学""收入分配""跨国公司理财"等曾经属于国外商科教学体系而国内缺少的课程，又在国外教学体系之外，自主开设了"商务模式创新"这一课程作为互联网时代瞬息万变的商业环境下教学体系的补充。除了课程设置，翁君奕在教学方式和方法上也紧跟时代，不断探索教育、教学的新模式。当时，翁君奕感受到在新时代的国内环境下，授课方式发生了非常大的变化：过去的教学以老师为中心，现在国内的主流趋势是模仿美国的教育模式，以学生为中心，强调学生的参与。然而，从传统的教学时期走来，又目睹了他国的教育模式，翁君奕并不完全照搬。例如，同是案例分析，美国大学的学生被要求提前预习案例，课上完全自由讨论；而在中国课堂，翁君奕认为老师的引导还是应当丰富和集中一些，应当按照学生的状况因材施教，让一种思路模式在学生个体上发挥最好的效果。

翁君奕与英国赫尔大学商学院签署合作意向书

　　翁君奕博采众长的教学方式、超前的理念和面向时代应用的教学内容，在学生身上收到了良好的成效。在厦门大学 EMBA 2023年首场校友返校活动中，2002级北京班的校友、内蒙古羊绒资源企业总经理赵耀回忆起翁君奕课程的先行性影响："2002年的时候，我的企业想从 OEM 代工转型做自己的品牌，但是怎么做？我心里没底。这时候我们上了翁君奕老师的商业模式创新课，这门课奠定了我此后20年企业发展的明确方向。当时我一边上课，一边结合课程内容思考是否可以用新的品牌、新的经营思路去推动企业的转型？我非常认真地做这门课的作业，请教了翁教授，也问询了我们班50多位同学的意见，最终这份作业为企业未来的发展方向提供了非常重要的启发。现在我们在上海的纺织业特别是羊绒行业里已经可以排到前三名了，非常感恩厦大。"

　　出色的教学工作使翁君奕在教学第二年就获得了学校"南强奖一等奖（教学）"。如今翁君奕仍然面向新时代，他又对自己提出了新的要求。在教授课程基本原理之外，他还引导学生开展实际应用，多次带领学生到厦门软件园二期等产业园区参观学习，在与企业新技术、新业态的接触中让学生有所收获。"因为在现代，知识更新换代非常快，比如，近些年兴起的大数据和人工智能，只有实际去应用才能了解。"就这样，翁君奕始终带领着他的学生与时代同行，用踏实的脚步与宏大的视野，培育了一批批涉足时代前沿的行业人才。

接任院长，攻坚克难

在教学工作之外，作为管理学院院长，翁君奕更为管理学院的发展与学科建设做出了重要贡献。如今，厦门大学管理学院已经发展成为中国最具竞争力的十大商学院之一，工商管理学科在153所上榜高校中位列全国第三，成为获评全国排名前3%的"中国顶尖学科"。其中不乏翁君奕为学科建设奉献的点滴心血。

翁君奕在EMBA发展论坛上发言

以校为家，拓荒积业，时任院长的翁君奕毅然承担起开拓者的重任，沉下身子，扑下身子，用真干去带动全体学员师生干。当时管理学院在学科完善、大楼建设、师资汇集、资金筹措等方面百废待兴，翁君奕就从早到晚待在学院，寒假报课题，暑假研究课题，开学期间操心学院的日常事务。在学科建设方面，当时学院所含学科中，除了会计学科较其他兄弟高校相对前沿外，其他学科的发展潜力都有待开发。翁君奕就带领和鼓励一批骨干老师申报博士点和国家一级重点学科，自发地一点点输入完善数据库信息。

而面对院里最重要的工作之一——人才队伍建设，翁君奕也秉承并落实着自己的人才理念：学生是服务的对象，老师是基本的依靠力量。翁君奕鼓励教师们在与学生保持深厚友谊的同时，更要着力对学生进行正确的引导，培养他们深度思考、善于创新的学习习惯，以面对越来越显著的碎片化时代。为了营造识才、爱才、敬才、用才的环境，翁君奕聚焦校风、院风的建设：他打破人情关系，塑造全新的学院建设风气；他召集师生们共同商讨 EMBA 的初创难题，集思广益，不断探索解决问题的路径和方法……在管理学院师资遴选和评价体系及教学管理服务体系的完善、厦门大学 EMBA 品牌的建立上，都留下了翁君奕铸路的足迹。

翁君奕为 MBA 创业资源俱乐部孵化基地揭牌

躬耕教坛，爱育桃李，翁君奕始终以匠心守初心，以师魂写使命，以开阔的视野追逐时代的前沿，带领学生们不断向时代的浪潮巅峰进军。负山戴岳，攻坚克难，翁君奕承揽建设重任，为推动学院发展铸就了坚实基石，为健全和深化学科建设做出了重大贡献。

（文／陈亦梅；图／受访者）

翁君奕：鹭岸育英满芬芳，商道启新绘华章

陈培爱：

"培养中国的广告之爱，好一位有爱的先生"

人物名片：

陈培爱，男，1950年出生，中共党员，厦门大学新闻传播学院教授。曾任厦门大学人文学院副院长兼新闻传播系主任，教育部新闻学学科教学指导委员会委员、中国新闻史学会副会长、中国广告协会学术委员会主任、中国广告教育研究会会长、福建省传播学会会长。1983年参与创立中国首个高校广告学专业，是我国广告教育的开拓者与先行者之一。学术成果丰硕，多次承担国家级科研项目，在学界与业界拥有广泛影响，获得国家高等教育唯一的一项广告优秀教学成果奖二等奖。兼任吉林大学、澳门科技大学等30余所高校的兼职教授或客座教授。

40年，对于一个专业而言，也许只是走过了起步阶段。对于一个人则意味着宝贵年华。20世纪80年代，改革开放大潮兴起，作为经济特区中唯一的重点大学，厦门大学肩负起培养广告人才之责。中文专业出身的陈培爱和同事们共同摸索出一套中国大陆独特的广告教育模式。如今，厦门大学广告学专业已成为"中国广告的黄埔军校"。

■ 而立之年，与广告结缘 ■

世界传播学大师施拉姆的学生余也鲁教授将传播学理论引入香港中文大学后，便生发了将其传播到更广阔土壤的愿望。几经权衡，作为经济特区之一的厦门成为首选。厦门大学是经济特区内唯一的重点大学，重任从此加之于肩。

1978年中国改革开放兴起，1979年广告业开始恢复。市场上商品竞争的力度加剧，很多企业开始推广自己的产品。产品在不断扩大销量的过程中，不断涌现的竞争使其想要进一步树立自身品牌，广告传播便成为企业塑造品牌的一种手段。顺势而为，高层次广告人才培养自然被提上了议事日程。

厦门大学广告学专业从1982年开始筹办。1983年6月30日，厦门大学发文成立"新闻传播系"，这是我国第一个以"传播"命名的新闻传播系，其中广告学专业是国内首创的新专业，它使我国广告专业人才培养和广告理论研究开始走上规范和科学的发展轨道。当时的《文汇报》曾有过报道，指出："厦门大学新闻传播系开设的广告学专业，是我国高等院校中首创的新专业。"

陈培爱在厦门大学中文系毕业后，继续留在中文系任教，教学和研究方向是现代文学。那一年，他33岁。当时，分管新闻传播系的王洛林副校长找陈培爱谈话，希望他"忍痛割爱"，到新建的系工作。新闻传播系的广告专业无人定岗，陈培爱便选择了广告。

"面对广告学专业，当时无人知晓应当如何创办。"在全国高校中首创广告学专业，可谓意义重大。但对当时的陈培爱而言，更多的想法是"完成组织交给的任务"。提及当时的感受，陈培爱至今仍记忆深刻，自受命之日起，他就"寝不安席，食不甘味"。"我自己也曾经动摇过，现在想来当时还真有点糊涂，书生意气，但这条路总算走过来了。"回忆往事，讲述者总是云淡风轻。但作为"第一个吃螃蟹的人"，对他和他的团队来说，创建中国自己的广告学专业和思想体系，可谓是在一张白纸上作画，一切从零起步。

■ 从零到一，敢当"第一个吃螃蟹的人" ■

《中国广告》杂志曾这样评价厦大的广告学专业："第一个吃螃蟹的人，当然从未吃过螃蟹，也不知蟹味，但什么都不能阻止他们去做这件事。"

从1983年厦大拍板到1984年招收第一届本科生，陈培爱只有一年的时间准备。没有广告学专业教师，没有课程设置模式，也没有任何专业教材，可谓真正的"三无"。"除了一番热情，其他一片空白"，陈培爱说。为了摸索出一套适合中国国情的广告教育课程体系，时任广告学教研室主任的陈培爱开始了"南征北讨"的调研。他马不停蹄地跑遍了全中国的大型图书馆，遍访当时已小有名气的广告界人士以及有关单位，获取第一手资料，哪怕是很小的收获，他也激动不已。也就是从那时候开始，他养成了早6点到晚12点的作息习惯，一直坚持到了今天。

当时，香港中文大学也没有广告学专业，但有个广告学方向，不定期编辑出版一些油印的小册子，刊登一些与广告学相关的文章。陈培爱就把散见于各种报刊和油印小册子中与广告、商标、管理有关的内容都摘录下来。当时摘录的卡片有几千张之多，这些卡片也成为陈培爱课堂上最为宝贵的知识财富。

就这样，中国第一个广告学专业顺利开课了。陈培爱给学生上的第一堂课是"广告学概论"，站上讲台，他既忐忑，又信心满满。

忐忑是因为当时"桶里面的水装的不多"。尽管从零开始,但他相信桶里的水会不断涨高。为了提高学术水平,1986年9月至1987年1月,陈培爱到香港中文大学进修传播学、广告学和公共关系学。在香港学习期间及此后的一段时间,他根据自己摘录的卡片完成了《广告原理与方法》一书的撰写,并于1987年8月正式出版。这是国内第一本从传播学角度编写的广告理论教材,也让厦大有了第一本自己的教材,解了燃眉之急。

1986年12月,在香港海天书楼,余也鲁教授为陈培爱和纪华强授课

教材问题是暂时解决了,但师资的引入又迫在眉睫。随后的几年里,厦大广告学专业的老师流动性很大,只有一小部分人始终在那里坚守着。当时工商出版社的编辑唐忠朴、黄震尧编译了一本《实用广告学》,陈培爱就请他们来学校上课。此外,他还陆续邀请国内外学者来厦大讲学,使厦大学子也能吸收国际前沿的广告学理论与实务,厦大的广告学专业终于逐渐开办起来。

细心浇灌,打造"中国广告的黄埔军校"

1997年,中国广告协会学术委员会组成专门课题组,对全国广

陈培爱:"培养中国的广告之爱,好一位有爱的先生"

告教育单位进行了历时一年多的调查，结果显示：在当时近百所高校中，我校广告学专业在广告业界和广告教育界的知名度和美誉度，均排在第一名。无论是课程模式、师资力量还是教材编纂，厦大的广告学专业都打出了自己的品牌。

一枝独放不是春，百花齐放春满园。90年代全国各高校的广告教育发展如雨后春笋，此时厦大经过几年的摸索已经总结出了一系列办学经验，成为中国广告学教育的领跑者。难能可贵的是我校广告学专业将其宝贵的经验毫无保留地向其他高校开放，主动带领各兄弟院校共同发展。

从90年代初开始，厦大广告学专业每年邀请各高校人才前来进修，费用全免，先后培养了几百人的师资力量，遍布甘肃、新疆、内蒙古等省份，厦大在广告学教育中的贡献也得到了国内高校的普遍认可。1999年，我校广告学专业牵头组织了中国广告教育研究会，集结了全国100多所高校加入。同年，为了给学科交流和发展提供平台，我校又创办了中国大学生广告艺术节学院奖。

当然，教育的最终目的是培养人才，厦大广告学专业品牌的打造，最终还是要落到培养出来的学生身上。谈起自己培养的学生，陈培爱更是如数家珍：有75岁毕业，当时中国年龄最大的博士熊润珍；有留学归国后45岁考入，后任中国艾菲奖评审委员会主席的博士贾丽军；有硕士毕业后曾任中央电视台广告部主任，现任凤凰卫视副总裁的夏洪波；有以佛山顺德文科状元的成绩考入广告学专业，现任广州市天进品牌管理有限公司董事长的冯帼英……陈培爱在厦大指导过34名博士、100多位硕士，用"桃李满天下"来形容一点也不为过。这些学生分布在各行各业，持续不断地向社会展现着厦大广告学的品牌影响力。

陈培爱与博士生合影

虽然已经退休了，但陈培爱始终在用自己的方式，为厦大广告学做一些力所能及的事情。除了日常在办公室里整理书稿和论文以外，陈培爱工作的很大一部分是外出参加各个单位举办的学术研讨会，继续活跃在学术领域。2022年，在新闻传播学科最高级别的刊物《新闻与传播研究》和《新闻大学》上，他还与学生一起发表了两篇重要的学术论文，增强了学院和学科的影响力。因为总是身体力行，活跃在各个场合，打响厦大广告的招牌，提高厦大广告的品牌影响力，陈培爱成了"厦大广告的一张名片"。

40多年来，陈培爱撰写、主编了30多部书，发表论文近200篇。此外，他还是一位内行的领导，曾任我校人文学院副院长兼新闻传播系主任。看似在忙碌中度过了几十年，但实际上陈培爱并未感到累，反而有点举重若轻的感觉。工作并没有使陈培爱牺牲掉生活，每天上班前，他总会早起做早饭、拖地板；晚上下班和家人一起做晚饭，一家人其乐融融。

"参与我国第一个广告学专业的建立，并把广告教育作为终生的事业，一辈子从未离开过这个行业。"在众多对他的褒奖中，陈培爱

陈培爱："培养中国的广告之爱，好一位有爱的先生"

最喜欢这一句。中国策划界"南张北叶"中的南张——张默闻专门以"深爱无声品激流,博学有声德静厚"为题来写陈培爱教授为中国广告默默耕耘的事迹。"培爱,培养中国的广告之爱,好一位有爱的先生。"

  自强不息,止于至善。就像厦大校训所追求的那样,陈培爱教授为厦大、为中国广告学教育的"至善"交出了满意的答卷。

(文／林伟鹏;图／受访者)

卢琳璋：

身牵两校，心系一"生"

人物名片：

卢琳璋，男，理学博士、二级教授、博士生导师。1977年考上复旦大学数学系，1984年硕士毕业于厦门大学计算机科学系后留校任教，1991年博士毕业于复旦大学数学系，回到厦门大学数学系任教。1992年晋升为副教授，1995年被破格提升为教授。2004—2013年担任厦门大学数学科学学院信息与计算数学系主任；2007年对口支援贵州师范大学，先后挂职该校数学与计算机科学学院院长、校长助理；2021年，被贵州师范大学聘为数学科学学院（特聘）院长。

卢琳璋衣着朴素，和蔼可亲，没有任何架子。走在校园里，可能只会把他当成一位普通的老人，不会想到他是一位知名的数学专家，更不会想到他是一名优秀的挂职干部。卢琳璋从教四十载，身牵两校，为厦门大学和贵州师范大学建立起深厚情谊，更是桃李芬芳，培养了一批批优秀的人才。

心系乡土的数学才子

卢琳璋出生在福建永定的坎市镇庵排村，尽管农村生活条件艰苦，教育资源十分有限，但是他的学习成绩一直名列前茅，尤其是数学。高中时期，他在学校组织的数学竞赛中取得第一名的好成绩，毕业时老师赠送给他一本微积分教材以示勉励。在当时高考还没恢复的背景下，大多数人认为学习微积分枯燥、晦涩，并没有什么"实际作用"，卢琳璋却很喜欢，还做了书中的一些练习题，不经意间，为后来的高考打下了坚实的基础。

1977年，高考恢复，考生如云，竞争十分激烈。在录取率不到5%的情况下，卢琳璋"一下就考上了"，被第一志愿复旦大学数学系录取。本科毕业后，卢琳璋以优异的成绩考上了厦门大学的研究生。在厦大执教几年后，卢琳璋回到复旦大学数学系攻读博士学位。1991年博士毕业后，被乡土情怀牵萦的他再次回到厦门大学，进入数学系任教。经过博士生阶段的学术训练，卢琳璋的科研能力得到了提升，毕业后在SCI等国外重要期刊上连续发表了多篇论文。他在学界的影响力逐渐攀升，返校第二年就晋升为副教授。三年后，又被破格提升为教授，仅用四年多的时间就达到了别人可能要用十几年，甚至几十年才能实现的高度。

卢琳璋的研究成果和数学才华得到了国内外学术界的认可，曾收到国外大学抛出的橄榄枝。1995年，卢琳璋在澳大利亚国立大学做高级访问学者半年后，应邀到阿德莱德大学访学，对方希望他能长期留下来。当时对方给出的薪资待遇比厦大要高很多，但是卢琳璋不为所动。访问结束后，他依然选择回到厦大，留在国内发展。当被问及原因时，卢琳璋的回答出奇的朴素："我的根在厦大。"

卢琳璋出境访学

没有款款深情，也没有慷慨激昂，有的只是真诚坦率，这是卢琳璋始终保持的可贵品质。正是这些品质，让卢琳璋能与学生打成一片，师生关系融洽；也让他接受贵州师范大学的邀请，跨越三千里，连接起厦大和贵师大之间的深厚情谊。

感动一方的挂职干部

卢琳璋坦言，以自己的性格，其实更适合做一名学者和老师，行政工作对他来说，似乎并无太多吸引力。在2007年挂职贵师大数学与计算机科学学院院长之前，卢琳璋就已经是厦大信息与计算数学系的系主任；并且自1997年起，他一直担任着九三学社厦门大学支社主委。他并不需要通过挂职来增加自己的从政履历，答应支援贵师大，更多的是出于支持西部地区教育发展的初衷。

卢琳璋主持会议

卢琳璋来到贵州之后，长时间远离家人，人生地不熟，饮食不习惯，方言难听懂，花了好几年时间才慢慢适应。当时的贵州和厦门之间交通不畅，每天只有一趟航班，而这趟航班要在南昌或者长沙中转，单程就要花费四个多小时，给本就工作繁忙的他带来了极大的不便。

卢琳璋以前经常受邀去不同高校访学。来到贵师大之后，为了扛起身上的担子，卢琳璋专心工作，整整八年没参加任何境外访学，放弃了许多与国际知名学者交流和提升自己的机会。挂职期间，卢琳璋作为院长，虽然学院事务繁忙，但他始终没有放下教学工作，一直带着学生做科研，看着他们一步步地成长。每个人的精力都是有限的，卢琳璋不愿意辜负他人，为了做好行政和教学工作，只能自己的学术研究做出一些牺牲。对于这一切，卢琳璋的总结很简单却很有力量："我不后悔。"

"不后悔"，简短的三个字，却包含了太多情感。既有"衣带渐宽终不悔，为伊消得人憔悴"的坚定，也有"回首向来萧瑟处，也无风雨也无晴"的豁达。对于"值"与"不值"的问题，卢琳璋一定思索过很多遍，可能是在夜深人静卸下一天疲惫的时候，可能是在结束一次与学生的畅谈的时候，也可能是在归家途中凝视飞机窗外的时候。无论卢琳璋有过怎样的心情，这些思量，最后都沉淀成了那份铿锵有力的告白："我不后悔。"

卢琳璋牺牲了很多，但是贵师大的学科建设因为他的加盟取得了很大的进展。在卢琳璋的不懈努力下，贵州师范大学的博士点实现了从0到1的突破，学科发展突飞猛进。

卢琳璋的工作获得了贵师大全校师生的认可。2010年，在贵师大首届"感动校园十大人物"的投票中，他获得的票数排名第一。此外，他还荣获贵州省"感动校园十大人物"提名。

爱生如子的高校教师

如果褪去所有光环，卢琳璋最根本的身份仍然是一位高校老师，他的责任还是传道、授业、解惑。

卢琳璋学术扎实，成果丰硕，连续20多年主持国家自然科学基金项目，参加过科技部"攀登计划"、"973"项目、国家自然科学基金重点项目，在国内外核心期刊上发表了100多篇高水平学术论文，指导过30余位博士和40余位硕士。

在学生的视角中，卢琳璋就像一个幽默、没有架子的父亲。他与学生之间的关系不仅是师生，更像是忘年交，他们凭借对数学的共同爱好而相遇、相知。作为过来人，卢琳璋深知学术论文对于研究生前途的重要性，所以他在指导学生论文时非常用心，不仅在写作过程中会给予思路和方法上的建议，也会帮着学生仔细批阅论文，直至完善。

从他开始招收研究生到现在的20多年里，卢琳璋一直主持着国家级和省级的基金项目，就算工作再忙，他也从不强求学生以自己的课题为研究方向，而是给予他们充分的尊重和学术自由。

在教育方法方面，卢琳璋因材施教，根据不同的学生采取不同的引导方法。对新进硕士生的培养，首先他会了解对方是否有继续读博的意愿。如果有，他会督促学生认真学习，培养其科研兴趣和能力；如果没有，他也不会强求学生做学术研究，而是让其在完成学业的同时，充分探索人生的可能性，寻找适合自己的道路。对于博士生的培养，卢琳璋的要求很高，每周他都会组织讨论班，让学生汇报，详谈自己一周的学习成果和思考。

卢琳璋在学生中的口碑很好，他曾颇为得意地说："我在学生中混得很好！"是的，卢琳璋是学生们的严师，也是益友。卢琳璋挂职后，经常往返厦大、贵师大，但他只要一回到学校，就会和学生联系，一起出去小叙，聊聊学习上的内容和生活上的乐事，期间的欢声笑语极大地缓解了学生的学习压力。

卢琳璋与毕业答辩的学生

除了研究生培养以外，卢琳璋对于本科生教育也有独到的见解。他认为，本科四年最关键的是大一，需要给予重点关注。经过高中三年的努力，很多学生考上了大学之后就开始懈怠，一方面是失去了前进的方向，另一方面是面临的诱惑太多，无法专心学习。他认为，大一是本科生树立三观的重要时期，授课老师、班主任和辅导员一定要形成合力，将学生引到正道上来。所谓"正道"，指的不仅是认真学习，更是要成为一个自控、诚实、善良的人。

执教四十年，卢琳璋的学生遍布全国，真正实现了桃李满天下。在这些学生中，有的专心学术，耕耘不断，成为教授、博导，收获了喜人的成果；有的兼职行政，担任系主任、院长、校长，为中国的高校建设添砖加瓦；还有些加入了公务员队伍，担任处长、厅长，成为服务社会的公职人员。他们与卢琳璋一样，正在用自己的方式奉献自己的人生，助力中国梦的实现。

卢琳璋与毕业的博士生参加学术会议

从教四十年，卢琳璋付出了很多，也收获了很多。虽然终有一天他会彻底告别讲台，但他的精神将会被学生一直传承，发扬光大，从这点来看，卢琳璋虽然是老教师，但他永远也不会老去。

（文／谢文豪、丁昌利；图／受访者）

林金枝：

书生意气，挥斥方遒

人物名片：

　　林金枝，中共党员，厦门大学国际关系学院/南洋研究院教授，福建永春人。1932年出生于马来西亚，1937年回国，1956年从厦门大学历史系毕业后到南洋研究所工作，长期从事华侨华人史、中外关系史、东南亚史以及南海诸岛问题等领域的科研和教学工作，硕士生导师，1993年起享受国务院政府特殊津贴，其研究成果具有一定的国际知名度。曾兼任中国东南亚研究会副会长、中国华侨历史学会中外关系史学会常务理事、中国海洋法学会常务理事、中国谱牒学会理事、福建省华侨历史学会常务理事等职。在境内外刊物发表论文80余篇，主要代表作有《近代华侨投资国内企业概论》《近代华侨投资国内企业史资料选辑》等。

"我是归侨,能进入由'华侨旗帜'陈嘉庚先生创办的大学,是一种荣幸。还记得在厦大建校35周年时,陈嘉庚先生在台上的慷慨陈词,他说他是个与众不同的'资本家',因为他挣的钱都花在了教育上。在陈嘉庚精神的引领下,我在那个敏感的年代研究华侨投资企业史,在国家需要的时候,奔赴祖国的南疆……"

林金枝,1932年出生于马来西亚,一生致力于近代华侨投资祖国历史的研究,在中外关系史、东南亚史以及南海诸岛问题等领域做出了卓越贡献,用毕生学识和研究形象诠释了"意气书生"的"铁肩担道义,妙手著文章"。

1992年,林金枝在美国旧金山学术会议上发言

"保家卫国"的书生

20世纪初,林金枝的父亲作为华工前往马来西亚从事橡胶种植与买卖工作。中国抗战爆发前夕,母亲和弟弟先后得病去世。悲伤之余,父亲带着一个哥哥和两个姐姐,还有林金枝回到家乡永春。彼时的中国经济凋敝,生活困苦,林金枝十几岁时就帮着家人经营小贩以维持生计。但林金枝并没有被生活打败,坚持求学。作为归侨,

林金枝一直对陈嘉庚先生怀有深深的敬意,陈嘉庚先生以国家为重、以民族为重的品格更是深深融入林金枝的血脉里,报考大学的时候,他毫不犹豫地选择了厦门大学。1952年新中国第一次高考,他顺利考入厦门大学历史系学习,毕业后留校工作至今。

"我们在上弦场等靠海的地方站过岗、放过哨。学生们在防空洞里上课,听得见隆隆的炮声",在厦大历史专业就读期间,正值炮击金门时期,厦大作为战争前沿,时有空战发生,林金枝如此回忆道。在这段特殊的岁月里,林金枝坚定了对党的信念,表现优秀的他于1954年被推荐入党,逐渐成长为一名坚定的共产主义战士。

"我在党的教育下努力工作,不忘初心,牢记使命。我的使命是做好事情,好好做人,完成党给我的任务。"怀揣着这样信念的林金枝于1957年入职厦大南洋研究所(国际关系学院/南洋研究院前身),就此开启了四十余载的科研和教学工作。新中国亟须加强对外部世界,尤其是周边国家的了解,受组织指派,作为归侨的林金枝进行了一系列有关南洋及华侨华人的教学研究,培养出了一批又一批奋战在党的外事和侨务战线上的栋梁之材。

林金枝(左三)参加香港学术研讨会

踏破铁鞋的学者

回首漫长岁月，林金枝在南洋研究所度过了大部分的职业生涯，于他而言，这里不仅是工作的场所，更是科研事业的摇篮。对于一个归侨而言，研究华侨华人史、中外关系史等议题不仅是学术责任，更是情感寄托。

20世纪50年代末到60年代初，南洋研究所接受国家任务，调研近代华侨投资国内企业史料，林金枝受命与庄为玑先生共同负责该项目。正值困难时期，科研经费匮乏，政策支持力度不足，完成这项调研在外界人士看来就是一件不可能的事，但重重的困难与阻碍都没有阻止林金枝对科研探索的热情。他的脚步遍布大江南北，跋涉在各地县市间，不知跑坏了多少双鞋，坐穿了多少张板凳。

家人的支持成为他乘风破浪的坚强后盾，"我的妻子专门帮我搜集了200多本简报资料，还默默地将我搜集的资料进行分类整理，儿女们都主动地帮我抄写资料……没有家人们给予我的支持和鼓励，我也不可能取得那么多成果"。

调研工作完成后，林金枝又花费多年时间呕心沥血地收集与整理资料，形成160余万字的文献资料，全面而深刻地反映了近代华侨投资祖国的情况。完成初稿后的林金枝又面临着新的挑战：没有地方发表，没有经费出版。几经波折后，最终在福建人民出版社和厦门大学出版社的支持下得以出版，4年内5本佳作问世，在《人民日报》（海外版）等媒体上得到了广泛宣传和讨论，2次荣获福建省社会科学优秀成果二等奖。

除此之外，林金枝还积极参加国内外学术会议。其中为1988年由中国华侨历史学会与南洋研究院合办的国际学术讨论会撰写的《海外华人在中国大陆投资及其前景》一文，一经宣读就引起了海内外专家学者的高度关注和好评，《大公报》《联合早报》《世界日报》等均有报道。论文发表后荣获国务院侨务办公室1990年5月主办的第一届全国侨务工作研究优秀论文二等奖（一等奖空缺）。

林金枝的主要作品

以笔为刀的战士

20世纪70年代，南海争端加剧，南洋研究所受国家外事部门委托，专门成立南海诸岛研究课题组，林金枝响应国家号召，与团队成员走遍了广东、广西、海南等地，经湛江、抵海口、到三亚，乘军舰踏上三沙。

长途跋涉、车船颠簸、晕船呕吐没有阻挡他们的脚步。"国家任务高于一切"，他们登上了一个又一个常年高温高湿、温度常常达到近40℃的岛屿。返回海南岛后，又马不停蹄地前往琼海、海口、文昌，扎进图书馆、档案馆，一页一页地找资料；直奔港口、码头，找渔民访谈，一个字一个字地记录。

这项工作持续了两个月。团队的考证结果表明，西沙和南沙群岛是中国最早发现、命名、开发、经营和管辖的，中国对其的主权正是在此基础上，经历长期发展逐步形成和完善的。自宋代开始，历代中国政府都对其行使了管辖权，历时千年。多种多样的管辖方式完全符合古代、近代和现代的国际惯例和国际法。无可辩驳的事实表明，南海诸岛自古就是中国领土！

后来，团队的考证被外交部发布的文件《中国对西沙群岛和南沙群岛的主权无可争辩》所采纳。1980年，林金枝同南海诸岛调研组参与了外交部关于我国西沙、南沙群岛主权白皮书的起草工作。外交部专函表彰，对团队成员韩振华、林金枝、吴凤斌三位同志不辞辛苦、夜以继日地为我国对外斗争做出了有益的贡献表示衷心的感谢。"这是何等的荣耀啊！"林金枝回忆起这段往事，仍带着无法抑制的激动和自豪，他感恩地说道："我得到了许多表扬和奖励，但是我最看重的是个人的荣誉和国家的利益结合在一起。"

此外，林金枝单独撰写的20篇论文（约25万字）在国内外刊物上发表外，还和团队成员合作出版了《西沙群岛和南沙群岛自古以来就是中国领土》、《祖国的南疆——南海诸岛》、《我国南海诸岛史料汇编》和《外国确认中国拥有西沙和南沙群岛主权的论据》（中英文本）等5本著作和史料汇编，有力地论证了我国对南海诸岛享有无可争辩的主权，对我国捍卫南海主权做出了积极贡献。

1977年5—7月，南洋研究所林金枝与韩振华（中）、吴凤斌（右）共同参加南海诸岛调研组赴西沙群岛的调查

"在国内，经历过战火纷飞的年代，到了和平时期，本以为自己

一无所用，但手中的笔让我能继续为维护祖国的主权和领土完整奉献心力，正应了毛泽东诗词中的'书生意气，挥斥方遒'。"

从教40余年，林金枝将青春岁月奉献给了祖国的教学科研事业，从1952年至今，林金枝的生活半径未曾离开过厦门，也未曾离开过厦大。2021年，在中国共产党成立100周年之际，林金枝荣获了"光荣在党50年"纪念章。从一名归侨到一名坚定的共产党员，在祖国，他找到了人生归属；在厦大，他找到了自己终生的事业。而他"寄意寒星荃不察，我将我血荐轩辕"的一片赤诚和一腔爱国情怀将激励一代代厦大人，把人生理想融入实现中华民族伟大复兴中国梦的历史洪流之中，以家国为己任，在中华大地上书写新的绚丽篇章。

（文／史郁涵、郁雪吟、何雨涓、龙羽西；图／受访者）

陈文沛：

栉风沐雨守初心，勇担使命绘蓝图

人物名片：

陈文沛，厦门大学原海洋学系党总支书记。1970年，厦门大学决定复建海洋学系，任复建工作筹备组组长。在海洋学系任职期间，招揽英才，争取科研项目，推动学科不断发展。退休后，承担厦门大学党委组织部委任的干部考核工作十余年。曾获"厦门大学优秀党务工作者""厦门大学优秀支持工会工作者""九州奖"。2008年，获评厦门大学"老有所为"先进个人。

有这样一位老人，他出生于旧中国，见证了新旧中国的更迭，把爱党爱国的理想信念深植于心，纵使风雨万千，始终初心不改；他奋斗于新时代，深耕教育事业三十余年，亲历了中国教育事业的改革和发展，迎难而上、拓路夯基；他投身于推动厦门大学海洋学科的发展、壮大，为人低调、谦逊，永远是一群人中最埋头苦干的那一个。他就是厦门大学原海洋学系党总支书记陈文沛。

■ 见贤思齐勇担当，不忘初心报党恩 ■

1937年9月，陈文沛出生于福建省泉州市永春县。20世纪50年代，正就读初中的陈文沛，以笔名"陈闻配"写下了一篇文章《农村——广阔天地大有作为》，崭露才华。初中毕业后，陈文沛被组织选派到农村参与基层工作。就在参加工作的第二年，他递交了入党申请书，之后顺利成为一名中共党员。经历了抗日战争和新中国的成立，陈文沛对党抱有更深的归属感、使命感，在他看来，身边的党员同志无一不是吃苦在前、享受在后，都是大家学习的榜样。他说："没有共产党就没有新中国，入党不仅是向榜样学习，也是知恩图报、报效国家！"那时的热血青年，如今的白发老人。虽然时光苍老了面容，但那份入党初心历久弥新，那份为国家建设奉献青春力量的渴望依然炽热。"为中国人民谋幸福，为中华民族谋复兴"，对待这份初心，陈文沛"言之于口，行之于身"。

1958年，因工作表现出色，陈文沛被调干到厦门大学工农预科班进修三年，1961年进入厦门大学生物学系读书，1965年毕业留校任职，直至1997年退休。四十载厦园光阴，让一名青年党员学子蜕变为一名优秀的党务工作者。"是党培养了我，我理应为党培养更多的人，哪里需要我，我就去哪里，我始终服从组织安排"，已有六十三年党龄的陈文沛谈起过往时，目光仍十分笃定。

陈文沛（前排右一）在厦大就读工农预科班

痴心耕耘，兢兢业业，这位老党员始终坚持立德树人，用心血和汗水渐渐点亮自己的教育生涯。在党务工作方面，陈文沛曾获"厦门大学优秀党务工作者""厦门大学优秀支持工会工作者""九州奖"等诸多奖项。桑榆之时，他仍在党建和教育岗位上发光发热。

陈文沛留校任职

陈文沛：栉风沐雨守初心，勇担使命绘蓝图

披荆斩棘复学系，如琢如磨绘蓝图

1970年，三十三岁的陈文沛接到了学校发来的一项特殊任务——复建厦门大学海洋学系。学校成立复建工作筹备组，并任命陈文沛为筹备组组长，这对他来说是信任，也是考验。

创办于1946年的厦门大学海洋学系是全国第一个海洋学系，而后在1952年的全国院系调整中，海洋学系的部分师生队伍被调整至山东大学，剩余的师生也被调整到其他系。1952—1970年，海洋学系作为整建制单位不复存在。接下复建任务之初，陈文沛及筹备组其他成员就共同秉持着一个理念——让这所"向海而生"的大学继续"因海而兴"，让这座培养国家海洋人才的摇篮掀开新的篇章，继续乘风破浪、扬帆远航。

厦大海洋学系复办筹备组
（左起：付仰大、邱文仁、陈文沛、蔡阿根）

根据陈文沛回忆，这项复建工作的重中之重就是将分设于各系的海洋物理、海洋化学和海洋生物学专业（或专门化）的教学、科研队伍重新组合，并找到合适的教学实验场所。当时，学校政策支持，指导思想明确，但是经费和物资紧缺一直是复建工作无法绕开的难题。筹备组成员顶住压力，跑遍校园各处选场所，经过反复考量，最终学校同意确定映雪楼作为海洋学系的教学、办公和实验大楼，在此恢复设立海洋学系的海洋生物学、海洋化学、水文学、水声学四个专业。为寻觅良师，筹备组成员向学校申请调入海洋学相关老师，从国家海洋局引进优质人才，组建海洋学系教学队伍。映雪楼场地有限，教学科研实验室就"化整为零"，分布于工学馆、海马楼和旧化学楼等处，同时不忘建起海洋学系图书资料库，并依靠修旧利废或一机多用等办法，暂时维持实验室仪器设备的需求。那时，场地破旧、经费紧缺，但在教育部和国家海洋局等各方力量的支持下，在校党委的统筹协调以及筹备组和广大老师的努力下，海洋学系终于正式复建，按照学校部署步入恢复试点阶段，并于同年开始招收"工农试点班"学生。

1952年院系调整后海洋学系剩下的师生

陈文沛：栉风沐雨守初心，勇担使命绘蓝图

越过重重困难，复建的海洋学系初具规模，但夜以继日的奔波操劳使陈文沛因劳累过度，胃部出现不适病倒，抢救成功后进行了胃部切除手术。住院期间，学校领导多次来看望他，同事、学生争相照顾。"侥幸在鬼门关捡回了一条命"，年过八十的陈文沛回忆起这段往事，个中辛酸已是风轻云淡。而今，厦大海洋愈发壮大，"嘉庚"号科考船扬帆远航，学科排名也位居世界前列，一代代海洋学子从院楼走出，走向祖国需要的地方——"蓝图规划"已变为美丽的"现实画卷"。

■ 苦心经营拓蓝海，党建育人守初心 ■

从1970年参与海洋学系复建工作，到1997年在海洋与环境学院退休，期间有二十载光阴陈文沛都和海洋学系并肩同行。1979—1987年，因职位调动，陈文沛先后到生物系和经济系任职。1987年，因学校岗位调整，陈文沛再次响应组织的号召，又一次回到了这个他曾经参与复建的海洋学系，再次推动和见证海洋学科的成长和发展。

90年代后，我国高等教育面临深化改革和全面快速发展的阶段，如何进一步加快建设实验室、提高科学实验水平，成为全国高校重点关注的问题。再次回归海洋学系的陈文沛，深刻意识到海洋学科需要快速发展提升的紧迫性。如何解决复建之初因经费、资源短缺遗留下的问题，成为接下来学科发展的突破口。系党政领导班子也下定决心改善教学科研环境、加强实验室规范管理和提高科研实验教学水平。为此，陈文沛带着系里的老师到国家海洋局争取科研项目，亲自到山东海洋学院商讨借用"东方红"号科考船事宜。他十分清楚，学科要稳步发展，科研人才是重中之重。一方面，系里竭力招揽四方英才，给青年人才创造施展才华的空间；另一方面，他倡议并努力解决科研人员的后顾之忧，让科学家们全身心投入科研工作中。无论是在复建之时还是发展之中，陈文沛始终坚持党建推动行政、党建助力科研，为海洋学系的蓬勃发展提供可靠的组织保障。

青年兴则国家兴，青年强则国家强。"潜心教育、立德树人"，陈文沛一直在路上。在海洋学系任职期间，陈文沛特别重视青年学子的培养，以实际行动践行"为党育人、为国育才"的使命。

身为一名党务工作者，陈文沛不仅关注学生的思想政治工作，更是力抓学风建设。每次考试前，他都会亲自到宿舍督促孩子们认真备考，偶尔看到有人下象棋、打扑克，他总是耐心劝导。谆谆教诲下是陈文沛对青年学生的殷切期望。退休后，陈文沛承担起学校党委组织部委任的干部考核工作，这一做又达十年之久。他时常勉励青年党员要树立远大理想，励志勤学，刻苦磨炼，知行合一，展现新时代人才的精神风貌和鸿鹄壮志。

复建海洋学系、振兴海洋学系，陈文沛那份"吃苦在前，享受在后"的奉献精神、"兢兢业业，鞠躬尽瘁"的使命意识，便是千万党员努力的方向。见贤思齐，陈文沛把对党的敬仰之情化作择善而从的实际行动；心怀党恩，陈文沛把家国情怀融于一生奋斗的事业之中。回望来时路，他的职业生涯俨然成为践行初心使命的精彩篇章。

"一代人有一代人的担当。"陈文沛就是勇扛时代重任、为祖国教育事业添砖加瓦、始终高歌前行的那"一代人"。在他身上，我们触碰到那一代人炽热而纯粹的初心和信仰，领悟到那一代人在艰难困苦面前的坚守和奋勇，更感知到他们对后辈殷切的期待和关爱。

（文／史天一、林华英、戴梦瑶；图／受访者）

邓晓华：

一"语"天然万古新

人物名片：

邓晓华，厦门大学社会与人类学院教授，博士生导师，1987年至厦门大学工作。曾任人类学研究所党支部书记、人类博物馆副馆长，兼任中国人类学学会副会长，中国博物馆学会理事、中国民族学学会理事、中国人类学民族学研究会理事、中国汉民族学会常务理事、中国民族语言学会理事，2022年度"人类学终身成就奖"获得者，入选福建省文化名家。长期从事比较语言学、汉语方言学、人类学、族群关系与族群理论、文化遗产、博物馆学的研究与教学工作。先后主持完成5项国家社科基金项目，其中2项重大项目、1项重点项目；4项教育部项目。有关成果先后获国家及省部级奖。2016年退休后，依然活跃在教育一线。社会与人类学院成立后，担任学院关心下一代工作委员会常务副主任。

岁月失语，惟石能言。自1987年邓晓华至厦门大学任教以来，转眼已过去35个年头。在多年的研究与教学生涯中，邓晓华不忘初心，在语言人类学的研究道路上坚持不懈地探索。一"语"天然万古新，豪华落尽见真淳。邓晓华以比较语言学与汉语方言学为主要研究方向，不断发掘语言之深刻与华茂，积极探究语言与族群之间的关系，在语言学领域内不断创新。其研究成果在受到国内外同行高度赞扬的同时，也向世界展示着独具中国特色的语言与族群文化，将与语言相关的中国故事以学术作品的形式娓娓道来。

2000年，邓晓华在"21世纪人类生存与发展"国际学术会议上作报告

▌ 饮流怀其源 ▌

故乡寄托着梦想，也承载着回忆。在邓晓华的记忆中，他的整个青少年阶段都在家乡度过，无论是在求学时，还是在插队劳作时，故乡的一花一树、一草一木，都把中华民族的优秀文化毫无保留地展现在他面前。作为日常生活用语的方言土语尤其令他着迷，在动听而熟稔的乡音的浸润下，他掌握了许多种类的方言，并以语言为工具不断探索着故乡的文化世界。

探索过程中，流淌在故乡文化血脉中的革命基因与时代特色深深地影响了邓晓华的研究之路。儿时，父辈们经常讲打土匪的故事，客家人的反叛精神与革命特点零星地闪烁其中，这使得邓晓华收获了人生中最初的民间革命文化与政治教育。后来两年多的知青生活也使他在实践中进一步走进家乡。他当过手扶拖拉机手，也做过武装基干民兵排长，这段经历使他深刻体验到中国农民的艰辛，因此他愈发追求上进，将个人与家乡、与时代紧密地联结起来，同呼吸，共命运。

一方水土养一方人，一方水土更能引领一方人。故乡的种种不仅仅是一段藏在邓晓华心底的宝贵记忆，更是影响他一生的深沉财富。故乡深厚的文化底蕴给予了他关于中国语言文化的启蒙，故乡的革命基因与时代气息引领着他去实践，让他在实践中叩响人类学和中华民族灿烂文化的大门。

从汀江之畔的龙岩师范大专班到武夷山下的汉语方言研究班，再从华中科技大学到厦门大学，邓晓华奋斗前行几十余载，在语言人类学领域上下求索，不断开拓。

在龙岩师范大专班，邓晓华勤学苦读，拼命汲取知识，多次拿到最高分。在武夷山下的汉语方言研究班，邓晓华在安静的闽北古城中，在黄典诚、李如龙、许宝华等著名语言学家的指导下初识专业语言学。因对语言学的浓厚兴趣及认真、踏实、严谨的治学态度，邓晓华受到许宝华先生的推荐，参加了当时华中工学院（现华中科技大学）的音韵学高级研究班。就读期间，邓晓华延续了他一贯的治学态度，在严学宭、孙宏开、赵诚等一众国内最杰出的语言学家的课堂之中受益匪浅，将他们注重古代文献、汉语方言、少数民族语言三方面结合的中国语言学研究传统内化于心，外化于行，逐渐运用到自己对客家话的研究实践中。从音韵学高级研究班结业后，邓晓华考取了严学宭先生的研究生，正式开启了专业的学术研究之路。在后来的研究中，邓晓华将理论与实践紧密结合，在不断阅读相关著作、拓展自我知识边界的基础上，积极进行田野实践，在语言人类学领域持续深耕，陆续出版了《人类文化语言学》、《客家方言》、《中国的语言及方言的分类》（该书获国家社科基金经典外译推荐书目，已出版德文版）、《语言、族群与演化》等学术著作。

1985年，邓晓华与恩师严学宭教授及师母合影

对待学术的严谨态度与孜孜不倦的努力奋斗，是邓晓华求知路上的催化剂；理论与实践相结合的方法，是他在上下求索路上的有力工具。二者的有机结合使得邓晓华在漫漫学术路上走得更加坚实，更加稳健。

新翻杨柳枝

创新是推动生产力发展的第一动力，是积极向上的生命力的源泉。对学术研究而言更是如此，邓晓华对此深有感悟。

首先是多学科融合。在长久扎根人类学研究实践后，邓晓华发现，考古学跟语言学具有共同的理论和方法论基础，即重视区域视野、类型学比较、层次分析以及域外文化因素移植。后因主持厦门大学校庆人类博物馆大修及布展，邓晓华又对博物馆学有了切实的了解与认知。另外，在担任国家一级学会——中国人类学学会法人代表及秘书长兼副会长时，需要协调各种学术活动，这使他进一步增加了相关学科的知识储备。这些都令他意识到从多学科视野来审视语言学研究，比起单一学科的角度，更具备学术优势。

2000年，邓晓华在厦大人类博物馆为费孝通作介绍

其次是国际间学术交流。学术是在前人的肩膀上前进的，而非独自拓荒，邓晓华深刻意识到这一点。90年代，邓晓华先后多次参加厦门大学与美国斯坦福大学、台湾"中央研究院"三方合作的"台湾与福建社会文化比较"研究项目。21世纪以来，邓晓华也积极开展人类学与语言学学术交流。2001-2003年邓晓华应王士元老师邀请，到其所在的香港城市大学语言工程实验室工作，并任城大语言学研究所客座研究员，参加了由王士元院士、王明珂院士主持的"中研院"主题研究计划"中国民族的起源"，探究中华民族起源，寻找民族文化之根。

2003年，邓晓华与日本学者在南靖客家土楼做田野调查

最后是将对现实之关切与自我独立之思考相结合。在方法层面，在科学技术不断进步与更新的今天，如何将现代科技手段运用到社会科学的研究之中，是整个社会科学领域的宏大命题。邓晓华在这条路上主动积极探索，在从遗传学、考古学、语言学三个窗口结合研究的同时，将传统与现代相结合，人文与科技相结合，持续创新创造。在长期奋斗之下，邓晓华产出了一批优秀的实践成果。在语言与族群的关系分类研究、南岛语族的起源及形成研究、南方土著语言的底层研究、语言与族群分类的计量模型研究、华南族群的语言及方言的分区研究中取得了具有特色的、有影响的重要研究成果。在内容层面，邓晓华深挖中国语言文化特色，以语言为切入点，以小见大，见微知著，通过方言与族群研究悉心绘就中国民族文化壮美画卷，并以学术研究的形式将中华之灿烂展示给整个世界。

润物细无声

作为老师，邓晓华兢兢业业，对待工作一丝不苟，一边持续读书提升自我，一边将读书所得倾囊传授给学生。在对下一代的关切与培育中，邓晓华着重培养学生的三大品质。

邓晓华与学生合影

一是"自由之思想与独立之精神"。相较于传授具体的知识，邓晓华更愿称自己的工作是在启蒙与启智，通过自己的教学，引发学生对语言人类学与文化人类学的自由思考与独立研究。在他看来，无论是做人还是做事，如果想要在激流涌动的时代站稳脚跟，就必须保持精神独立和思想自由。

二是"超然得失，坦然面对各种境遇"。在实现人生目标、为理想而奋斗的道路上难免需要面对失败。所谓"人生到处知何似，应似飞鸿踏雪泥"，面对生活、学习、实践中的坎坷，应以坦然超脱的心境对待。在正视坎坷的同时，从中汲取经验，将失败之苦涩酿成成功之甜美。

三是"于实践中学习，践行'做中学，学中做'"。广阔的田野是人类学最宏大的舞台，只有在这个舞台上反复摸索排练，不怕苦累，才能将优秀的人类学作品展现在学术研究的舞台上，将人类学落入民族文化建设与国家发展的伟大实践中。邓晓华曾多次带学生前往江西广丰蛇山头遗址、南靖塔下村、闽西客家村落、闽南传统寺庙等众多文化遗址进行田野调查。"纸上得来终觉浅，觉知此事要躬行。"在田野实践的浸润下，从厦门大学走出了一批批人类学研究的中坚力量。

邓晓华的故事是深植于理论与实践之中的故事，也是深植于民族、国家与时代发展的故事。以语言人类学为主要研究领域的邓晓华将中国的民族语言与民族故事讲给世界听，让世界看到了中国异彩纷呈的民族文化，为增强中华民族的文化自信贡献出了自己的力量。如今，接受返聘的他继续耕耘在工作岗位上，如春风化雨般滋润着正在成长的新一代莘莘学子。人生海海，山山而川。大成若缺，和光同尘。他的奋斗精神、实践精神、超然得失的精神持续影响着新一代青年，推动着这一代青年人将学术探索与民族发展相结合，将自我实践与国家需要相交融，于奋斗路上追赶日月、筑梦未来。

（文／游玉洁；图／受访者）

高令印：

志存高远越鲁闽，学通古今探真知

人物名片：

高令印，男，厦门大学哲学系荣休教授。1935年出生，山东阳谷人，世界知名朱子学专家。1960年毕业于厦门大学历史系，1964年毕业于中国人民大学哲学系研究班。历任武夷山朱熹研究中心副理事长、福建中国哲学史学会会长、全国中国哲学史学会理事、国际中国哲学学会学术顾问、中国朱子学会名誉会长、尼山世界儒学中心及尼山世界文明论坛学术委员等。曾获武夷山申报世界双遗产"突出贡献奖"、福建朱子学"文脉奖"、韩国"第四届退溪学国际学术奖"、北京汤用彤国学奖，以及省、市政府颁发的多种学术奖项；享受国务院颁发的政府特殊津贴。发表文章400余篇，出版专著《福建朱子学》、《朱熹事迹考》（韩国朱昌均译部分为韩文）、《闽学概论》、《闽学志》、《李退溪与东方文化》（韩国李楠永译为韩文）、《中国文化纲要》、《王延相评传》、《游酢评传》、《福建理学史》（合著）、《朱子学通论》（译成英文）、《简明中国哲学通史》、《中国禅学通史》等20余部。

心系桑梓，志在四方。高令印，这位从山东田野走向学术殿堂的学者，用他的智慧和执着，书写了令人敬仰的篇章。他的人生，宛如一幅波澜壮阔的画卷，记录着个人奋斗的历程，映照着时代发展的轨迹。

■ 成长经历：从传统乡野到学术殿堂 ■

"我们山东黄河北岸的庄稼人，历来都是'闯关东'，而我却是'下江南'。"高令印这样概括自己成长与求学的经历。

1935年，高令印出生于山东省阳谷县张秋镇史塘村的一户贫苦农民家里，家族几代人都不读书，连自己的名字都不会写，全靠种田为生。谈及成长经历，高令印对战争的印象尤其深刻。20世纪40年代，他的家乡处于最激烈的抗日、国内战争拉锯式的夹缝中——黄河北岸，当时属于中国共产党领导的晋冀鲁豫边区。10岁左右，在一次日军赶鸭子式的大扫荡中，他抓住牛尾巴跑过一条胡同才逃过灭顶之灾。后来，他加入了儿童团，并成为团长，参加了村里的土地改革运动。1949年初，他加入了中国新民主主义青年团（即现在的共青团）。

1956年夏，高令印通过高考被厦门大学历史学系录取。他从没有离开过家乡，对厦门知之甚少，而最大的困难是没有路费。为了前往厦门大学，高令印向省政府高招办申请了50元路费，辗转多地，乘坐火车、汽车、轮船等多种交通工具，最终耗时8天才抵达。

当时，厦大历史学系主任是傅衣凌教授，他运用谱志、契约等民间文献研究明清东南沿海资本主义萌芽问题，在国内外学术界享有盛誉。在傅教授的影响下，高令印形成了注重谱志等民间资料的治学方法，这为他日后的学术研究奠定了坚实的基础。

1960年3月，高令印提前毕业，并被分配到学校马列主义教研室哲学教研组，担任助教工作。为了把教学和自己的专业知识结合起来，他自学中国哲学史，对源远流长的中国哲学产生了浓厚兴趣，决心深入研究和挖掘这一丰厚的文化遗产。

　　1963年9月，高令印考入中国人民大学哲学系马列著作研究班，在学期间不仅钻研了马列经典著作，如恩格斯的《反杜林论》、马克思的《哥达纲领批判》和《德意志意识形态》等，还特别选修了中国哲学史专家石峻教授开设的"中国哲学史""中国哲学史史料学"课程，以及其他外国哲学类课程。他还积极参加北京地区有关中国哲学史的学术活动，聆听知名学者的学术演讲，在不懈地坚持和付出中，真正进入了中国哲学史的学术殿堂。

　　1964年，高令印从中国人民大学哲学系毕业后，仍回到厦门大学工作。

高令印在厦门大学哲学系开展教研工作

立说专道：与朱子学的深厚情缘

　　对高令印而言，与朱子学结缘是偶然中的必然。1976年上半年，高令印前往闽北朱熹家乡实地考察。一行人从建阳考亭书院、黄坑朱子墓，到建瓯朱文公祠、博士府，再到武夷山武夷精舍、黄坑朱子墓，一路上探寻到大量朱子"过化"的遗址踪迹、墨宝画像和古籍善本，他都及时拍照、抄录或购买。高令印回忆道："闽北山清水秀，古迹遗存很多。印象最深的，是建阳考亭书院的石牌坊、黄坑的朱子墓、武夷山的武夷精舍、朱子对镜写真题以自警（自画像）。"

谈及此次经历，高令印感慨颇多："那时候看到建阳考亭书院的石牌坊淹没在水库里，看到武夷精舍只剩半面墙，是很是痛心的。"后来，他只身数次到闽北，一待就是数月，走遍了武夷山辖区内与朱子有关的古迹，收集、考证的文献资料堆成了小山。也是这些机会，使高令印发现了武夷精舍图，为后来重建武夷精舍提供了最好的依据。

高令印在建瓯考察到的朱熹"对镜写真题以自警"石刻碑

高令印是教研中国哲学史的，熟悉历史，以及哲学史的研究方法。他利用谱志等地方文献研究朱子学，这成为其研究特色，也开启了朱子学研究的新领域、新境界。高令印聚焦朱熹的家世、生计、遗迹等，对闽学、福建朱子学、朱子学做出了发凡起例，对其内容和在国内外的传播进行了系统研究，首创"福建朱子学"概念；综合研究中国文化，认为南宋后武夷山一带是继中原后中国文化新的重心，提出了"武夷文化说"等。特别是其著《闽学志》，是"中华人民共和国·福建省"志书中的一种。

高令印、高秀华编著的《闽学志》

高令印：志存高远越鲁闽，学通古今探真知

高令印几十年来勤奋耕耘，著作等身，成果颇丰，至今已发表文章400多篇，出版著作20余部。他所著的《福建朱子学》记载了福建朱子学直到近现代的发展历程，囊括了朱熹同时期的学者以及后世研究朱子的学者共35人的思想，勾画了"福建朱子学"的轮廓，推动了福建的文化传承；与薛鹏志合著的《福建理学史》，阐述了福建理学从唐代理学萌芽时起至清末民初的产生和发展过程，尤其是唐宋间国家文化重心向武夷山一带转移的过程，肯定了朱熹及其后继理学家在理学理论、民族大义、道德伦理建设等方面做出的卓越贡献。著名学者张立文曾评价该书匠心独具，智能创新，"具有纵贯性、横摄性、系统性、全面性、独创性的特点"。高令印运用谱志、考察文献来研究朱子学的学术方法，被认为具有开创性，"走一条新路"（美籍朱子学家陈荣捷语）。

高令印严于律己，生活简朴，安贫乐道，恬于进趣。厦门大学哲学系1979级学生汪金铭这样回忆他："除了做学问之外的东西他都不计较，家里除了满室书香，没有其他装饰的东西。他不喜欢热闹，更不擅应酬，一门心思做学问，以研学为乐，以至于他的一位友人说，他是天生做学问的料。高令印外出时随身携带的总是学术资料，他习惯随时随地记下自己的心得、灵感，有时是小纸条，有时甚至是随手撕下的日历页……"

在教学中，高令印待人以宽，对学生平等民主，他常说教学相长，师生亦是学友。他的学生都喜欢到他家串门，他也常到学生宿舍与同学们交流，话题无一例外都是学术、学习问题。学生们都说，听高老师聊学术、谈学习，轻松自在，如沐春风。高令印还特别注重培养学生的学术兴趣，强调立足现实，关注学术前沿，广结学术善缘，找准研究领域与课题。他说，做学问要有自己的东西、自己的特色、自己的优势，力求做到人无我有、人泛我专、人粗我精。

文化传承：学术研究的国际视野

除了潜心于朱子学研究之外，高令印也积极参加和组织各类学术活动，让传统文化不仅仅局限于小部分群体，而是在交流传播中发扬光大。他把握时代脉搏，积极推动国际学术交流。自1984年起，他的身影频繁出现在日本、韩国等国家和中国香港、中国台湾等地区的学术会议上，不仅代表中国人文学者走向世界，更为中华优秀传统文化的海外传播做出了不可磨灭的贡献。

高令印在国际学术会议上

他曾费尽心力联合中国哲学史学会等组织，在厦门大学举行了中国首届（国际第二届）"朱子学国际学术会议"，诚邀海内外129名专家学者共襄盛举，搭建起海内外朱子学研究的沟通桥梁。

受李退溪后代李龙兑先生的邀请，高令印曾作为中国大陆最早一批受邀参会的学者参加了国际退溪学会议。他以此为契机，在《福建日报》开辟专栏，连续发表数十篇关于李退溪的文章，成为向国

出席厦门大学朱子学国际学术会议的代表合影

内介绍这位韩国大儒的先行者。他在国内首先开始对朱子学在国外的分支"韩国退溪学"的研究，于1991年10月出版《李退溪与东方文化》一书。该书由韩国知名学者李楠永译成韩文，获韩国"第四届退溪学国际学术奖"。在第八届国际退溪学会议上，高令印指出："退溪学是朱子学在韩国的代表，其根源在福建。"这一论断得到了国际学界的普遍认可。

高令印获韩国"第四届退溪学国际学术奖"

高令印不仅吸收了众多国际学者的先进研究成果，更在此基础上撰写了《中国文化纲要》一书。该书于1987年5月正式出版，填补了中国文化综合研究的学术空白，是国内首批全面吸收国际学者观点的人文社科类论著之一。

进入耄耋之年，高令印依旧笔耕不辍。他秉持着造福后学的初心，将参与学术会议的各种文献、与学者们的书函和交流资料等，编纂为《20世纪70年代以来我参与的朱子学纪实》。高令印说："希望这些文字、图片资料能为研究朱子学的后学打些基础，提供些参考。"该书完整保存了他珍藏的学术文献资料，具有极高的学术价值，是全面认识20世纪末以来国内外中国哲学研究情况的重要参考资料。

"走下站了半个世纪的讲坛，退休多闲，有暇回顾自己的学问、经历，善始善终。"高令印的学术生涯，是一段与时俱进、不断探索的历程。在全球化的大潮中，他始终坚持"辅旧邦阐新命"的理念，致力于将传统文化与现代文明相结合，推动中华文化的创新发展和国际传播。他深邃的学识、开阔的国际视野，不仅丰富了中国哲学的研究领域，更为促进中外文化交流、构建和谐世界贡献了智慧和力量。正是这样的学者，让中华优秀传统文化得以在全球化的今天，继续焕发出新的生命力和时代价值。

（文／哲学系：安维开、蔡芷妍、林亦儿；图／受访者）

曲晓辉：

为师亦为范

——中国会计国际化进程的参与者和推动者

人物名片：

曲晓辉，厦门大学荣休教授、博士生导师、教育部人文社科重点研究基地厦门大学会计发展研究中心学术委员会主任、国家社科基金学科评审组专家、中国成本研究会副会长、全国会计专业学位研究生教育指导委员会顾问。先后主持国家重点和面上项目、部级重大重点项目17项，出版著作24部，国内外发表论文158篇，入选国际会议论文44篇次，部委采用咨询报告8份，企业采用咨询报告3份，获省部级科研一、二、三等奖16项、中国会计学会优秀论文一等奖2项、葛家澍奖（科研奖）1项、ACCA卓越成就奖、霍英东教育基金会高等院校青年教师奖。获福建省优秀专家、福建省师德先进个人、福建省优秀青年社会科学工作者、厦门市巾帼建功标兵、全国先进女职工称号。中国第一位女性经济学（会计学）博士和第一位女性会计学博士生导师。教育部跨世纪人才、享受国务院特殊津贴专家、美国富布莱特研究学者。

七十五载风雨兼程，九万里风鹏正举。艰难与辉煌成就新中国的荣耀，中国式现代化正在谱写新篇章。在强国建设、民族复兴征程中，一代代厦大商科人接过历史接力棒，深耕会计学领域，践行初心与使命，曲晓辉老师便是其中之一。

诸多荣誉加身，古稀之年的曲晓辉并未安逸地享受养老生活，而是继续在她所热爱的会计学前沿砥砺前行。质朴无华、慈祥温暖、如年轻人一般充满活力、极度珍惜时间是她给人的直观感受。曲晓辉常说："做学问、当老师，是个体力活。当然，还必须具有管理时间的能力，耐得住寂寞，挨得住清贫。"生在红旗下，长在新中国，她满怀爱国热情和感恩、敬畏之心。求知向学，她焚膏继晷，不断攀登，成为我国第一位女性会计学博士；传道授业，她立德树人，为国育才，桃李遍五洲；学科建设，她开拓进取，敢为人先，甘于奉献，谱写新时代会计故事。日月不淹，春秋代序，四十年栉风沐雨，她以学术为笔，以责任为墨，以担当为纸，以道义为案，书写了激人奋进的会计人生。

曲晓辉在《会计国际期刊》学术研讨会上接受表彰

乘时代春风，潜心求知向学，勇攀科学高峰

"路漫漫其修远兮，吾将上下而求索。"乘改革之风，借发展之力，与时代同频，与国家共振。

1970年，在那个特殊的年代，曲晓辉初中毕业后，按国家政策留城，到县城轻工业局工作。恢复高考第一年，她高于分数线35分，但由于母亲身体原因，错失机会未被录取。1978年，她又以高分考入吉林财贸学院会计学专业，开始本科学习。大学期间，她与那些有过工作和插队经历的同学们一样，无比珍惜宝贵的时间和机会，如饥似渴地汲取知识，刻苦钻研，成绩优异，被学科带头人余性元老先生点名留校任教。

当时，高等院校师资严重不足，我国尚未开展博士研究生教育，硕士研究生教育也才刚刚恢复，本科毕业生留校任教的情况十分普遍。但是曲晓辉深感作为大学老师应当有丰富的知识和更高的学术水准，因而她的求学之路并未终止于暂时的鲜花与掌声，"我从小的梦想就是当科学家，我认为把科学作为一种追求，在一个领域深入探究、有所贡献，是一种非常好的人生安排"。曲晓辉说道。1984年，国家教委委托厦门大学举办会计助教进修班，曲晓辉紧紧抓住这又一机遇，顺利通过入学考试，心无旁骛地再次踏上求学征程，进入心仪已久的厦门大学会计学术殿堂，全程修读硕士研究生课程，并于1986年结业。同年，曲晓辉考入厦门大学会计学系，师从我国著名会计学家葛家澍教授攻读博士学位，1989年毕业获得经济学（会计学）博士学位，成为我国第一位女性会计学博士。

在那个人才短缺的时代，全国会计学博士屈指可数，不少人毕业后选择走向实务部门。然而，曲晓辉却坚定地继续留在学校。于她而言，孩提时的梦想便是此生的追求。"我想尽可能地掌握会计知识，去探索未知、创造新知，留在学校能够让我在科研上做得更深

人。"

求学受益于时代，治学反哺于社会，奋斗无悔于青春。在厦门大学任教期间，曲晓辉以教书育人为本，以学术研究为乐，以建设学科和贡献社会为己任，带领团队一次次实现学术突破，一次次勇攀学科高峰。曲晓辉数次前往境外访学和参加学术研讨会，在不同的教学和科研体验中，接触到不同的文化、教育和管理，看到了差距，也对教学和科研国际化的趋势有了直观的了解和清晰的把握。2001年，我国正式加入世界贸易组织，与世界经济发展的联系日益紧密。会计是经济环境的产物，与经济发展密切相关，然而我国当时的会计规范与全球化进程存在较大差距，既制约了我国企业与国际接轨的步伐，也不利于吸引外资和外资企业的经营和决策。面对这一矛盾，曲晓辉坚定地确立了国际会计研究方向，带领团队就我国会计国际化进程、我国会计准则体系建设、我国会计国际趋同等方面展开了深入、系统的研究，并在国内外学术期刊上发表多篇论文，出版了多部专著和教材，还提交了多份咨询报告，为建立具有国际视野又适应中国国情的会计准则做出了重要贡献。

曲晓辉与财务管理与会计研究院同事合影

谋教学改革，辛勤耕耘培育会计国际化之才

"为了使学生获得一点知识的亮光，教师应吸进整个光的海洋。"教书传道甘当铺路石，授业育才愿做度人梯。曲晓辉对自己要求严格，有胜任教学的专业知识，更有广博的胸怀视野。20世纪90年代初和21世纪初，曲晓辉先后前往加拿大、美国访问研究，并将国外先进教学方法和管理模式与我国人才培养相融合。课堂上，她以案例方式嵌入国际化元素；研究中，她要求学生研究国际会计的发展历程和思路、组织翻译出版《国际财务报告准则解释与应用》等著作，培养既根植于祖国大地会计实践，又能够解决国际会计问题的国际化人才。躬耕教坛数十载，不知不觉鬓如霜。常年夜以继日地工作难免疲惫，曲晓辉依旧初心不改，满怀爱心，风雨兼程，送一叶叶扁舟乘风远航。

教书润心重做人，育才树德造栋梁。"一个优秀的老师，应该是'经师'和'人师'的统一，既要精于'授业''解惑'，更要以'传道'为责任和使命。"曲晓辉以"育人先育德"为原则在三尺讲台上书写精彩。她一直明确反对培养精致的利己主义者，倡导长期主义。她说："我希望我培养的学生能够成为社会的栋梁，无论治学、从政还是经商，都能够为社会做出贡献。"亲其师，才能信其道。曲晓辉常以我国古代科学家张衡的名言与后学共勉："君子不患位之不尊，而患德之不崇；不耻禄之不伙，而耻智之不博。"她相信这对于现今青年学者的成长定位也是适用的。每当开学第一课时，曲晓辉都会专门花时间进行职业道德和学术规范教育，诚信、认真、敬业、奉献的谆谆教诲如春风化雨，润物无声，深深印在了学生的心田。

露水划过花瓣，滋养万物，从未留恋芬芳。任教至今，曲晓辉培养出53位博士，其弟子中颇多在学术界和实务界具有重要影响力的专家学者。当被问最自豪的事是什么时，曲晓辉的眉宇间充满了

淡泊与宁静，她静静地回答道："我培养的学生，无论是学者、经济财会领域从业者，还是领导干部，都始终遵循第一课中强调的道德原则"，将诚信、敬业作为职业生涯底色，在各行各业中兢兢业业、恪尽职守，为社会、为国家做出贡献。

曲晓辉作学术报告后与学生合影

促学科建设，敢为人先刻画中国会计故事

岁月不居，时节如流。经过几代人的辛勤耕耘，厦门大学会计学科成为全国会计学界翘楚。"我们尽心尽力，战战兢兢，如履薄冰，只为守好这个高地"，曲晓辉沿着前人的足迹，殚思竭虑，呕心沥血，行远自迩，赓续前行，为会计学科建设守家业、创新篇。

心中怀揣信仰，肩上担负责任，眼中坚定方向，脚下坚实步伐。学科建设与平台打造需要有战略眼光、全局观念、长期积累、身体力行和不断反思，需要从基层逐步做起。

在厦门大学会计学科建设方面，曲晓辉做出了重要贡献。基于在厦门大学研究生院分管培养、学位和学科建设工作的积累，曲晓辉组织申报获批了教育部人文社科重点研究基地厦门大学会计发展研究中心（2000年挂牌），牵头论证、协调及组织申报获批了国家"985工程"哲学社会科学创新基地厦门大学财务管理与会计研究院

（2005年挂牌），组织了国家重点学科厦门大学会计学科最近两次的评估（2002年和2007年）并均获批，组织迎接了教育部重点研究基地的评估且成绩优秀。曲晓辉是《当代会计评论》的创刊主编，该刊2013年以来持续列入CSSCI集刊，在学术界有重要影响。这让曲晓辉在学科建设的内涵、外延、实现形式和管理方法方面积累了丰富的经验，也使她认识到学科建设是每位学者不可推卸的责任，对本学科领域的健康发展、更好地服务社会和提高人才培养质量至关重要。

在全国层面，曲晓辉也为会计学科建设做了大量工作和重要贡献。1997年，曲晓辉时任厦门大学研究生院副院长，她认为拥有1400万会计从业人员的会计行业应该设立专业硕士学位，以利于会计学科和会计事业的发展。于是曲晓辉对美国、英国、澳大利亚和加拿大50家院校的会计学硕士点持续跟踪了7年，发现它们普遍存在专业学位量大、学术学位量少的特点，她意识到在我国设立会计硕士专业学位的必要性和迫切性。曲晓辉撰写了相关报告及材料递交教育部、财政部，辗转各地与当时会计学博士点院校的专家沟通取得共识并持续推动。最终，会计硕士专业学位（MPAcc）成功于2004年试办，现已成为最受欢迎的经济管理类专硕学位之一。2012年，受全国会计硕士专业学位教育指导委员会（现为全国会计专业学位研究生教育指导委员会）秘书处委托，曲晓辉主持了"DPAcc人才培养模式研究"项目，之后作为全国会计博士专业学位（DPAcc）设置方案和论证报告的主要起草人持续跟进和修改调整，会计博士专业学位最终纳入2022年9月13日国务院学位委员会、教育部印发的《研究生教育学科专业目录（2022年）》，我国会计职业教育体系由此得以完整形成。会计博士专业学位列入研究生教育学科专业目录，在会计界形成了极大反响。目前，很多学校已经或正在积极申报会计博士专业学位点授权，相信我国会计实务界领军人才的培养将很快展开。

抬头看，雄鹰扇动翅膀，自在翱翔，只因天空的广阔无边。21世纪初，国内外会计学术交流平台非常有限，曲晓辉积极组织各方力量举办国际性研讨会，搭建国际学术交流平台，为年轻老师把握前沿、开展国际化研究提供宝贵机会；建立与美国伊利诺伊大学香槟校区、美国杜兰大学的合作项目，为深度课程交流和培养高水平人才提供了平台。

曲晓辉与美国杜兰大学商学院院长签署合作协议

从在图书馆静静翻阅书籍的青年，到为会计事业国内外奔波的古稀老人，颜丹鬓绿变白发红颜，举步生风至不疾不徐，但曲晓辉奉献初心不改，步履铿锵依旧，对会计学热爱未减。当问到对新时代年轻人有何期望时，她严肃地回答道："青年学子首先要有坚定的政治立场，要爱党、爱国。求学、工作，要刻苦敬业、砥砺前行，努力成为国家经济建设和社会发展所急需的创新拔尖型人才，最终为社会做出更大贡献。"桃李不言，下自成蹊，曲晓辉真正做到了"立德树人"，践行了初心与使命。在曲晓辉的言传身教下，一批批学生正以芳华之力书写青春篇章，以赤子之心赓续中华之魂。

（文／曹惠真、郭爽、赵娅妮；图／受访者）

庄美辉：

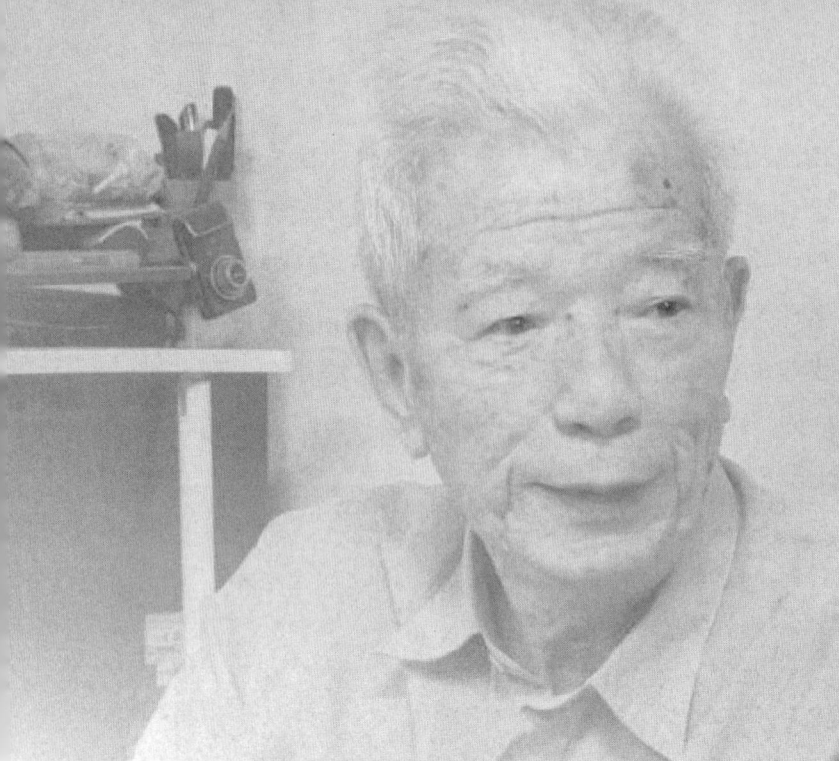

美德育人，辉耀桃李

人物名片：

庄美辉，福建莆田人，厦门大学电子工程系副教授。1960年参与国家重大水下项目研究，1978年荣获福建省劳动模范。建立了厦门大学公共电子教学实验室，为国家培养了大量电子学人才。

声速梯度仪、水下通信、二进制计算机语言……这位白发苍苍的学者在谈起自己的教学、科研往事时，依旧像当时那个为事业努力拼搏的少年般热血沸腾。

他就是庄美辉，数十年如一日地坚守在岗位上，为国家和学校事业的发展发光发热，却总说自己只是在帮"小忙"；曾获过省级劳动模范表彰，却总说自己所做的"谈不上什么精神"。谦逊低调的他，在同事和学生的心中，是实干苦干、兢兢业业的"代言人"，是当之无愧的"劳动模范"。

"国家需要的，我们便去做"

20世纪50年代，正值新中国成立初期，百废待兴。在"一五计划"期间，国家大力发展工业，重视电力工程的恢复与发展，即将进入大学的庄美辉响应国家号召，选择就读厦门大学电子工程专业。在校期间，他认真钻研，积极学习，强化专业技能，毕业后选择留校任教，从此开启了他与电子学科的不解之缘。

"一五计划"的圆满成功，为国家的工业化发展奠定了初步基础。当时，无线电通信处于稳步发展的上升期，但一到水下场景，便毫无用武之地。声音能够在水下传播实现信号传输，但是在海水中，声速会受到温度、盐度、渗透压等因素的影响而产生变化，导致水下声波通信的准确率降低，这是当时水下通信面临的一个难关。

1960年，刚工作不久的庄美辉就参与了601国家重点科研项目，主要任务是制作声速梯度仪，让声速的准确测量在海洋各处都能实现，提升水下通信的准确度。

接到任务后，庄美辉便开始了连轴转的工作。由于工作的保密性质，他与当时的同事一起，几个人在小小的实验室里一待便是一整天，出了实验室，还需立即向上级汇报情况，常常到凌晨才能休息。

在一次次的实验中，庄美辉发现，要设计出对温度、压力不敏感的梯度仪，需要用到新出的元器件，却面临着资金问题，好在有国家的大力支持，他辗转多处，多方协调，终于拿到了所需的元器件。

到了出海实验阶段，庄美辉与同事们从上海海港出发，一路向东，对仪器进行反复验证。海上风光无限好，实验也取得了喜人的成绩，但他们仍然没有停止探索，继续对梯度仪进行优化改进。

在当时有限的资源条件下，经过6年的不懈努力，庄美辉与同事以声速梯度仪测量精度0.3米的成绩，将我国水下声速测量技术与国际技术差距缩短至2厘米，向国家交出了一份亮眼的答卷，为我国水下通信发展做出了巨大贡献。

高强度的实验和研发，多年的辛劳和努力，庄美辉不是用"辛苦"，而是用"幸运"二字总结，"只要能解决问题，就是幸运的"。他总是用朴实低调的语言诠释着不平凡的事业。

"国家需要的，我们便去做。"这是庄美辉的一贯理念，他勤勤恳恳地将它付诸实际行动，用实实在在的科研成果为国家发展贡献力量。

庄美辉讲述国家水下项目的具体细节

■ "老师最该做好的是传道授业" ■

"教学是基础，对于教学我是非常投入的。"庄美辉回忆道："我高中是在莆田哲理中学念的，当时有个留学回来的女老师，她对同学们的英语学习有着极高的要求，因此我的英语还不错。"

哲理中学的学习，让庄美辉受益终身，也让他感受到教学对一个学生的重要影响。所以当庄美辉成为一名教师时，他也对自己的教学有着极高的要求。他总说，大学老师最应该做好的便是传道授业，这样才能为国家、为社会培养好人才，对学生负责，也对自己的职业负责。

作为福建莆田人，为了不让自己的口音影响上课质量，他在努力练习普通话的同时，坚持使用英文授课。讲课时，他尽可能地提高音量，让教室里的每一位同学都能听清自己的授课内容；遇到专业词汇，他就用英文讲述，实现双语授课；课堂上的板书他也力求工整有条理，让学生课下复习时能够一目了然。

庄美辉很重视培养学生的二进制计算机语言水平。他向同学们强调，二进制将会是未来社会发展数字化的关键一步，希望同学们能够掌握好基础，这对之后的工作、学习都能有所帮助。时间证明确实如此。

除此之外，庄美辉也在学生实践能力的培养上倾注了许多心血。在对学生进行仪器培训之后，他让学生自己按需寻找器材完成课程任务，充分发挥学生的主观能动性，让学生有目标、有收获地学习。这样的教学方法效果显著，学生均表示在实践中收获了很多宝贵的经验，甚至有公司借鉴了这个方法改革培训方式，也取得了很好的成效。

怎样才能让在校生不受专业所限，自己做实验、做好实验？庄美辉协助建立了面向全校学生开放的厦门大学公共电子学教学实验室，将专业资源共享给每一位热爱电子、热衷电磁学实验的学生，让每一位有想法的同学能够有条件付诸实践。

在教学过程中,庄美辉遇到过一些很让人"惊艳"的学生,他们严谨求学、求真务实的态度让庄美辉十分欣赏,庄美辉也总是因材施教,无论是教学还是实验都手把手地带着学生,让学生充分感受到老师的人格魅力。十年树木,百年树人。庄美辉坚守在教书育人的岗位上,一干就是数十载,为国家培养了一批又一批电子学人才。

庄美辉(前排左二)参加电子工程系历任系领导座谈会

"我只是完成自己的分内之事"

"我只是做力所能及的事情,完成自己的分内之事。"当被问及被评为福建省级劳动模范的感受时,庄美辉如是说。

1978年,庄美辉凭借自身突出的工作业绩,被学校推荐并获得"福建省劳动模范"荣誉称号。对于这份荣誉,庄美辉受宠若惊。他始终保持着谦逊低调的态度,然而,在身边人看来,这份荣誉是天道酬勤的礼物。

庄美辉在工作中总是顾及全系部、学校的工作大局。他与财政部门的同事奔走劳碌,只为学校能够拥有自己的有线电视频道;系里需要组建实验室,他也忙前忙后,认真协调。校园里、校园外都能看见他奔走的身影,不是在上课的路上,就是在奔走办事的途中,为系里和学校四处奔波。

对于产学研上的成就,庄美辉也保持着自己谦逊的态度。他总说,自己只是为这项事业帮了个力所能及的"小忙"而已。

20世纪80年代,厦门华侨电子有限公司开始组装生产电视机,但是组装好的电视机却无法正常工作,苦思无果,只好来到厦大寻求帮助。庄美辉率先与系里的几位老师前往公司现场查找原因,赶到一看,数千台无法工作的电视机都被堆放在仓库里。庄美辉心想,这是很大的一笔资源浪费,一定要想办法解决。

经过庄美辉连日进行技术上的分析、诊断,终于发现"原来是机器本身存在质量问题,元器件缺失了"。找到原因后他便开始动起手来,单凭几个人的力量不够,他便发动全系老师一同前来,共同协助修好这批产品。最终,上千台电视机被厦大电子工程系成功挽救。

"就是一台一台看一下,有没有元器件缺少、脱落或者虚焊的,这些情况查完,这个事情就基本上处理完了,谈不上什么技术支持。"

庄美辉(左三)参加电子工程系联合义务维修队成立仪式

他这样实在办事、谦逊为人的处世之道，也深深影响着身边的学生和同事。

扎根教学科研岗位数十载，庄美辉严谨治学、言传身教，美德育人、辉耀桃李，他在培养好学生的同时，还大力支持国家重大研发计划，用心服务地方经济建设。时代在变，但劳模精神初心未改。

（文／辛姗姗、齐新悦、郑宇琛、刘辉龙、杨勋婷、王瑞辰；
图／辛姗姗、电子科学与技术学院）

陈炳辉：

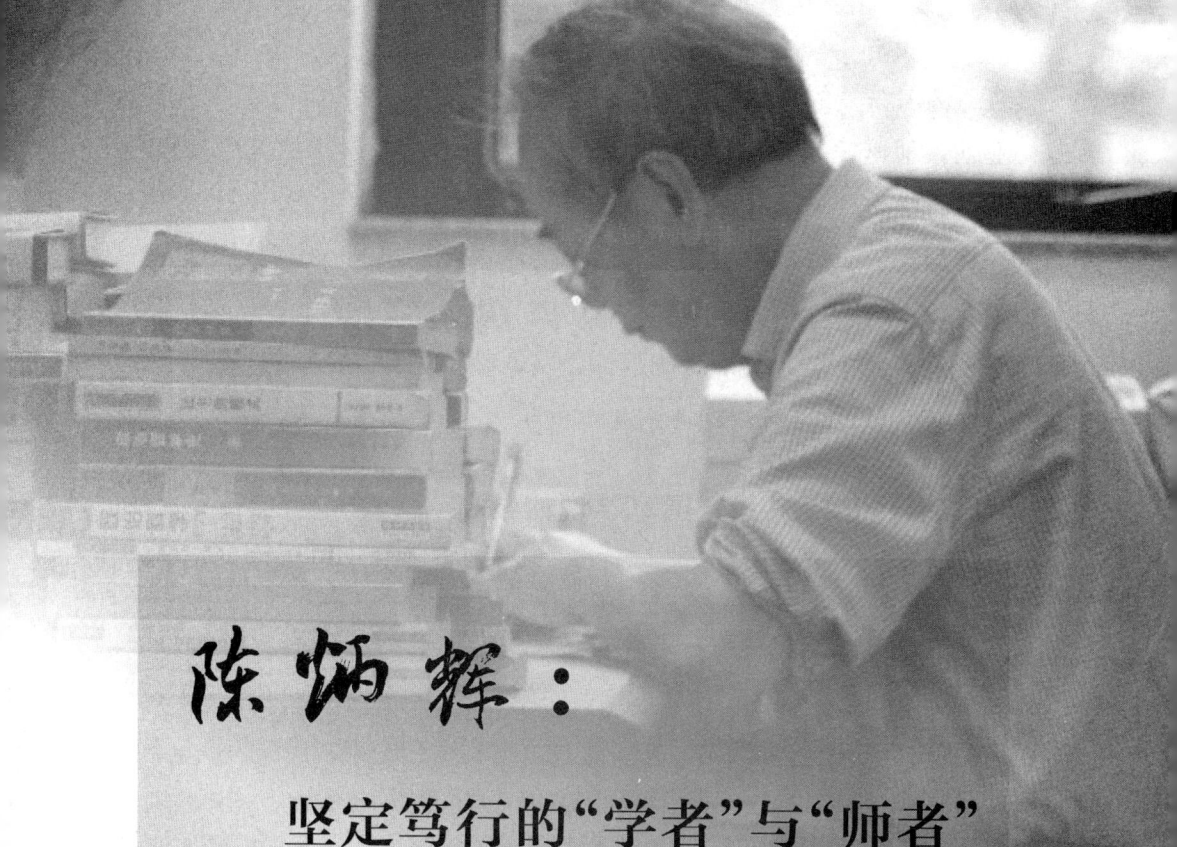

坚定笃行的"学者"与"师者"

人物名片：

　　陈炳辉，公共事务学院教授，曾担任公共事务学院副院长、中国政治学学会理事、福建省科学社会主义学会副会长。主要研究方向为政治学理论、国家学说、民主理论、西方政治思想，在《中国社会科学》《政治学研究》《马克思主义与现实》《厦门大学学报（哲社版）》等学术刊物上发表了70余篇论文，其中10篇被《新华文摘》《中国社会科学文摘》《高等学报文科学术文摘》转载，20篇被《人大报刊复印资料》等其他文摘转载。个人独立成果2次获得教育部高校社科优秀成果奖（二、三等奖各1次），9次获得福建省社科优秀成果奖（一等奖2次，其他为二、三等奖）。

高考恢复的第二年，陈炳辉考入了厦门大学哲学系。1982年毕业后，他遵照本心留校任教，走上了当老师、做学术的人生道路。因时势蹉跎，陈炳辉在32岁才正式开启自己的学术生涯，2010年底退休后，依旧将学术研究作为自己生活不可或缺的一部分，以此延续着与学术的不解之缘。对学术研究一以贯之的热爱，支撑着陈炳辉走过了十多年行耕不辍的退休之路，晚年的他只问耕耘、不问收获，继续书写着与学术水乳交融的一生。

国家学说的学者

生于"文献名邦、海滨邹鲁"的莆田，传承"地瘦栽松柏，家贫子读书"的文化传统，出身农民家庭的陈炳辉在崇尚读书的好家风中长大，逐渐培育了他向往知识的美好心灵。

"文革"让这一代人失去了读书求知的黄金十年，而高考恢复再一次唤醒了这一代人读书求学的渴望。退伍返乡从事农业活动的陈炳辉在两次高考后如愿考上厦大，在"自强不息、止于至善"校训的熏陶下，他在专业学习上展现出了坚韧不拔的态度和追求卓越的精神。

四年的求学生活在与日俱增的学术研究兴趣中转瞬即逝，面临国家分配的单位指标，陈炳辉按照自己的价值取向和个性特点，主动选择继续从事学术研究。

如果说走上学术之路是陈炳辉主动选择的结果，那么从事国家学说研究则是被动选择的缘分。国家学说是陈炳辉长期致力于研究的学术主题，他一路参与和见证了这一学说在厦大政治学学科史中的成长，可以说他的学术生涯是以国家学说为底色的。哲学专业的出身与国家学说的研究本是两条不可能相交的平行线，但学校的安排和时代的需求让这两条平行线在陈炳辉的学术生涯中阴差阳错地产生了交集。

留校后，陈炳辉被安排担任邹永贤教授的学术研究助手，跟着

陈炳辉、俞可平与恩师邹永贤教授合影

邹教授学习国家学说，并开始着手相关研究工作。陈炳辉在邹永贤教授的影响下走上了国家学说的研究之路，并逐渐培养起对国家学说的研究兴趣。

在"政治学要补课"的时代号召中，厦大于1986年复办政治学系，陈炳辉服从安排调入政治学系工作。此时的政治学学科百废待兴，国家学说作为政治学的核心主题，并没有得到充分的重视与发展。在这一背景下，陈炳辉看到了作为一个学者应该担起的时代重任，毅然扎根于国家学说的研究当中，立志为国家学说的发展做出重大贡献。

乐教爱生的师者

陈炳辉在32岁才实现了从学生到老师的身份转变，波折的求学之路让他深感学习之可贵，这一观念也深刻塑造了其严谨、严肃的治学风格。

坚持做"有思想的学术、有学术的思想"是他投身科研教学和遵循的指南与目标。他不以发表学术论文为目的去培养和要求学生，而是希望学生能够出于纯粹的学术兴趣在自己的领域发光发热。

在漫长的教学生涯中，陈炳辉共指导了100多位硕士生，以及12位博士生，每一位指导过的学生他都如数家珍，这既是他作为师者的结晶，又是作为学者的碑石。在培养研究生时，陈炳辉希望与学生共同进步，他乐于给学生创造独立思考的机会，让学生在一个又一个科研项目中得到锻炼；同时又注重对学生的循循善诱，让学生在不断地学术交流与思想交锋中得到成长。对于一些主动来寻求指导的学生，他总是耐心解答并提供帮助。或许是艰难曲折的求学经历让陈炳辉常常衍生出替学生珍惜学习机会的同理心，他总是亲切和蔼地为陷入困惑的学生指点迷津，这也让他成为学生眼中的良师益友。

陈炳辉在学术会议上发言

退休后，陈炳辉多次被学校和学院返聘，担任课程教学工作，指导尚未毕业的研究生，参与研究生教学和培养的检查与督导工作，直至2020年满70周岁不再继续返聘，他才完全进入退休状态。

时光如梭，岁月荏苒，教书育人的师者身份随着年岁的增长已不再成为陈炳辉人生的主旋律，但桃李不言，下自成蹊，不少学生也如他所愿在各自感兴趣的领域里笃定前行。陈炳辉的教学、治学精神在一代又一代学子中绵延不绝，薪火相传。

陈炳辉讲授"国家学说"

▓ 以学为乐的老者 ▓

对于陈炳辉而言，能够做一辈子学术研究实属幸事，"这一生虽无升官发财，却能够从事自己真心热爱的教学和学术研究事业，是十分幸运的"，他如是形容自己作为学者和师者的一生。年过古稀，他不再有申请或争取研究课题的压力，不再有科研考核的任务，也不再有发表论文和出版专著的负担，虽然没有达到把学术研究视为生命的高度，但早已将学术研究作为自己晚年生活必不可少的一部分，成了一个以学为乐的老者。

退休至今，陈炳辉依然保持着每天去学院工作室的习惯，就连节假日也不例外。一旦有新的心得体会、奇思妙想，他就会立刻以随想笔记的方式记录下来，如今他已用钢笔手写记下了多本笔记，这些见解也许有朝一日可以整理出来发表，也许会永远埋在故纸堆里不见于世。但是对陈炳辉而言，这些是是非非业已不再重要，重要的是当下还能保持继续思考的习惯，还能继续关注和探讨自己感兴趣的各种理论和实际问题。

就像其他老师有着各自感兴趣的活动那样，学术研究逐渐从工作中剥离而成为陈炳辉晚年生活的一大志趣。看看书、上上网、动动笔，继续做一些自己喜欢的学术研究，成为他晚年日复一日、孜孜不倦贯行的生活方式。

在陈炳辉看来，自己作为普通老师，同大多数人一样，一旦入了行，就有晋升职称、成名成家的压力，这种压力也是学术研究的一种动力，但是最主要的动力来自对学术研究的热爱。陈炳辉如此形容他在这一问题上的见解。

兴趣与热爱，是陈炳辉在形容学术研究之于自己时常常挂在嘴边的词。坚持本就并非易事，保持热爱坚持更是难题，但陈炳辉用其四十多年的经历，证明了他对学术研究始终如一的坚定选择，也让他成为一个醉心科研的学者、乐教爱生的师者和以学为乐的老者。

（公共事务学院）

陈炳三：

躬耕不辍的厦大历史"守护者"、"研究员"与"传承人"

人物名片：

陈炳三，男，1932年出生，福建安溪人，新中国首批、厦门市第一批人民警察。1952年9月加入中国共产党，历任厦门市公安局办事员、渔民（镇反）工作队秘书，福建航海专科学校政治辅导室辅导员，厦门大学保卫科科长，人民防空指挥部勤务参谋，海防对敌斗争工作领导小组成员，肃反工作五人小组成员，保密工作委员会委员，党委监察委员会委员，厦门六中党支部书记，厦门市教育局副局长、党委副书记、团委书记，厦门大学数学系办公室主任、党总支副书记，厦门大学高教研究所副所长、直属党支部书记，福建省教育学研究会副会长。曾任中共厦门大学第一、二、三、七次党代会代表，中共厦门市委第七次党代会代表。厦大党史研究资深专家，出版《隐蔽战线之星肖炳实：厦门大学历史革命人物》《厦门大学革命史画册》《囊萤之光——福建省第一个中共支部诞生地》等多部著作。曾获厦门市社会科学第三届优秀成果二等奖（1997年）、厦门市文明家庭（2001年）、厦门市党员模范之家（2005年）、思明区五好文明家庭标兵（1998年）、厦门大学教书育人先进工作者（1990年）、厦门大学优秀共产党员（1982、1996、2001、2008年）、厦门大学老有所为先进工作者（1990、2008、2014年）。

1921年，中国东南的鹭江之滨诞生了新的高等学府——厦门大学。同年，南湖红船驶向共产主义理想，引发了中国及世界的红色革命浪潮。百年前的厦门大学涌现出为革命奔走的罗扬才、杨世宁、高捷成等热血青年，他们使红色旗帜首次飘扬在这片热土上，遍布八闽大地。如今，厦园和囊萤楼仍传颂着他们的故事。这些英勇事迹的背后有一位执着老人，他钻研多年、遍访全国、深入挖掘，默默为这群青年精心整理并还原历史。他，就是陈炳三。

守护厦大革命历史

"我在厦门市公安局参与镇反、建政、肃毒工作，破获、抓捕现行反革命分子行动，中华街道基层政权建设，铲除了本市鸦片、吗啡大王，还协助司法科审理了100多起案犯的罪行主文材料。"1952年10月，陈炳三被中共厦门市委组织部选调派到高校院系调整后新成立的福建航海专科学校（集美大学航海学院前身）任政工干部，并参加了保卫陈嘉庚工作。

1953年11月，陈炳三被调派进厦门大学，在人事科秘密负责保卫工作，他与厦大的不解之缘，自此正式开始。他先是负责在校内开展治安、户政、政保、科保、警卫、人防、保密、肃反等工作，之后又在对敌海防斗争中参与军民联防工作，建立全校"内卫、群防、海防"三道防线，保卫著名科学家王亚南校长、卢嘉锡先生等的安全。任职期间，陈炳三大力加强校园治安工作，维护校园安全稳定，保证学校正常工作秩序。

1967年1月14日，"文化大革命"波及厦门大学，对学校的正常运作和师生员工的生活秩序造成干扰。厦大校史资料濒临被破坏的境地，更是面临前所未有的严重威胁。针对严峻的形势，陈炳三身为厦大保卫科科长临危不惧、挺身而出，迅速采取有力措施应对挑战，诠释了一名党员的初心使命。"'文革'初期为避免我校档案被抢砸，我秘密组织党办、人事处、保卫科的党、团员队伍约30人，将学校的文书档案，党内文件，人事、保卫和人防档案，以及教学、科技和基建档案等转移，交由部队代管，保护了全校档案的安全。"在他的缜密策划和果敢行动下，这些档案在黑夜中被成功转移。然而，1967年1月22日，保卫科和人防指挥部被造反派夺权，陈炳三遭受批斗、牵连和诬陷，幸得最终清白平反。每每谈及此，陈炳三的眼神中总是流露出坚定而深沉的光芒，彰显出沉着而无悔的执着。正是陈炳三极高的文化自觉和深沉的历史责任感，使得厦大的种种珍贵史料得以保存。

陈炳三（左三）受邀担任"厦门百名红色文化义务讲解员"顾问

助力厦大事业发展

1970年，陈炳三转入教育系统，主管厦门六中的党政工作，致力于学校的秩序稳定和复课办学，同时推动社会实践和学校建设，并建设党支部，选调厦大下放教师。1971年6月，陈炳三被任命为厦门市教育局副局长、党委常委及副书记，分管政工和后勤工作。他注重思想作风和组织建设，积极推动教育局和各中学团委会的组建，加强对青年学生的教育和活动引导。在他的主持下，厦门市成功开展了招收工农兵学员和恢复高考的招生工作，调回被下放的中学教职工并安排工作。他还负责筹建九中、十中和香林中学，主持厦门师范学校的复办工作，并为鹭江职业大学选定校址。这些举措点滴汇聚，为厦门市教育领域注入了新的生机与活力。

1981年，陈炳三被调回厦门大学数学系工作。工作期间，他严格遵守党的纪律，恪守行为准则，被党支部推选为"厦门大学优秀共产党员"（1982年）。1984年12月，陈炳三加入新成立的高等教育研究所，协助原副校长潘懋元先生负责研究所的建设。他们积极完成各项组织工作，提升了教育和管理水平，树立了良好的教风、学风，赢得了广泛赞誉。陈炳三重视师资队伍和思想作风建设，致力于培养优秀人才，为高教所的发展提供了坚实的政治和组织保障。同时，他强调树立优良的党风、院风、教风、学风和领导与管理作风，为高教所的长远发展奠定了坚实基础。在陈炳三及全所同志的共同努力下，高教所成为全国高教研究领域的佼佼者。此外，陈炳三还不忘扎实理论功底、做好学术研究、发表相关论文，如《教书育人与管理育人是"一体两翼"》《从严治学树立所风》《加强思想作风建设，发挥党支部战斗堡垒作用》等，充分展示了他在教育领域的深厚造诣和重要贡献。

整理厦大党史根脉

陈炳三于1992年正式退出公职后，并未选择享受宁静、安逸的退休生活，而是毅然决定投身于党史建设和革命文化的传播工作，持续为党的事业贡献自己的力量。

1994年4月，受时任厦门大学党委代书记、党史校史编委会主任未力工的委托，陈炳三着手建设厦大党史校史研究室，由此踏上了长达20多年的党史研究征程。为了实事求是地还原历史真相，他始终坚持"立准、求真、存实"的原则，依托充分的史料支撑进行深入、细致的调查研究。在学校的大力支持下，陈炳三在1995年和

1996年积极开展了广泛的调查研究工作，通过实地走访、亲身调研、致函致电等方式成功收集到了1000余份珍贵的党史史料，其中不乏一些极具价值的材料。陈炳三始终秉持着严谨求实的态度，以调查研究为基础，致力于还原历史的真实面貌。他坚持"调查与考证、研究与考订、扬弃与继承、弘扬与传承"的原则，取得了显著的学术成果，为厦门大学党史和革命史的建设做出了卓越贡献，撰写了《中国共产党厦门大学组织史简编》《囊萤之光——福建省第一个中共支部诞生地》《厦门大学革命史画册》等著作。同时，他还对厦门大学历史上的重要革命人物进行了深入研究，形成了《隐蔽战线之星肖炳实》等传记作品。

陈炳三还致力于重新整理、深入挖掘并精确校正若干关键事件与重要人物的历史事实。在他的努力推动下，确定厦门大学是福建省率先传播与研究马克思列宁主义的讲堂，确立厦门大学囊萤楼是福建省第一个中共支部的诞生地，查清并梳理厦门大学党组织的历史沿革状况和组织系统，为福建的党建工作做出了重要贡献。此外，他深耕史料，正式确认了罗扬才为厦门地区首位共产党员的身份，进一步弘扬了罗扬才的革命精神，使其成为厦门大学倡导的"四种精神"之一。"我提出并与未力工、潘懋元、孔永松联名倡议建立'福建省第一个党组织——中共厦门大学支部暨罗扬才烈士纪念室'，同时参与筹建全过程。"之后，该纪念室成为厦门大学和厦门市党史与爱国主义参观学习的重要场所。同时，他还开展了详尽的革命遗址普查工作，并精心编纂了涵盖15个革命遗址和革命活动场所的文献资料。此外，陈炳三还对老校友及地下党员肖炳实、雷经天、张栋梁、邓拔奇、蔡光举等人的卓越事迹进行了全面而细致的调查与梳理。这些工作不仅极大地丰富了厦门大学党史和革命史的内涵，更为后世研究者提供了极具价值的参考资料。

陈炳三带领学生参观厦门大学革命史展览馆

在党的长期教育和培养下，陈炳三注重党性锻炼，树立了"奉献、廉正、担当、奋斗"的革命人生观和人生价值观，时刻践行着全心全意为人民服务的宗旨，诠释着生命价值的永恒在于奉献终身。他坚持历练革命气质，永葆生机活力，以史育人，为学校和社会义务服务。"1998年，厦门大学党史、校史研究室被撤销。我仍然自觉、自愿坚持义务服务，坚守党史阵地和工作岗位，做到人在阵地在，继续保持建史工作运行不断链，让搁浅的史船从低谷中看到曙光，奋发起航。"

在退休晚年，他几乎没有双休日、节假日。有人调笑陈炳三是"傻子"，他却以鲁迅讲"傻子"精神自嘲："社会是靠有傻劲的革命青年来推动的。"这种自勉、激奋的精神力量，使陈炳三勤于耕耘厦门大学党史文化、革命史建设，坚持传播革命精神文化之炬。

自1950年投身革命工作，至今已有74载春秋，从教亦有40余年。时光更替，岁月蹉跎，92岁的陈炳三身体状况已大不如前，但他仍自愿、自觉地坚守党史阵地，矢志不渝。每当谈及党的历史，他的双眼都闪烁着坚定的光芒。在陈炳三的引领下，越来越多的人开始深入了解党的百年历史，感受党的伟大征程。

岁月在陈炳三身上刻下了深深的印记，然而他对党、对国和对学校的热爱之情始终如一、炙热真诚。作为厦门大学历史的"守护者"、"研究员"与"传承人",他始终勤勉努力,为学校的繁荣发展贡献力量,为红色旗帜传向八闽大地注入心血。

(教育研究院党委)

陈炳三:躬耕不辍的厦大历史『守护者』、『研究员』与『传承人』

王彦晖：

潜心岐黄术，南强中医人

人物名片：

王彦晖，1961年出生，福建惠安人。1983年毕业于福建中医药大学，之后一直在厦门大学从事中医教学、科研和临床工作，历任助教、讲师、副教授和教授，1998—2004年任厦门大学中医系主任，2005—2019年任厦门大学医学院副院长，2018—2021年兼任厦门大学附属翔安医院中医科主任。2012年获得国务院政府特殊津贴。曾任厦门市中医药学会副会长、福建省中医药学会理事、教育部中医药教学指导委员会委员、世界中医药学会联合会舌象研究专业委员会会长。主要研究领域为中医舌诊和养生、中医湿病、癌症，发表论文100多篇，专著9部。曾多次获中华中医药学会的全国中医药优秀学术著作奖和金话筒奖，2010年获评福建省优秀教师，2011年获福建省教育工作委员会优秀共产党员，多次获厦门市科技进步奖。

在办公室里,王彦晖日日抬头可见一副对联:药有君臣千变化,医无贫富一般心。这是中医泰斗盛国荣先生生前送给他的墨宝。他们是邻居,也是师生,盛先生的医德与医术都对王彦晖影响深远,是他一路走来的伴身格言与时光见证。"知其要者,一言而终;不知其要,流散无穷",王彦晖认为良医与良相都是救人的职业,道理是相通的,人体与社会都具有自然的系统性,两者都致力于系统和谐,关键在于"知其要,守其衡"。

■ 感谢高考,初入医门 ■

作为家中长子的王彦晖,从小就磨炼出有担当、肯吃苦的品格。面对当时中学毕业后要上山下乡的安排,在父辈们的耳濡目染下,王彦晖早早开始四季赤脚磨炼自己,即使夏天柏油路面焯烫,冬天脚趾冻得发紫,依然如故。1977年恢复高考,王彦晖迎来了命运的转折点。那时国家百废待兴,亟须人才,部分优秀学生可以提前参加高考。在全校作文比赛中拔得头筹的王彦晖因此得到推荐,本可以参加1977年的文科高考,不过为了学习医科,王彦晖放弃了。

之所以执着于报考医科,是因为历经一辈子生活艰辛的祖父,曾对他谆谆教导:"做医生旱涝保收,无论什么朝代都有饭吃,还能够照顾家人。"为了保证个人温饱和全家幸福,王彦晖当时的志愿是报考各地医学院,而且专业上第一选西医,第二选中医。以王彦晖的成绩,本来可以考进上海第一医科大学,然而在1978年的高考中,王彦晖遭遇了"滑铁卢",命运牵引他来到福建中医学院学习中医。

1983年大学毕业后,作为优秀毕业生的王彦晖来到厦门大学海外函授学院,成为中医海外教育队伍中的一员。入职后的王彦晖积极投入教学、科研和临床工作。在日常对学生的教育中,王彦晖常常说,要想学好中医,首先要把西医的知识学扎实,只有这样才能成长为一名真正的好中医。王彦晖曾认为,西医的选择优于中医,他认为,学西医比较保险,大部分人只要努力都能学成,而学中医不仅要学大量西医知识，还需要一点悟性和运气，成才概率更低。如今的王彦晖谈及两者，认为中医更靠近"道"理，更有助于正心、修身、齐家，融入生活的方方面面，学习中医的每天都在体验"天道"，更能够给人"天人合一"的自在感，终身受用。

塞翁失马焉知非福，高考失利竟成就了一个好中医。

■ 海外教育，弘扬国粹 ■

1956年，为了帮助海外华侨学习中国文化、提高谋生技能，在国务院华侨事务办公室、教育部和卫生部的支持下，厦门大学成立华侨函授部，是当时中国唯一的对外中医教育窗口，为世界尤其是东南亚地区培养了近万名中医人才，曾被新加坡中医史研究专家李金龙教授评价说："如果没有厦大，不可想象东南亚的中医教育。"

20世纪六七十年代华侨函授部一度停办，1980年应广大学生和华侨的热切要求，华侨函授部复办，更名为"海外函授学院"。中医部作为国内唯一的对外中医教学单位，集合中国最高水平的专家编写教材、制订教学计划，世界各地人士纷纷踊跃报名学习。20世纪90年代后期，国家进入改革开放新阶段，全国各地中医院和中医学院纷纷开展海外教育，中医海外教育事业蓬勃发展，形势一片大好，但此时厦大中医海外教育办学层次低、授业范围有限、缺乏医学教育资源、师资力量薄弱等问题开始显露，发展处于滑坡的境地。

面对问题，王彦晖知难而上，团结同事，争取各方支持，厦大中医终取得扎实的进展，如将中医部提升为中医系、获得海外成人教育学士学位授予权、所有老师免试顺利获得执业医师资格、开办国内全日制中医教育等。在一系列关键措施得到落实后，厦大中医形成以国内教育为基础、以海外教育为特色的新局面。2004年，中医系从海外教育学院转入医学院，成为厦门大学医学教育的重要组成部分。

王彦晖（左）参加海外函授班学生毕业典礼

20世纪中期，尽管国内外交流不便，厦大中医仍培养了2万多名海外优秀中医人才，为弘扬中华文化做出了成绩斐然的贡献。在改革开放的大势中，厦大中医紧跟时代步伐，融入发展大潮，积极主动转型发展，厦大中医从全国独此一家、众星捧月的海外教育标杆，建设成为国内外全日制中医教育的强势阵地。从1998年到2021年，王彦晖历任厦门大学海外教育学院中医部（系）副主任及主任、海外教育学院副院长、医学院副院长、厦门大学附属翔安医院中医科主任，工作中认真负责、积极奉献，为厦大中医事业的发展埋头苦干、呕心沥胆、无怨无悔。

■ 脚踏实地，学冠全球 ■

厦门地处东南沿海，温度、湿度高，湿病高发。汉代中国经济文化中心在黄河流域时，先辈与寒邪作斗争，诞生了伟大的《伤寒论》；明清之后中国经济文化中心转到长江流域，诞生了温病学派。面对困扰厦门地区的湿病，在恩师盛国荣教授的指导下，从历代文献、现代实验到临床实践，王彦晖潜心研究，终于在1997年由人民卫生出版社出版其专著《中医湿病学》。该书是中医史上第一本中医湿病学专著，出版后受到海内外中医界的广泛关注。2022年，国家成立湿证国家重点实验室，《中医湿病学》成为项目的主要基础文献。

王彦晖（右）与恩师盛国荣教授合影

2020年初，新冠病毒在全世界范围内肆虐。新型冠状病毒感染引发的肺炎在中医界被一致认为是湿邪为患。王彦晖通过线上平台诊疗了大量海内外患者，总结了大量病例和经验，于2020年出版专著《湿疫与舌象》，得到了世界中医药学会联合会的嘉奖。

湿邪为病对舌象影响最大，对湿病的研究燃起了王彦晖研究舌象的热情。在日常的临床带教中，王彦晖反复强调临床中最重要的是舌象、脉象，通过舌象辨寒热、脉象辨虚实升降，把握好"寒热虚实升降"6个字，大的方向就不会错，临床问题也就解决了一大半。王彦晖的学生说："王老师的带教很务实，平时讲课也生动有趣，能够把中医晦涩的问题用通俗易懂的话语讲明白，同学们都觉得中医好学、易学了很多。"在日常工作中，王彦晖坚持记录患者舌象，累积了大量的舌象资料，于2012年出版的《临床实用舌象图谱》风靡海内外，深受读者欢迎，至今热卖不衰。2016年，在国内外同行的支持下，乘着厦门大学建校95周年的东风，"世界中医药学会联合会舌象研究专业委员会"成立，王彦晖被推举为首任会长。

癌症研究是王彦晖临床的主攻方向。那么多病种为何单挑癌症？原因有二：一是机缘巧合的成分。1984年，王彦晖的邻居左眼球突出严重，从厦门转诊福州，后又求诊于上海，但因医疗器械有限，诊断困难，治疗没有把握。上海的主诊医生劝其先找中医钱伯文看看。服用钱医生的中药2个月后，邻居的眼球突出完全消失了，从未再复发。通过这个病例，王彦晖看到了中医治疗肿瘤的疗效，而且从处方中悟到了钱伯文医生治疗肿瘤的心法：药大力宏。自此，名师引路，王彦晖走上了战癌之路。二是独特的生命价值观使然。王彦晖觉得人一生的精气神和时间是个定量，要将它们投入价值最大的地方，为人民做出更多的贡献。癌症患者多且难治，被人视为畏途，不入虎穴，焉得虎子，于难处着力的事情更有价值，因此王彦晖致力于从难入手，挑战癌症。

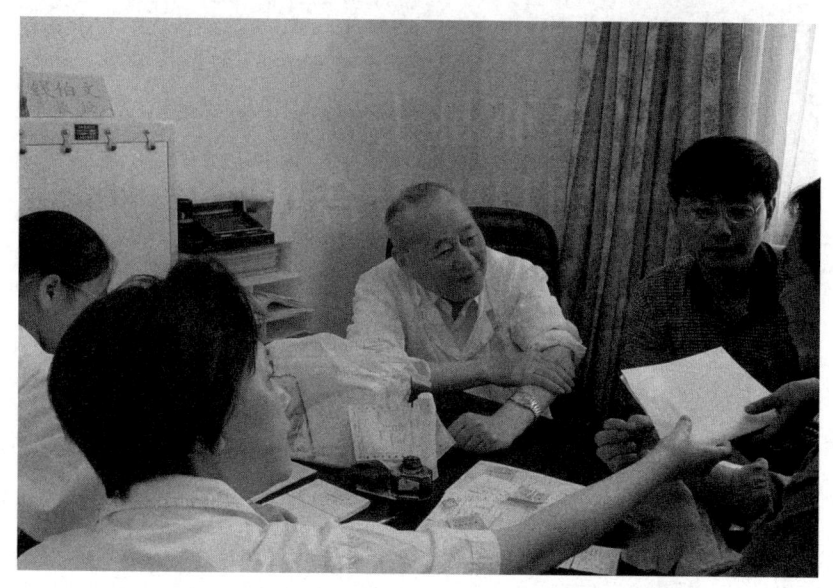

王彦晖（右）跟诊恩师钱伯文教授

经过几十年的理论和临床研究，王彦晖治疗的癌症患者数以万计，他的专家号常常是一号难求。为了更好地传播自己的所学、所思，王彦晖将自己的癌症研究成果和临床经验整理后出版了专著《战胜癌魔》。

修身养性，笃行中医

厦门大学是国家重点大学，在高水平的学术环境中，做一个中医临床医师和教师很幸运，但也夹杂着些许酸楚。酸的是至今仍然有老师对学生说"中医是伪科学"，网络上关于告别中医、中药的言论也一度甚嚣尘上。

王彦晖（右）为蔡启瑞院士诊疗

谈起如何在这种特别的环境中保持波澜不惊，王彦晖说，关键要做到"博学之，审问之，慎思之，明辨之，笃行之"。大量的临床实践和良好的中医疗效不但让王彦晖建立起充足的专业信心，也激起他深入探究中、西医差异的热情。王彦晖指出，中医的学科基础与其他学科基本一致，但其拥有独特的发现和发明：一是人体生命规律的重大科学发现，如体质有寒热虚实之分；二是一整套解决健康和疾病问题的药物和技术。深知中、西医的各自短长，因而王彦晖能够在高水平竞争的环境中笃行中医。

1959—1961年是国家经济极度困难时期，很多人食不果腹，这一时期出生的孩子很多都是先天不足、肾虚体质。1961年出生的王彦晖自幼体弱，1998年身体健康便亮起黄灯，开始尝试用中药进行体质调理。日复一日，王彦晖至今不间断服用中药已26年，防病抗衰取得了显著效果，从中也积累了宝贵的经验。王彦晖经常自嘲："我是久药成良医。"

退休之后的王彦晖，有了更多的时间练习养生气功，通过筋骨锻炼，体悟气血运行；通过静坐小周天、调神调息，内视反观体验中医藏象理论，思考中、西医差异，构思中、西医整合的未来。

从一个一心学医的少年郎，到退而不休的老中医，我们看到了王彦晖正心修身、不断提高学术修养和身体健康的恒心与坚持。

王彦晖打坐照

（文／王玉洁；图／受访者）

黄美纯：

新中国首批半导体物理专业骨干

人物名片：

黄美纯，1937年出生，福建泉州人，厦门大学物理学系教授、博士生导师。1953年就读厦门大学物理学系，1956—1958年赴北京大学参加半导体专门化学习，毕业后参与厦门大学半导体专业筹备与建设，历任厦门大学物理学系副主任、主任，兼任凝聚态理论研究组负责人，清华大学兼职教授。长期从事教学、科研工作，曾任国家自然科学基金委数理科学部专家评审组成员，国务院学位委员会物理学和天文学学科组成员，中国物理学会凝聚态理论与统计物理、半导体物理专业委员会委员，中国发光分科学会常务理事，福建省物理学会副理事长兼学术委员会主任等职。在半导体物理和凝聚态物理研究、学科建设和人才培养方面做出卓越贡献，曾获国家教委科技进步奖和国防科工委光华科技奖。

"我们对这个物质世界的理解，它是怎么来的，怎么演变，怎么发展，都跟物理有关。我们都有好奇心，想知道世界上的每个事物都是怎么回事儿，想来想去，物理学对解决这些问题是最直接的。"一颗好奇心，将黄美纯引入了物理世界，从此他在半导体物理中深耕不已、奋斗不止。

■ 辗转求学，孜孜不倦 ■

1953年，年仅16岁的黄美纯凭借一贯名列前茅的成绩，以泉州市省晋一中（现泉州五中）高中春季班学生的身份提前参加高考，并顺利考上了厦门大学物理系。

在厦园学习期间，在老师们的言传身教下，黄美纯心中渐渐萌生了对科研的热爱。1956年，周恩来总理主持制定了"十二年科学发展规划"，发展半导体科学技术被列为当时国家新技术四大紧急措施之一。于是北京大学、复旦大学、南京大学、厦门大学和东北人民大学（现吉林大学）五校在北京大学联合开办了我国第一个半导体专门化培训班，由各校抽调有关老师及修完本科物理专业三年级的学生组成。北大的黄昆教授和复旦的谢希德教授分别担任教研室主任、副主任。作为厦大半导体班的一员，黄美纯和29名同学在吴伯僖、刘士毅和陈金富等老师的带领下前往北大进行半导体专门化集中学习。

五校联办本身就是一次尝试，老师们也在摸着石头过河。没有教材，黄昆和谢希德便自行总结当时半导体物理发展的最新成就，并传授给学生。两位大师的授课内容后来被整合出版为《半导体物理学》，这一经典著作影响了数代半导体学子。老师们克服各种困难、为学子们创造教学条件的种种努力被黄美纯深深地记在心里。

这段经历占据了他求学之路的重要组成部分。因为资料稀少和被外国"卡脖子"，黄美纯回忆，当时大家都铆足了劲，如饥似渴地钻研专业，学习氛围十分浓厚。

家人的关爱和鼓励则为黄美纯消除了后顾之忧。远在菲律宾工作的父亲得知黄美纯在学习半导体，特地寄来数本专业用书，这些在国内很难借到或买到的珍贵原版书成为黄美纯学习上的有力帮手，甚至被老师借走作为编写教材的参考书。无数次挑灯夜读，密密麻麻的笔记见证了黄美纯专业英语阅读水平的大大提升。

从厦大到北大，黄美纯的求学之路虽辗转，却获益无穷。

教授相承，回育厦大

1958年，五校联合半导体专门化完成历史任务，各校老师都返回原校准备筹建各自的半导体专业。虽然因为转班的缘故，黄美纯的学籍被迁到北大，但怀着对厦大深厚的情感，他毕业后便回到厦大参与筹建半导体专业。

1962年秋，黄美纯被派往复旦大学物理系进修，在谢希德教授门下进修"群论"等研究生课程，同时进行 Se、Te 等六角晶体的能带理论计算研究，为此后从事半导体能带理论研究打下了坚实的基础。当时他阅读了大量文献，几乎追踪了20世纪20年代末到60年代量子力学应用到固体物理的所有相关文献，光是用作文献记录的

1960年，厦大半导体教研室合影（二排右二：黄美纯）

复旦大学手写硬皮笔记本就有大约30本。时至今日，除了部分被白蚁损坏外，大多数笔记还被黄美纯珍存于家中。

1964年下半年，黄美纯结束在复旦的进修回到厦大。回校后，他立即着手为本系学生开设"固体物理"和"半导体理论"课。同年12月，国家科委和教育部委托厦门大学举办全国催化学术讨论班，由著名的专家院士为来自全国各地的20多名催化专门人才授课。黄美纯接受了担任卢嘉锡先生"群论及其在量子化学中的应用"课程助教的邀请。半年后，卢先生的课程结束，黄美纯又担任谢希德先生"群论及其在固体物理学中的应用"课程助教。黄美纯直言，两轮助教工作的时间不过一年，却胜读十年书，让他找到了教学与科研相辅相成的感觉，对他往后几十年的教学之路产生了深远影响。

黄美纯（左）与谢希德合影

■ 大浪淘沙，硕果累累 ■

改革开放的春天悄然而至。1981年4月，正值厦门大学建校60周年之际，厦大1942级校友谢希德教授受邀回访，得知学校要选派黄美纯留学美国时,主动表示将他推荐至美国西北大学A.J.Freeman研究组。同年年底,黄美纯作为访问学者赴美,参与美国西北大学Freeman研究组开发用于体材料能带结构计算的完全势线性化缀加平面波方法(FPLAPW)的研究。在两年的访问研究里,黄美纯学习了密度泛函理论及相关的固体电子结构的全电子计算方法,正式跨进了计算凝聚态物理的门槛。基于密度泛函理论,黄美纯发展和改进了近代电子能带计算方法中的许多重要方面,在国内外重要学术刊物和学术会议上陆续发表论文200余篇。

学有所成,学成报国。1984年回国后,在系主任吴伯僖教授的大力支持下,由黄美纯负责的厦门大学凝聚态理论研究小组成立,主要从事半导体材料与超导性材料的电子结构研究,同时关注若干材料的声子谱计算,并在20世纪90年代后期将工作重点逐步转移至硅基材料的研究上。研究小组积极申请国家科学基金,并得到资助,很快便取得了平均键能理论等重要成果。

20世纪90年代,黄美纯研究组发展了计算半导体异质结界面能带带阶的新方法——平均键能理论,并确定了一系列晶格匹配及失配的异质组合的带阶行为。黄昆和夏建白院士在为新中国成立50周年而写的总结性评述文章《我国半导体物理研究进展》中,曾把平均键能理论列为半导体超晶格和微结构领域在"七五"之后有创新性的十项新成果之一。

进入21世纪,随着科研团队的不断扩大,黄美纯及其课题组的合作成员发展了计算开结构共价半导体化合物及其混晶电子结构的理论和方法,以及光信息处理中的分数变换理论。在国家基金委重大项目的支持下,对硅基光电子新材料的设计进行了能带工程的理论探索,并提出了一种可获得直接带隙硅基光发射材料的计算设计新原则,设计出一系列有知识产权和特殊性能的硅基新材料。在科技部"863"计划的支持下,开展了半导体聚合物电子态理论和聚合物发光二极管(PLED)物理研究,以及用于自旋电子学的稀磁半导体材料的计算设计工作。

除了科研工作，黄美纯在培养研究生、从事学科建设和推动学术交流方面也做出了重要贡献。他先后承担了"半导体物理""固体物理""量子力学""半导体理论""发光物理专题""固体量子理论""凝聚态理论专题""密度泛函理论及其应用""半导体量子阱与超晶格的电子态理论""凝聚态物理的场论方法""高等光电子器件物理"等本科和研究生课程的主讲任务。担任博士生导师期间，黄美纯积极参与学院的学科建设，大力推动学院参与评选国家"211工程"。1995年，他参与组织在厦门大学举办的第十九届国际统计物理会议，并担任大会组织委员会副主席，这也是中国第一次承办高规格的统计物理学国际学术会议。

1994年，黄美纯（右一）陪同国际纯粹与应用物理联合会（IUPAP）C3委员会主席Eduard Brezin考察第十九届统计物理大会会址，在厦门大学校长萨本栋墓碑前合影

退休后的黄美纯仍未停下科研和教学的步伐，作为厦门三安电子公司博士后工作站的合作导师，他依然带领学生们进行高亮度功率型发光二极管、聚光型多结光伏电池（HCPV）等新课题的研究。

从因为对世界的好奇而选择物理专业,到成为新中国培养的第一批半导体物理学子,再沿着半导体与凝聚态物理这条无尽征程前行,黄美纯花费了数十年的时间。他的科研、教学人生,可以说是中国物理学半导体学科发展历史的一段缩影,更为厦门大学物理系半导体专业的建设留下了浓墨重彩的一笔。

(物理科学与技术学院)

朱月昌：

广寒清辉，传道其昌

人物名片：

  朱月昌，1946年出生，籍贯上海，厦门大学新闻传播学院教授。中国广告协会学术委员会常务委员、中国教育电视协会常务理事、中国国际广告节（全国广告优秀作品展）资深评委。主持完成了"七五"期间国家哲学社会科学重点研究课题"新闻媒介广告研究"，是我国首批广告学专业研究生导师。曾担任厦门大学新闻传播系副系主任、上海杉达学院传媒学院执行院长。2023年，"全国广告学术研讨会暨厦门大学广告学专业创办40周年庆"发布中国广告教育40年发展光荣榜，朱月昌入选"中国广告教育40年卓越成就人物"。

1983年，厦门大学创办全国首个广告学本科专业，开启中国大陆办广告学高等教育之先河。四十余年来，厦大广告学专业培养了中国第一批广告学本科生，制订了第一个培养方案，编写了第一套教材，厦大被学界和业界赞誉为"中国广告人才的摇篮""广告教育的黄埔军校"。蜚声国内、诸多"第一"在身的背后是一段"筚路蓝缕"的创业故事，是一批教师的默默付出，其中就有"中国新闻教育贡献人物"奖获得者朱月昌教授。

■ 心有大我：参与创办第一个本科生广告学专业 ■

朱月昌与广告的故事是一场双向奔赴的浪漫。朱月昌是北京广播学院（现中国传媒大学）1965级本科生，本科毕业后曾前往贵州工作。1977年，恰逢国家恢复研究生招考制度，攻读研究生的机会就这样摆在了朱月昌的面前，他果断抓住了这个机遇，顺利成为"广院"首届两位研究生之一。

朱月昌硕士研究生毕业照

1982年，研究生毕业后的朱月昌通过福建省人才招聘组的选拔进入厦大工作，他一入校就跟着筹委会秘书陈扬明老师和许清茂老师投入新闻传播系的筹备工作。1983年6月5日，厦门大学国际新闻专业和广告学专业获教育部批准（稍后又批准设立广播电视新闻专业）成立，6月30日新闻传播系正式挂牌。

福建省广告协会向厦门大学敬献"广告人才的摇篮"匾额

刚成立的新闻传播系专业教师少，缺人又缺教材，办学条件艰苦，在筹委会"先招研究生（培养师资），后招本科生"的大胆决策下，朱月昌担起出考卷招人才的重任。回忆起当年的考卷，朱月昌至今仍清楚地记得一些细节，"'能力题'是道大题，占50分（百分制），要学生把刊登在《厦门日报》上的抢救中科院院士、厦大副校长蔡启瑞的万言长篇通讯改写成500字以内的消息"。后来被称为新闻传播系"三剑客"的黄星民、朱家麟、陈金武就是在此次严格的研究生招考中脱颖而出的。

师资问题是新成立的新闻传播系面临的最大挑战：一部分老师从其他专业转岗过来，一部分年轻教师从非新闻专业毕业刚刚留校，而新招收的研究生也需要有资历的老师。于是朱月昌踏上了北上"求师"之旅。

朱月昌首先为系里请来了"广告大神"唐忠朴先生。1983年5月底，朱月昌怀揣学校的介绍信，独自到北京国家工商管理总局求见主编了国内第一本广告学著作《实用广告学》的唐忠朴先生。得知朱月昌的来意后，唐忠朴感到十分惊喜，没想到偏居东南一隅的厦门大学在创办广告专业方面观念如此超前、行动如此果断，他与朱月昌聊得非常投机。由于当时北京到厦门的交通还不是很便利，唐忠朴先生表示，到厦大同余也鲁等海外专家商讨专业的培养目标、课程设置、教学计划等事宜没有问题，但给学生上课恐有难处。朱月昌看出唐先生对帮助厦大建设广告专业的热忱心意，就一再恳求唐先生"出山"，并表示学校可以出聘书，也可以同国家工商管理总局说明情况，最后唐先生被学校的诚意与朱月昌的执着所感动，不辞辛苦地连续数年到厦大为学生上课，分文不取，使厦大的广告专业一开始就站在了较高的起点上。

得到唐忠朴先生的支持后，朱月昌继续寻觅良师。1983年10月中旬，历史性的一幕到来了：当时新闻教育界的三大泰斗：甘惜分教授、张隆栋教授、方汉奇教授应邀接踵而至，厦大新闻传播系一时风光无限，朱月昌的北上"求师"之旅硕果累累，为厦大新闻传播系的建设注入了一针强心剂。

启智润心：让学生在笑声中感悟广告学的魅力

新闻传播系的学生对于朱月昌的课有个共同的印象，那就是节节爆满、座无虚席。课堂上，朱月昌引经据典、旁征博引，诙谐幽默、妙语连珠，经常让教室里笑声一片，给学生们留下了深刻印象和美好回忆。大家由衷赞叹，听朱月昌的课简直就是人生的一大享受，有业界人士评论，"让学生在笑声中感悟广告学的魅力，正是朱教授上课的宗旨"。不仅广告学，在传播学、新闻学的教学、科研上，朱月昌也是如此，经常有许多外系的同学慕名前来旁听。

耕耘广告教学几十载，朱月昌以教为本，在实践中摸索出了独树一帜的"朱氏教学"法：他将大量国内外最新的新闻传播和广告案例引入课堂，将枯燥的传播学、新闻学、广告学理论化解于无形，据学生回忆，朱月昌经常强调"声音传播最突出的好处是能给人最广阔、自由的联想。想象中的美丽比现实中的美丽更美丽，描述天下美女，最好的媒体是广播"。朱月昌还经常引用美国著名销售专家爱尔玛·赫伊拉的话"不要卖牛排，要卖滋滋声"，他认为对广播工作者来说，这实在是一句至理名言。

轻松活泼、诙谐风趣的教学风格背后是朱月昌严谨扎实的治学和治教态度。这种严谨扎实的风格贯穿了朱月昌的整个执教生涯，无论是在本科阶段上课，还是在硕士阶段指导论文，学生都时时感慨于他对历史资料的信手拈来，以及对实践超乎寻常的敏感。

早在读研期间，导师王珏就对他要求十分严格，教学不是"满堂灌"，而是采取"课题式教学"：先拟出若干课题，然后师生一起研究探讨。在20世纪80年代信息和资料来源有限的年代，为研究经济思想和新闻理论，王珏老师借来一辆板车，和他一起到图书馆将"马恩列斯"原著全部借出来研读。在导师的指导下，朱月昌用了近一年的时间，编成了教学参考教材《马恩列斯论报刊、列宁论广播》。

朱月昌的学术成就，不仅表现在大学校园里，他在中国传播行业的发展理论和全国优秀广告作品的创作指导、评选展播和传媒推广等方面也备受瞩目。1986年底，由中宣部新闻局和国务院发展研究中心牵头的"七五"国家哲学社会科学重点研究项目"新闻事业与现代化建设"正组织全国各有关部门、高等院校、科研单位参与研究，朱月昌等人申报了一个课题"新闻媒介的广告研究"。负责项目的洪一龙先生答复说，课题很新也很有意义，但是国家级项目必须有高级职称的人牵头。朱月昌等人就同在北京的唐忠朴先生商量，由他牵头，学院来做。1987年课题获批，1989年完成。这便是学院（系）的第一个国家级重点科研课题。

此外，朱月昌还是中国广告"学院奖"的参与筹办者之一。1998年，"全国广告优秀作品展"在无锡举办，朱月昌向时任中国广告协会学术培训处处长的何其源建议，设一个学生的广告作品奖项，希望通过这个奖项来鼓励学生进行广告实践，同时为各校的广告学员们搭建一个交流的平台。这个建议得到了中国广告协会的认可，并促成了1999年首届中国广告"学院奖"颁奖仪式在厦门大学隆重举行。如今，作为中国高等学校奖项中一个规模较大、影响力强的奖项，"学院奖"已经连续举办了24届，2023年有1830所大学、5309位院系师生参赛，参赛作品超过50万件。

2016年11月，刚满70周岁的朱月昌收到了一份最好的生日礼物：中国高等教育学会新闻学与传播学专业委员会颁发的"中国新闻教育贡献人物"奖。

■ 乐教爱生：把学生放到最适合他们的位置上面 ■

朱月昌用学术造诣打开学生的智慧之门，用人格魅力塑造学生的品格品行，用仁爱之心引领学生的成长成才。为了学生的就业，朱月昌总是不遗余力地多方联络，甚至专程登门拜访，亲自举荐人才。有人评价："业界中朱月昌最了解哪些行业需要什么样的人才，校园里朱教授最明白自己的学生有什么样的才能，把自己的学生放到最适合他们的位置上面是朱月昌老师一直以来的心愿！"

曾经有一位学生在硕士三年级时面临读博还是就业的艰难抉择。当时，朱月昌与该生进行了一次长谈，分析读博和就业的利弊得失，激励学生以开放的心态寻找答案。后来他不仅帮学生联系在央视科教频道进行毕业调研，还为学生攻读博士学位写了推荐信。在朱月昌的指引下，该生顺利进入中国传媒大学攻读博士学位。此后十几年，朱老师还一直和该生保持联系，不断鼓励他克服逆境、执着前行。

不管在校内还是校外，无论是他的弟子、系里的学生还是开讲座时仅有一面之缘的同学，朱月昌的关心总是倾其所有、一以贯之，甚至离校多年的学生也会得到他的大力帮助。一位在成都当高校教师的学生深情地回忆道:"有一回朱老师到成都出差,由于我们系里没有专门的经费请专家开讲座,朱老师便主动提出可以免费开个讲座,后来全系的学生都来听,妙语连珠的讲座在学生中引起了热烈反响,老师们也赞叹不已,一时传为美谈。"

2005年,朱月昌老师带领三位研究生专程从厦门赶到桂林参加"首届中国(桂林)国际摄影节",坐镇第一线,与国际友人直接沟通。朱月昌老师言传身教,现场指导采编撰稿,三位研究生凭借扎实的专业基础和良好的英语能力,把摄影节对境外的新闻传播、宣传推广工作全部包揽。睿智的话语、独到的见解、新锐的观念在他们的组织下迸发光彩!回忆当时的场面,三位研究生兴奋地说:"导师让我们开眼界了!这样的实践体验,在校园里怎么都体会不到!"

2018年,朱月昌在北京大学参加学术研讨会

在同学们的印象中,朱月昌无论什么时候都是乐呵呵的,他总以宽容豁达的品性、和善丰盈的内心及热爱生活、笑对人生的态度,潜移默化地感染和激励着身边的人。每逢一些重要节日或者硕士研究生毕业前,朱月昌和妻子都会亲自下厨,请学生到家里吃一回家宴,这是朱月昌保留多年的传统节目,大家称之为"朱记家宴"。在

古朴的中式书香之家，师生两代人齐聚一堂、其乐融融，有说不完的话，让许多学生至今念念不忘。

朱月昌设家宴为毕业的研究生送行

朱月昌退休后曾前往上海杉达学院传媒学院担任执行院长，他总说："到了这个年龄，我已经无所求，我到这里来，就是尽我所能，把年轻老师带好，把这个专业建设好，把我的学生教好。"这份真情，让人动容。如今，朱月昌虽然头发略有花白，但依旧幽默风趣、精神矍铄，经常和老伴、儿孙去旅行，时常给学生分享含饴弄孙的美好景象，让学生感受到生活的美好与珍贵。

朱月昌曾荣获"中国广告学术发展卓越贡献人物"，这是他的颁奖词：

> 参与创建厦门大学新闻传播学院，
> 创办我国第一个大学本科广告学专业，
> 他是我国广告教育的拓荒者；
> 圆满完成多项国家重点课题，

屡获国家级省级教学成果奖,
他是研习传播的耕耘者;
从厦门大学到民办大学,
坦诚率真一腔热忱,
他是广告教育事业的建设者!

(新闻传播学院)

朱月昌:广寒清辉,传道其昌

陈福郎：

守正创新的出版人

人物名片：

　　陈福郎，知名出版人、编辑家、文史学者、作家。1951年出生，福建省武夷山市人。毕业于厦门大学中文系。1997年3月被评聘为编审（出版系列正高级职称），1999年11月任厦门大学出版社总编辑。系中国作家协会会员，曾任中国图书评论学会理事、福建省出版工作者协会常务理事。获中国高校首届优秀出版人物奖（20人）、福建省首届优秀出版人（10人）、福建省新闻出版系统先进工作者、厦门大学优秀共产党员等荣誉。担任厦门大学出版社总编辑期间，厦门大学出版社被评为国家一级出版社。他策划编辑的多种图书被评为出版界"三大奖"中的中国出版政府奖、中国图书奖。著有《总编辑手记》《海峡枭雄——开台先驱郑芝龙》《国学骑士辜鸿铭》等7部个人著作。主编散文集《凤凰树下——我的厦大学生时代》，发表出版理论、图书评论、文学评论、散文随笔等作品200多篇。其出版学论文《试论大学出版社的特色与价值取向》是第六届国际出版学研讨会中国高校出版社唯一入选论文。多次荣获全国和省级文学奖。

陈福郎是中国大学出版园地一位知名出版人。我们在厦大芙蓉湖畔一边漫步一边交谈，他说，他有晚饭后散步的习惯，无论是年轻时住在芙蓉五的单间，还是后来搬到海滨宿舍，甚至住进海滨东区，几十年来都保持着晚饭后从家里出发散步到大南校门的习惯。几十年间在夜幕下感受着厦大的强健呼吸，也见证着校园大步向前的步伐。而陈福郎在厦大几十年，就坚守着一个阵地：编辑出版。

■ 永远的编辑 ■

1987年，陈福郎从校党委宣传部校刊《厦门大学》编辑部调任厦门大学出版社编辑部工作，他很快完成了岗位角色的转换，当年就取得了优异的成绩。他在出版社编辑的第一本书是散文集《风雪人间》，这部著作是丁玲回顾在北大荒岁月的作品。著名作家丁玲是我校的兼职教授，对厦大有深厚的感情，临终前交代将她的作品、部分手稿及照片等赠送给厦门大学。作为责任编辑的陈福郎不仅细致地编辑和校改了书稿，还为《风雪人间》写了一篇书评——《爱，信念和希望》，刊发在当时发行量很大且权威的杂志《博览群书》上。在当时读书风气很盛的年代，书评激发了读者的兴趣，首印15000册得到了较好的市场反响。翌年，该书荣获福建省首届优秀图书编辑奖一等奖。

他编辑的第二本书是《广告原理与方法》。作者陈培爱老师是陈福郎在厦大中文系的同学，他以敏锐的目光和过人的胆识，从中文系转到新开办的新闻传播系，并首开广告学专业。陈福郎到出版社时，陈培爱老师刚完成中国大陆第一部广告学教材《广告原理与方法》的初稿。因缘际会，陈福郎就成了这部书的责任编辑。后来，厦门大学出版社的广告学图书成了气候，广告学系成为中国广告人的"黄埔军校"，都与这部教材在全国率先出版密切相关。这是出版社与学科建设实现"双赢"的一段佳话。

回忆往事，陈福郎对在校党委宣传部工作的经历仍记忆犹新。

陈福郎在校党委宣传部工作了10年，获益匪浅，增强了政治敏感度、文字敏感度以及对厦大师资和学科情况的了解，这对后来领导出版社的编辑工作大有裨益。校刊是新闻媒介，出版社是学术传播平台，都是服务于学校发展大局的。这两种媒介的出版工作内容不同，但编辑角色的性质是相近的。

在校刊《厦门大学》工作期间，陈福郎记忆最深刻的是采写了一批呼应时代精神、反映厦大人精神风貌与学术成就的人物通讯，其中不少产生了广泛的社会影响。如《老骥伏枥心犹壮》《他在会计理论上独树一帜》等长篇通讯，影响都超出校园围墙，在社会上释放了正能量。

产生全国性影响的是他于1986年采写的长篇通讯《心底无私天地宽——记厦门大学外文系教授黄文鹰》。黄文鹰教授先任教于厦门大学经济系、南洋所，后到外文系从事英语翻译和辞书编纂工作；被授予福建省先进工作者称号。他一生著作、译作甚丰，淡泊名利，那种刚健有为、自强不息、兢兢业业的精神感染了厦大的广大师生。这篇作品在《厦门大学》上刊载的同时，陈福郎也给《光明日报》投了稿。不久，《光明日报》总编辑亲自给厦大领导打电话，说该报将很快在头版全文并转第三版发表。见报时，报社在通栏标题下写了300多个字的编者按，认为黄文鹰的事迹值得广大知识分子学习。

由于陈福郎在编辑岗位上表现出的政治素养、业务能力与工作业绩非常优秀，学校于1993年2月任命陈福郎为出版社副总编辑，主持出版社的日常编辑工作；1999年11月任命陈福郎为出版社总编辑，是第一次由出版专业正高职称的同志担任总编辑职务，全面主持出版社的编辑工作。此外，陈福郎从1991年6月至2011年退休，一直兼任厦门大学出版社党支部书记一职，很好地完成了上级党组织布置的任务，凝心聚力，发挥了党组织的政治核心作用。

1993年，陈福郎参加在中国召开的第六届国际出版学研讨会

■ 编辑主体性的时代呼唤 ■

在电脑和网络广泛应用之后，书籍的写作和出版就发生了极大的变革。进入21世纪，我国每年图书出版量从几千种猛升到几十万种。这种几何级数的增长，显然隐藏着良莠不齐的潜流，因此提高图书质量成为摆在出版社老总们眼前的重要课题。陈福郎作为厦门大学出版社的总编辑，在业界较早提出了编辑主体性的问题。大学出版社的根本宗旨是为高校的教学、科研服务，为本校学科的提高和发展服务，为学术新人和师资队伍的建设服务。因此，陈福郎在2005年厦门大学出版社建社20周年时，提出了"策划时代的大学出版"的命题，从理论的高度阐明了在为教学、科研服务的大前提下，编辑必须树立精品意识，主动作为，把出版社办成一个学术创新的平台，打造出一批又一批精品图书。

陈福郎撰文指出："在出版运作上低俗化、媚俗化盛行的今天，提倡学术为本、多出精品，这是大学精神对大学出版的召唤。我们出版社没有随波逐流，在弥漫着急功近利与浮躁的社会大环境中，始终坚守着自己的文化品位。坚持学术为本，实施精品战略；发挥学科优势，实施品牌战略；在坚持特色中不断壮大自己的实力。"为了激发编辑主动策划图书的精神面貌，陈福郎采取"种试验田"的方法，率先垂范，精心策划了几种学术精品图书，产生了示范效应。1999年底，《透视中国东南：文化经济的整合研究》出版，这是首次对我国东南地区的文化经济展开全景式论述，是精品学术图书出版方式创新的一次成功实践。接着，《东亚华人社会的形成和发展：华商网络、移民与一体化趋势》出版，论证了东亚华人经济体之间进一步整合的可能性及其在东亚一体化进程中的先导作用，荣获各类大奖。2005年，"镇社"大书《台湾文献汇刊》出版，收入珍贵文献资料近200种，为揭示海峡两岸不可分割的文化渊源关系提供了最原始有力的证据，引起了国内学术界和政界的高度关注与重视。在北京人民大会堂举行的出版座谈会上，全国人大常委会副委员长、全国台湾研究会会长成思危和中共中央台办副主任王在希等作了重要发言。该书被列为时任国家主席胡锦涛访美时向耶鲁大学的赠书之一。

这几种重要精品图书的成功出版，在厦门大学出版社内形成了主动策划图书的风气，将精品意识落实到出版社的实际行动上，提升了编辑的主体意识，把被动为教学、科研服务变为主动作为，从而获得了专家学者的认可，有力地提高了组稿的能量。

陈福郎在《策划时代的大学出版》一文中满怀深情地写道："在色彩斑斓的出版界，出版人再也不是传统的'为人作嫁'的改稿匠，时代赋予了他们全新的功能，他们的身上活跃着主体意识、创造意识。一个好的创意、成功的策划，可以激发作者的创新思维，从而成就全新的学术作品。把握好你的理性与智慧，迸发出你的激情和勇气，踏踏实实地辛勤耕耘，大学出版园地同样可以姹紫嫣红。"

2013年，陈福郎前往菲律宾参加厦大社出版的学术大书《菲律宾华人通史》首发式

■ 国家一级出版社的荣光 ■

2009年对厦门大学出版社来说是一段高光岁月，经过几年繁复、审慎的评审过程，国家新闻出版总署评出了100家国家一级出版社，其中有20家大学出版社位列其中，厦门大学出版社就是其中之一，也是福建省唯一的国家一级出版社。厦大出版社每个人脸上都绽放出骄傲和自信。校长朱崇实第一时间向出版社表示热烈的祝贺，并给予更高的期待："大学的使命是提升和促进整个社会文明科学的发展和创新能力的提高。大学出版社作为大学的有机组成部分，它的目标应当与大学的发展目标一致。"

作为总编辑、党支部书记，陈福郎有一份浓浓的欣慰。他提出并形成出版社领导集体共识的"坚持特色办社，实施三大战略"，这是出版社创造良好的社会效益和经济效益的有力保障。

他说，依靠所在大学办好出版社，这是高校出版社的优势所在。高校出版社从大学理念出发，确定自己的发展战略和办社道路，这是科学的选择，也是现实的诉求。

陈福郎提出的"三大战略"是坚持学术为本，实施精品战略；发挥学校优势，实施品牌战略；打造学习平台，实施目标读者战略。

陈福郎特别强调，这些出版理念只是他担任出版社总编辑时的心得体会，时代在前进，业态也会发生变化，这些心得是否仍有参考价值，要因势制宜、与时俱进。

陈福郎是一位有理想、有事业心，既务实又勤于思考的领导，是名副其实的一流出版人。我问他能向读者说几句话作为结语吗？他沉吟片刻说，厦门大学出版社的社歌歌词是我写的，请把它作为结语吧！

  开花的书页，
  流淌着馨香，
  那是我们出版人，
  智慧和汗水的浇灌。
  与作者有约，
  与读者有约，
  与市场有约。
  架设知识的桥梁，
  繁荣学术与文化，
  我们在大学出版园地，
  添加人类进步的阶梯，
  为人作嫁追求灿烂。
  百花齐放、百家争鸣，
  投身商海弄潮，
  我们在大学出版园地辛勤耕耘。
  放歌书林、独秀东南，
  收获学术之美，
  我们是厦大一颗明珠止于至善。

（厦大出版社）